D1573961

Südtirols Freie Weinbauern
Gelebte Weinkultur in den Alpen

Martin Kilchmann

Südtirols Freie Weinbauern

Gelebte Weinkultur in den Alpen

Fotos von Jörg Wilczek

Folio Verlag Wien/Bozen

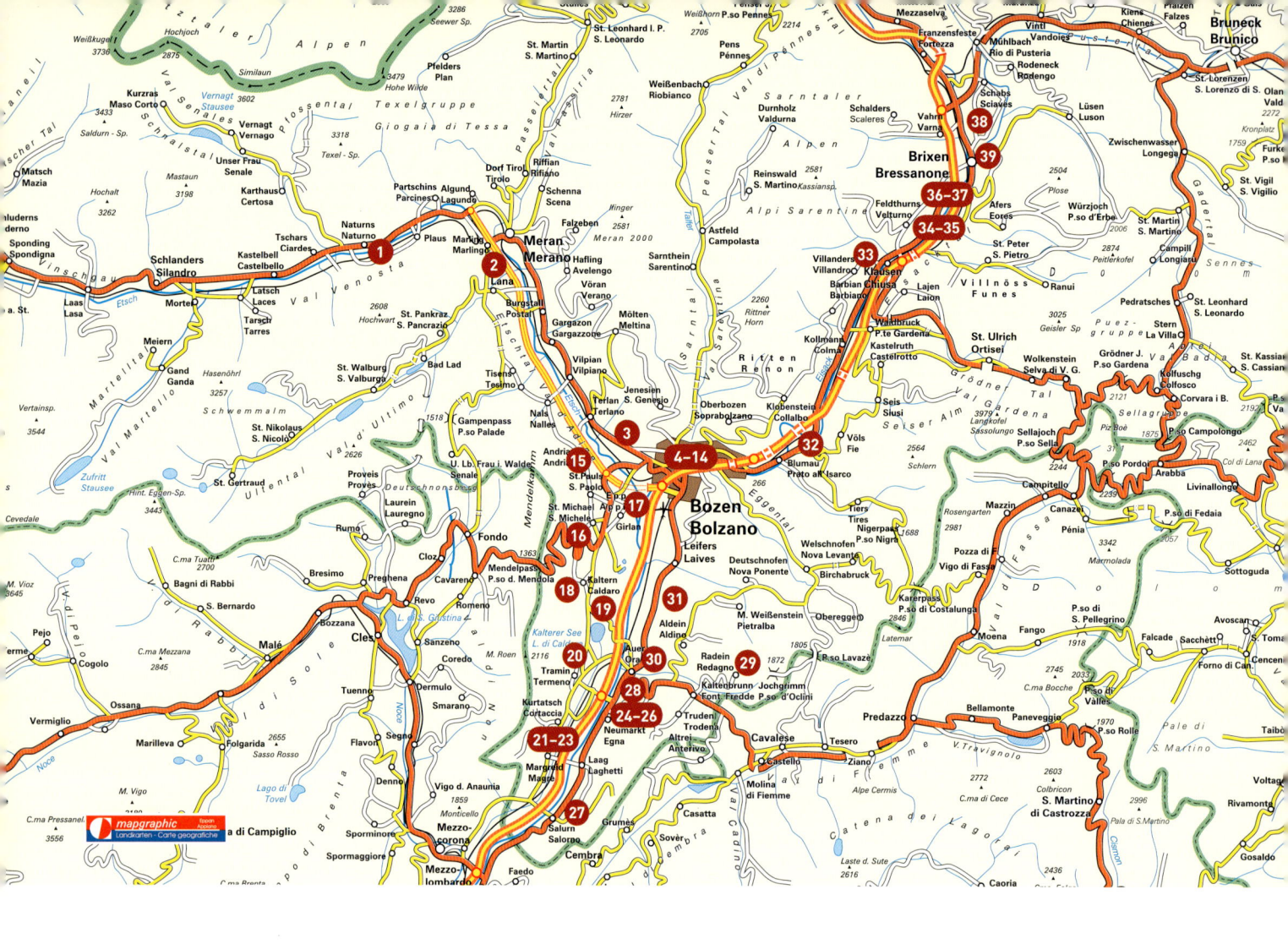

Herausgegeben mit freundlicher Unterstützung der
Autonomen Provinz Bozen – Südtirol

AUTONOME PROVINZ
BOZEN - SÜDTIROL

PROVINCIA AUTONOMA
DI BOLZANO - ALTO ADIGE

1. Auflage 2009
© Folio Verlag, Wien – Bozen
Lektorat: Joe Rabl
Grafische Gestaltung: no.parking, Vicenza
Scans und Druckvorbereitung: Typoplus, Frangart
Printed in Italy
ISBN 978-3-85256-482-1

www.folioverlag.com

LEGENDE

🍷🍷 Durchschnittlich abgefüllte
Flaschen pro Jahr
🍽 Einkehrmöglichkeit
🛏 Übernachtungsmöglichkeit

Inhalt

Vorwort 7

VINSCHGAU, MERANER LAND UND ETSCHTAL 9
Bernadette und Franz Pratzner, Falkenstein, Naturns ❶ 10
Franz Graf Pfeil, Ansitz Kränzel, Tscherms ❷ 14
Florian Brigl, Kornell, Siebeneich/Terlan ❸ 18

BOZEN 23
Bernhard Pichler, Messnerhof, St. Peter/Bozen ❹ 24
Heinrich Mayr, Nusserhof, Bozen ❺ 27
Johannes Pfeifer, Pfannenstielhof, Rentsch/Bozen ❻ 30
Georg und Margareth Mumelter, Griesbauerhof, Rentsch/Bozen ❼ 33
Stefan Ramoser, Fliederhof, St. Magdalena/Bozen ❽ 36
Georg Ramoser, Untermoserhof, St. Magdalena/Bozen ❾ 39
Heinrich und Thomas Rottensteiner, Obermoser, St. Magdalena/Bozen ❿ 42
Franz Gojer, Glögglhof, St. Magdalena/Bozen ⓫ 46
Christian Plattner, Ansitz Waldgries, St. Justina/Bozen ⓬ 50
Hayo und Franz Josef Loacker, Schwarhof, St. Justina/Bozen ⓭ 54
Barbara und Josephus Mayr, Erbhof Unterganzner, Kardaun/Bozen ⓮ 58

ÜBERETSCH 63
Fritz Dellago, Schloss Hotel Korb, Missian/Eppan ⓯ 64
Rosi und Andreas Nicolussi-Leck, Stroblhof, Eppan ⓰ 66
Ignaz Niedrist, Girlan/Eppan ⓱ 70
Oskar Andergassen, Klosterhof, Kaltern ⓲ 74
Michael Graf Goëss-Enzenberg, Manincor, Kaltern ⓳ 78

UNTERLAND 83
Christian Bellutti, Weinberghof, Tramin ⓴ 84
Hans Gruber, Kurtatsch ㉑ 86
Andreas Baron Widmann, Kurtatsch ㉒ 88
Gert Pomella, Milla, Kurtatsch ㉓ 92
Kurt und Johanna Rottensteiner, Brunnenhof, Mazon/Neumarkt ㉔ 95
Bruno Gottardi, Mazon/Neumarkt ㉕ 98
Peter Dipoli, Neumarkt ㉖ 102
Alois Ochsenreiter, Haderburg, Salurn ㉗ 106
Filippo Motta, Maso Thaler, Glen/Montan ㉘ 110
Josef Perwanger, Zirmerhof, Radein ㉙ 112
Ferruccio und Michela Carlotto, Auer ㉚ 114
Klaus Lentsch, H. Lentsch, Branzoll ㉛ 117

EISACKTAL 121
Markus Prackwieser, Gumphof, Völs am Schlern ㉜ 122
Konrad Augschöll, Röckhof, Villanders ㉝ 126
Josef Michael Unterfrauner, Zöhlhof, Feldthurns ㉞ 129
Christian Kerschbaumer, Garlider, Feldthurns ㉟ 132
Peter und Brigitte Pliger, Kuenhof, Brixen ㊱ 134
Peter Wachtler, Taschlerhof, Brixen ㊲ 138
Hannes Baumgartner, Strasserhof, Neustift/Vahrn ㊳ 141
Manni Nössing, Hoandlhof, Brixen ㊴ 144

Wein und Küche 148
Adressen 151

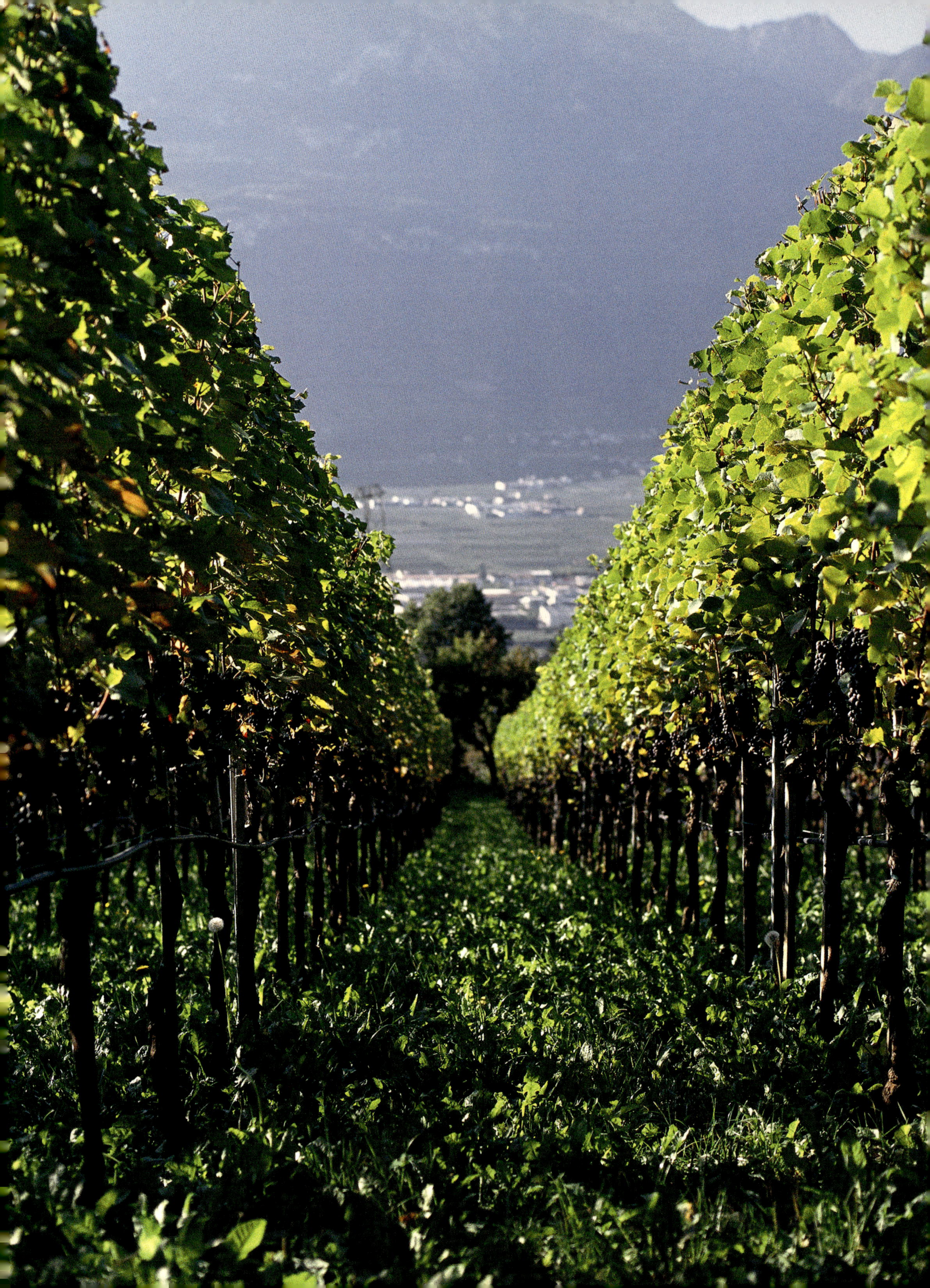

Vorwort

Seit mehr als zwei Jahrtausenden prägt der Wein Landschaft und Menschen in Südtirol. Generationen von Weinbauern haben die mannigfaltige Agrarkultur in diesem historischen Durchzugsland mitgeprägt. Bis vor Kurzem wurde der Wein auf handwerkliche Weise angebaut und gekeltert. Diese Urform der Weinproduktion – Kultivierung, Kelterung, Vermarktung in einer Hand – spielte die tragende Rolle. Heute werden in Südtirol nur noch etwa fünf Prozent der Weine auf diese Art erzeugt.
Seit zehn Jahren sind die hiesigen selbstvermarktenden Weinbauern im Verein »Freie Weinbauern Südtirol« organisiert. Für uns Grund genug, ein Buch über die zum Teil sehr unterschiedlichen Winzerpersönlichkeiten und deren Erzeugnisse herauszugeben.
Danken möchte ich unserem Autor Martin Kilchmann, dem Fotografen Jörg Wilczek und dem umsichtigen Verlagsleiter Hermann Gummerer, in denen wir fachkundige Partner gefunden haben.
Ein besonderer Dank gilt unserem Vizeobmann Peter Dipoli, der die Idee zu diesem Buch hatte und sie mit großem Einsatz verfolgt hat.
In diesem Zusammenhang sind wir auch der Südtiroler Landesregierung für die großzügige Unterstützung bei der Drucklegung dankbar.
Den geschätzten Weinliebhabern wünsche ich viel Freude beim Lesen und uns allen, dass die Vielfalt und die Authentizität unserer edlen Südtiroler Gewächse auch in Zukunft erhalten bleibe.
Auf Ihr Wohl!

Josephus Mayr – Unterganzner
Präsident, Freie Weinbauern Südtirol

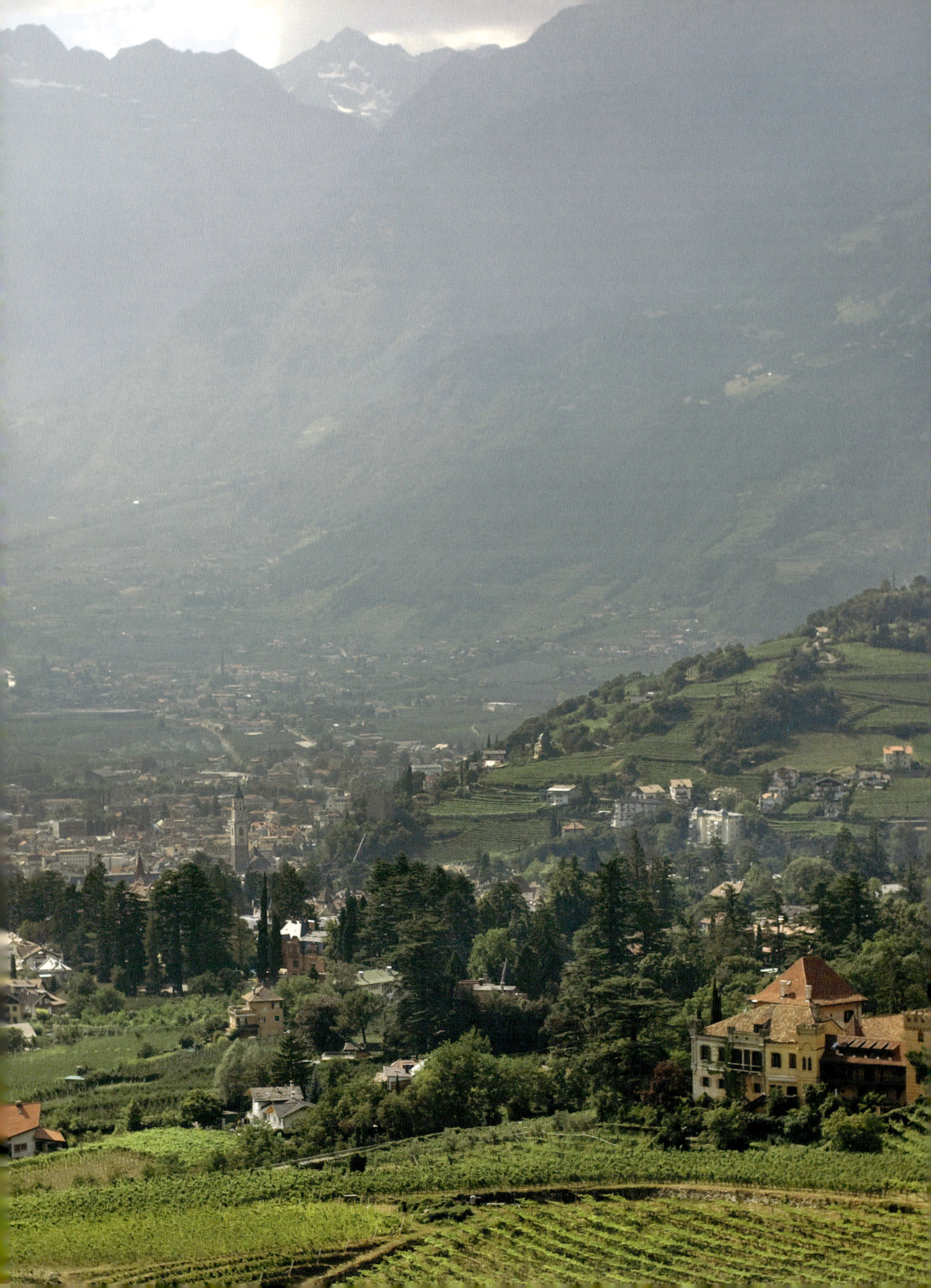

Vinschgau, Meraner Land und Etschtal

Zwischen Bozen, Meran und Schlanders begegnet die mediterrane der alpinen Welt. Es stoßen zwei Klimata aufeinander, was sich etwa im Nebeneinander der südlichen Zypresse und der nördlichen Lärche zeigt. Die Gegend um Terlan und Siebeneich gehört zu den ältesten Weinlandschaften im mittleren Etschtal. Das eigenständige Anbaugebiet umfasst eine Rebfläche von 330 Hektar. Charakteristisch sind die rötlichen Porphyr- und Porphyrsandsteinunterlagen. Die wärmespeichernden, wasserdurchlässigen, humusarmen Böden zwingen die Rebe, auf der Suche nach Wasser tief zu wurzeln, und schenken dem dort wachsenden Weißburgunder und Sauvignon blanc eine charakteristische Mineralität. Auf den sandigen Lehmböden der niederen Lagen gedeihen Cabernet Sauvignon, Merlot und Lagrein prächtig.

Meran, die malerische Kurstadt an der Mündung der Passer in die Etsch mit ihrem milden, ausgewogenen Klima, bildet zusammen mit den umliegenden Dörfern das Burggrafenamt, das früher direkt dem Burggrafen zu Tirol unterstand. Das 350 Hektar große Anbaugebiet kennzeichnen Moränenschuttkegel mit leichten, porösen, sandigen Verwitterungsböden, auf denen sich Vernatsch, aber auch Merlot und Blauburgunder sowie Chardonnay und Weißburgunder besonders wohlfühlen und fruchtige, bekömmliche, säurebetonte Weine ergeben.

Nach Meran schließt auf dem Weg zum ewigen Schnee der von Osten nach Westen verlaufende Vinschgau an. Auf den warmen, gut durchlüfteten Südhängen des Sonnenbergs wachsen Apfelbäume, doch zwischen Partschins und Schlanders erlebt auch der früher einmal wesentlich raumgreifendere Weinbau seit der Einführung einer DOC 1995 wieder eine schüchterne Renaissance. Rund 300 Hobbywinzer bearbeiten 70 Hektar Weinflächen in einer Landschaft von teilweise bizarrer Wildheit. Der Vinschgau bildet eine inneralpine Klimainsel und gehört zu den niederschlagärmsten Gebieten von Südtirol. Er bietet Müller-Thurgau, Weißburgunder, Riesling und Blauburgunder mit seinen trockenen Herbstwinden, dem aromenbildenden Wechsel von kalten Nächten und warmen Tagen und seinen kargen, mineralienreichen Urgesteinsverwitterungsböden beste Bedingungen für ausdrucksstarke, nervige Bergweine.

FALKENSTEIN, NATURNS

BERNADETTE UND FRANZ PRATZNER

Der Seelenruhige

»Il n'y a pas des grands vins sans quelqu'un derrière«, es gibt keine großen Weine ohne jemand dahinter, sagt der Eigentümer von Château Angélus, Hubert de Boüard, um die Einzigartigkeit seines weltberühmten Bordeaux zu begründen. Boden, Sorte und Klima allein reichen nicht. Beim inflationär verwendeten Begriff »Terroir« und »Terroirwein« wird das Entscheidende, nämlich der Mensch, regelmäßig ausgeblendet. Dabei ist er es, der über Standort- und Sortenwahl entscheidet. Er wählt die Bewirtschaftungsmethode. Er bestimmt, wie viele Trauben die Pflanze produzieren soll. Im Keller nimmt er über die Vergärung und den Ausbau und über diverse Interventionen Einfluss auf Farbe, Frucht und Geschmack des Weins.

Der Vinschger Weinbauer Franz Pratzner ist die leibhaftige Verkörperung dieser Aussage. Aus einer Naturnser Familie mit starken Wurzeln im Obstbau stammend, wurmte es ihn, dass die steilsten und besten Lagen am Sonnenberg von Apfelbäumen besetzt waren. Dabei hätten sich die warmen, leichten und durchlässigen Böden aus Schiefer, Gneis und lehmigem Sand doch so hervorragend für einen professionellen Weinbau geeignet. Nicht bloß für Vernatsch, der für den Verzehr im familieneigenen Buschenschank gekeltert wurde. Nein, für Weißburgunder, Gewürztraminer, Blauburgunder und vor allem für den Riesling, den der stämmige Winzer nach wiederholten Abstechern in die Wachau so liebgewonnen hatte. Er träumte von eleganten, mineralischen, dichten und kraftvollen Weißweinen, von Weinen, die das Apfelparadies Vinschgau noch nie gesehen hatte, und war felsenfest überzeugt, dafür mit dem Gut Falkenstein über die besten Voraussetzungen zu verfügen.

Ende der achtziger Jahre konnte er die Familie für seine Vision gewinnen und begann sukzessive Obst- in Weingärten umzuwandeln. 1995, als 34-Jähriger, kelterte er den ersten Jahrgang. Wer dem ruhigen, zurückhaltenden, fast etwas phlegmatisch wirkenden Franz Pratzner begegnet – undenkbar, dass er je einmal nervös werden könnte –, kann sich nur schwer vorstellen, wie ihm das gelungen ist. Vermutlich steckt hinter der Seelenruhe, die er ausstrahlt, ein starker Wille, glimmt in ihm eine große Leidenschaft.

Heute steht Franz Pratzner stolz unter seinem neuen, schlichten Keller, der auf 650 Meter wie ein modernes Steinnest am Hang klebt und von weit unten im Tal schon zu sehen ist. Den Gasthof Falkenstein daneben führt sein Bruder und schenkt dort Franz' inzwischen berühmt gewordene Weine aus. Pratzner erzählt, wie er über die Jahre Hektar für Hektar gerodet und in einer verblüffend hohen Stockdichte von 9000 bis 11000 Reben bepflanzt hat. So kann er die Stockbelastung ohne rigoroses Ausdünnen tief halten und erntet je nach Sorte zwischen 6000 und 7000 Kilogramm pro Hektar. Die Trockenheit des Vinschgaus zwingt ihn zur Tröpfchenbewässerung ab Reifebeginn. Knapp sieben Hektar Reben sind im Ertrag, drei weitere werden in den kommenden Jahren dazukommen. Fünf Weine und 45000 Flaschen beträgt im Sommer 2008 die Produktion, 60000 bis 70000 Flaschen peilt er an. Die Gesamterzeugung verteilt sich auf 60 Prozent Riesling und zehn Prozent Blauburgunder. Die restlichen 30 Prozent teilen sich Weißburgunder, Sauvignon blanc und Gewürztraminer. Eine besondere Genugtuung bereitet ihm das Faktum, dass er mit dem Jahrgang 2008 erstmals rund 20000 Flaschen Riesling anbieten kann. Seine Riesling-Vision hat sich damit als richtig erwiesen. Sie hat den Vinschgau auf die italienische Wein-Landkarte gebracht und Franz Pratzner zum bedeutendsten Riesling-Produzenten von Italien gemacht.

Pratzners geheimes Reich ist der Keller. Seine Frau Bernadette dagegen wirkt im Weinberg. Er arbeitet präzise, ungekünstelt und ohne Tricks. Die Trauben werden nach einer kurzen Präfermentation mit Reinzuchthefen im Holzfass vergoren, die Weißen im Akazienholz, der Blauburgunder im Eichenbarrique. Der biologische Säureabbau wird unterbunden, einzig der Weißburgunder (und als Rotwein natürlich der Blauburgunder) absolviert teilweise die zweite Gärung. Die Weine bleiben bis im Juni auf der Feinhefe liegen, werden bis in den März hinein regelmäßig batonniert und vor der Abfüllung steril filtriert.

Die Weißen von Falkenstein sind mächtige, extrakt- und alkoholreiche Weine und spiegeln das charakteristische Vinschger Klima mit seinem trockenen Herbst,

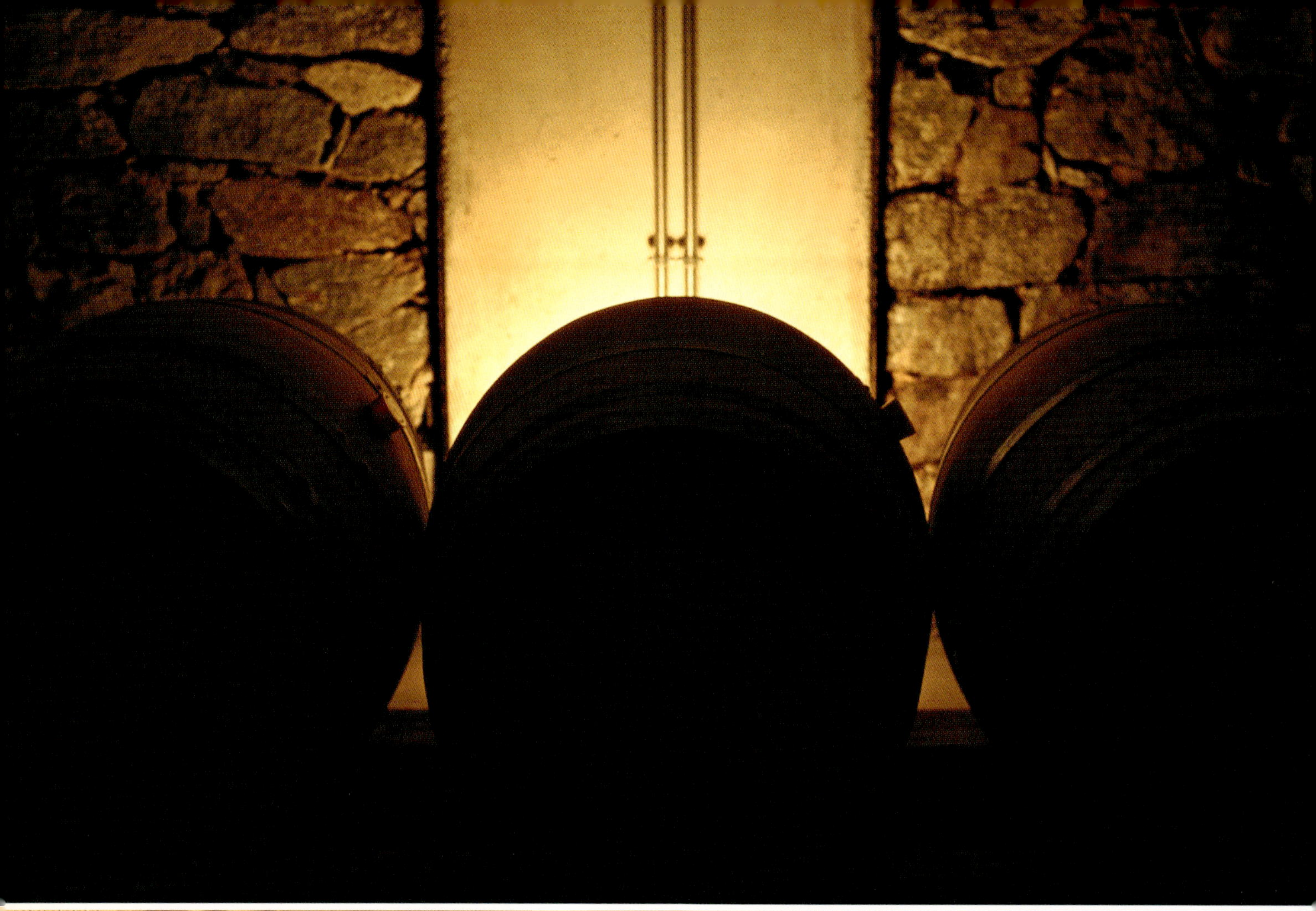

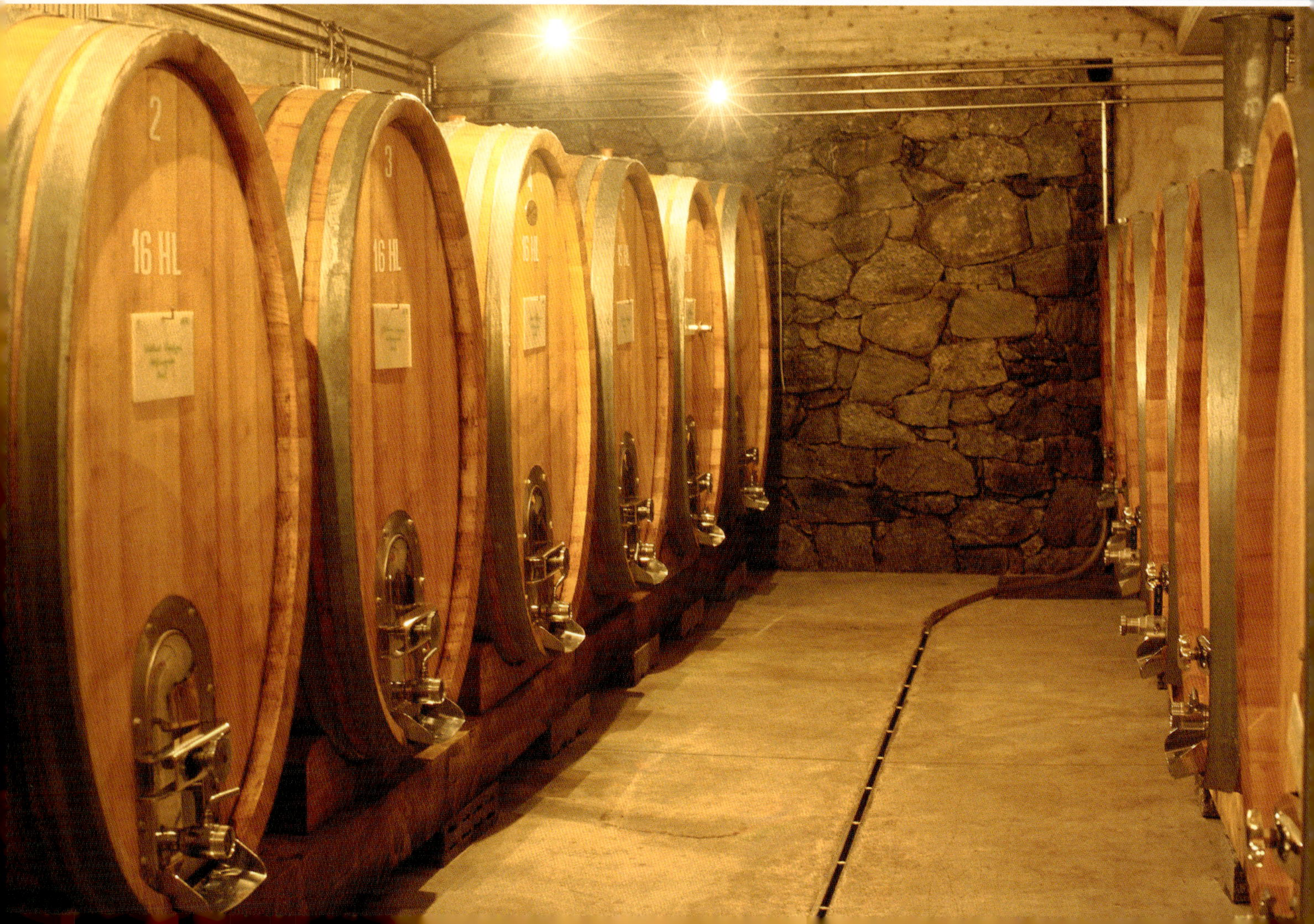
2
16 HL
3
16 HL

in dem der Nordföhn die Trauben konzentriert und die kalten Nächte die Aromen verdichten. An der Spitze stehen der rauchige, pfirsichbetonte, kristalline Riesling – ein paradigmatischer Südalpenwein – und der füllige, cremige Weißburgunder. Wenn es das Wetter zulässt, wird der Gewürztraminer bis in den November hinein am Stock hängen gelassen und im kleinen Holzfass als ungemein reichhaltige Spätlese gekeltert. Sauvignon blanc bewegt sich im Vinschgau im klimatischen Grenzbereich. Dank Pratzners warmen Böden reift er auf Falkenstein aber meist voll aus und gefällt mit den typischen Brennnessel- und Stachelbeeraromen und einer stoffigen, salzigen Art. Der Blauburgunder schließlich – rotbeerig, filigran, elegant und in der Jugend stark holzgeprägt – entspricht der Bergweinvariante der noblen Sorte.

Der unerwartete und große Erfolg hat Franz Pratzner nicht verändert. Er ist allürenfrei und kollegial geblieben und steht wie ein mächtiger Vinschger Fels hinter seinen Weinen. Und, wer weiß, irgendwann wird er sich auch noch an die Rodung der letzten verbliebenen 3000 Quadratmeter Obstwiesen machen.

FALKENSTEIN

Schlossweg 19
39025 Naturns
Tel. und Fax +39 0473 666054
info@falkenstein.bz

Info: Weinverkauf und Besichtigung
auf Voranmeldung
7 ha Rebfläche, 45000

ANSITZ KRÄNZEL, TSCHERMS

FRANZ GRAF PFEIL

Der Tiefschürfende

Jeder Besuch bei Franz Pfeil in Tscherms gestaltet sich wieder anders. Heute gehen wir zuerst in den Weinberg oberhalb seines Ansitzes Kränzel. Zwei junge Burschen sind mit arbeitsintensivem Auslauben und Traubenausdünnen beschäftigt. Franz Pfeil setzt auf tiefe Erträge, um möglichst extraktreiche, konzentrierte Trauben zu ernten. Die Rebstöcke prangen im satten Grün. Es ist ihnen anzusehen, dass sie seit Jahren ohne Kunstdünger und ohne chemische Mittel gepflegt werden. Danach zeigt mir der Graf seinen neuen Labyrinthgarten. Wir betreten ihn durch ein rustikales, kalifornisch anmutendes Holzhaus aus heimischer Lärche, das als Verkostungs- und Verkaufslokal dient. Wir schlendern durch vier Gärten: den Kastaniengarten, den Ewige-Ruhe-Garten, den Früchtegarten und das Cornuswäldchen. Wir betreten ein mit Thymian bewachsenes Bodenlabyrinth und folgen dem vorgezeichneten Weg, der uns über Umwege in die Mitte führt. Wie im wirklichen Leben scheint das Ziel näher und dann wieder entfernter. Im darauf folgenden Irrgarten suchen wir auf langen Bahnen, entlang dichten Traubenspalieren, den Ausgang. 1,5 Kilometer kann da umherirren, wer alle Wege, inklusive Sackgassen, geht. »Der Irrgarten symbolisiert mit seinem ständigen Auf und Ab den Lebensweg des Menschen«, sagt Franz Pfeil. Immer wieder treffen wir unterwegs auf frappierende Kunstwerke. Pfeil, ein großer Bewunderer der Landart des britischen Künstlers Andy Goldsworthy, lässt den Labyrinthgarten als eine Art Freilichtgalerie regelmäßig von Künstlergruppen bespielen. Dem Irrgarten endlich entronnen, stehen wir vor einem Amphitheater mit 13 rasenbewachsenen Stufen. Von zuoberst überblicken wir die Pfade, die wir zurückgelegt haben, und lassen unser Auge befreit über das herrliche Meraner Becken schweifen. Franz Pfeil hat mit dem vielbesuchten Labyrinthgarten sich und seiner Familie einen Traum erfüllt. Eine Art Metapher des Lebens, die ihn überdauern wird. »Ich habe ihn nicht geplant, ich habe ihn gefühlt«, sagt er. »Er ist langsam gewachsen, wird sich laufend verändern und eigentlich nie fertig sein.« Und die nachhaltige Attraktion schenkt ihm Unabhängigkeit: »Sie hat den Detailverkauf angeregt«, so dass er sich im Bestreben, seine 45 000 Flaschen zu verkaufen, »weniger anbiedern muss«.

Jeder Besuch auf dem Ansitz Kränzel bringt aber auch Altbekanntes: Sich mit Franz Pfeil über seine Weine zu unterhalten, ist eine erfrischende Sache. Man nimmt sich Zeit und das Gespräch passt sich dem gedros-

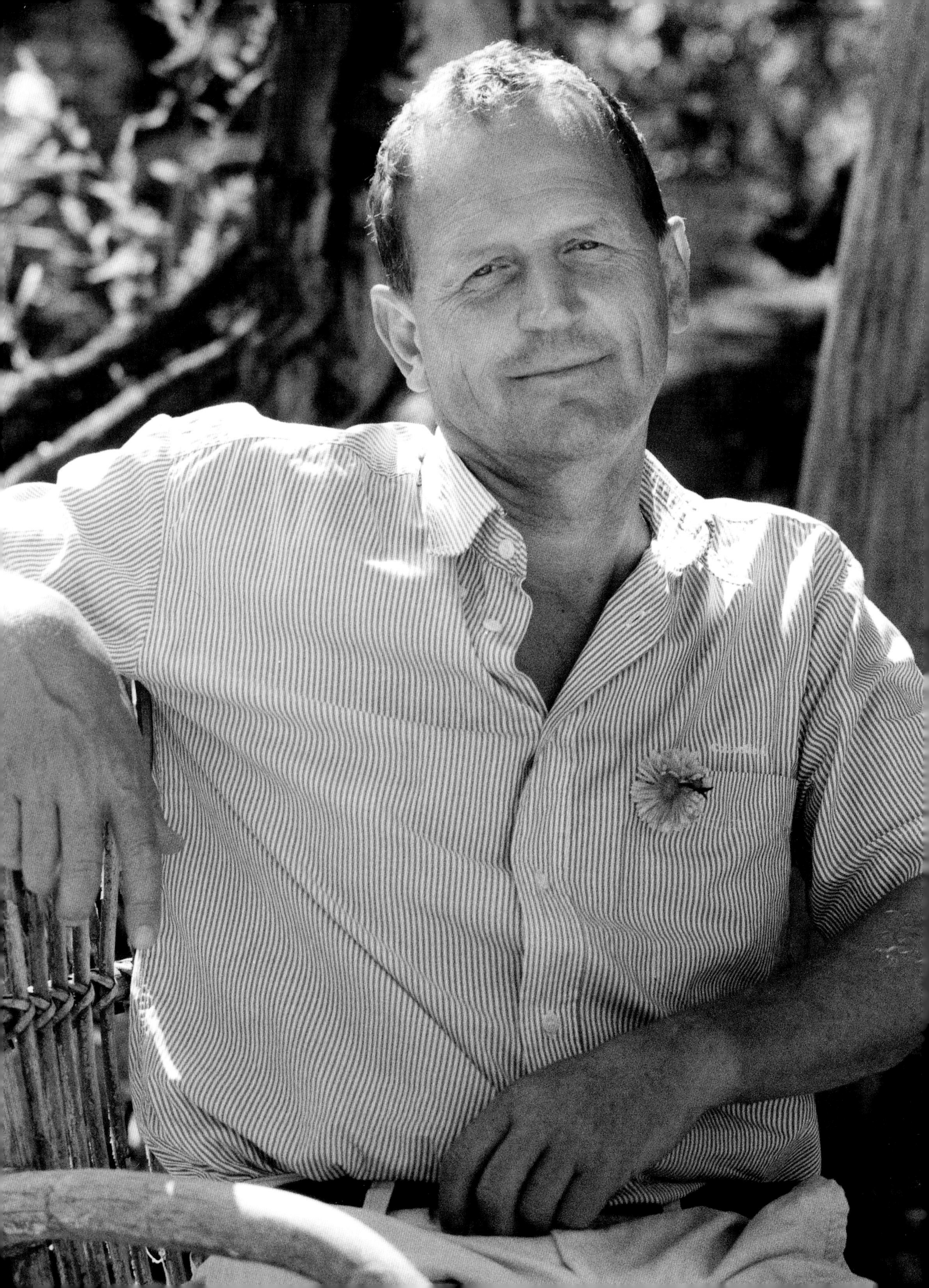

selten Tempo an. Ein ewiges Abschweifen, das aber dennoch immer wieder zum Thema zurückfindet, ein flanierendes Begehen eines breiten Feldes. Offen, ehrlich, unterbrochen von philosophischen Impromptus, gewürzt mit melancholischen Bemerkungen zum Stand der Welt. Alles im Ton einer manchmal aufreizenden Nonchalance, die – man lasse sich nicht täuschen – eine große Ernsthaftigkeit verbirgt.

Franz Pfeil (geboren 1957) bewirtschaftet sechs Hektar Reben auf warmen, lockeren Moränenböden an den klimatisch begünstigten Südosthängen des Burggrafenamtes bei Meran. Drei Hektar im Eigenbesitz liegen um den Kränzelhof, einem bereits 1350 urkundlich erwähnten Ansitz, den er mit seiner Frau Steffie und drei lebhaften, schulpflichtigen Kindern bewohnt. Die anderen, gepachteten Weinbergflächen befinden sich auf Hang- und Hügellagen in Tscherms und Dorf Tirol zwischen 300 und 600 Meter Höhe. Pfeil baut ein ganzes Füllhorn von Sorten an: Chardonnay, Weißburgunder, Sauvignon blanc, Gewürztraminer, Vernatsch, Blauburgunder, Cabernet Sauvignon, Merlot, Lagrein. Teilweise baut er die Weine reinsortig aus, teilweise in Cuvées. Jedes Jahr bringt wieder Überraschungen – positive wie negative. Die Launen des Jahrgangs, aufs Klima oder Pfeils persönliche Gestimmtheit bezogen, schlagen ungefiltert durch.

Franz Pfeil begegnet der Arbeit, die ein Hof dieser Größe abfordert, mit der Gelassenheit desjenigen, der in Distanz zu seiner Tätigkeit schafft. Viele Jahre Leben in Namibia haben ihn da wohl geprägt. Dann hilft ihm auch der Wein selbst über die Mühsal hinweg. Dazu muss er freilich bekömmlich sein. Pfeil arbeitet deshalb so naturnah wie möglich. Im Keller – »ich bin kein Techniker und habe keine Rezepte« – herrscht der Imperativ der minimalen Eingriffe. Bis auf den knackigen, holunderduftigen Sauvignon blanc und den trinkigen »Meraner Hügel« (Vernatsch) werden alle Weine mit ihren eigenen Hefen im großen oder kleinen Holzfass vergoren und ausgebaut. Die Roten durchlaufen eine offene Maischegärung, wobei der Tresterhut regelmäßig von Hand niedergestoßen wird. Alle 14 Weine sind markante Persönlichkeiten ohne jede Stromlinienform.

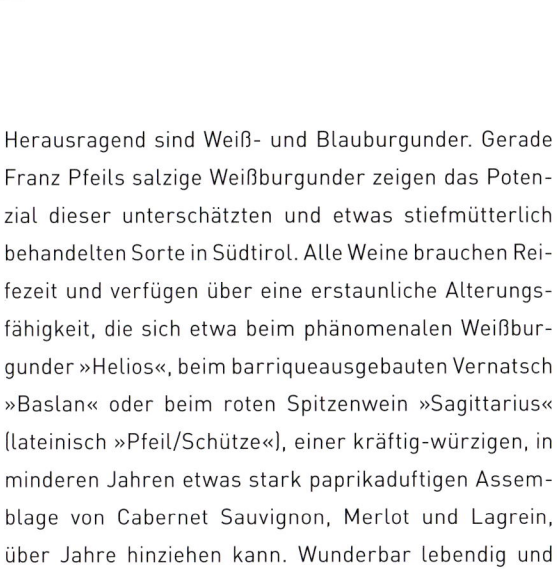

Herausragend sind Weiß- und Blauburgunder. Gerade Franz Pfeils salzige Weißburgunder zeigen das Potenzial dieser unterschätzten und etwas stiefmütterlich behandelten Sorte in Südtirol. Alle Weine brauchen Reifezeit und verfügen über eine erstaunliche Alterungsfähigkeit, die sich etwa beim phänomenalen Weißburgunder »Helios«, beim barriqueausgebauten Vernatsch »Baslan« oder beim roten Spitzenwein »Sagittarius« (lateinisch »Pfeil/Schütze«), einer kräftig-würzigen, in minderen Jahren etwas stark paprikaduftigen Assemblage von Cabernet Sauvignon, Merlot und Lagrein, über Jahre hinziehen kann. Wunderbar lebendig und komplex präsentierten sich 2008 beispielsweise der 1998er »Helios«, der 2002er »Baslan« oder der 2001er »Sagittarius«.

Franz Pfeil gehört zu den löblichen Weinerzeugern, die selbst gern Wein trinken, die die Frucht der eigenen Arbeit zu genießen vermögen. Dabei ist er auch dem beflügelnden Rausch zugetan. Ganz begeistert ist er von seinem neuen Logo, das einen Baum zeigt, der aus dem Labyrinthgarten wächst. Denn, wie sagt er so rührend, »nach drei Gläsern schimmert es so schön« – ganz wie das Gesamtkunstwerk Kränzel nach Durchwanderung und famoser Degustation.

ANSITZ KRÄNZEL

Gampenstraße 1
39010 Tscherms
Tel. +39 0473 564549
Fax +39 0473 554806
info@kraenzel.com
www.labyrinth.bz

Info: Der Labyrinthgarten mit Vinothek ist von Ostern bis Anfang November täglich von 10–19 Uhr geöffnet. Anmeldung für verschiedene Weinproben auf der Website unter dem Link »Information/Führungsangebote«. Weinverkauf und Besichtigung außerhalb der Saison auf Anfrage.
6 ha Rebfläche, 35 000

KORNELL, SIEBENEICH
FLORIAN BRIGL

Der Hoffnungsträger

Weinbauern sind beneidenswerte Menschen. Sie arbeiten in paradiesischen Landschaften – gibt es Weinberge, die nicht schön gelegen sind? – und erzeugen eigenhändig ein Produkt, das Genuss, Freude und Gesundheit verspricht. Solche Gedanken gehen dem Weinreporter ab und zu durch den Kopf. So auch an diesem herrlichen Sommermorgen in Siebeneich auf dem Weingut Kornell. Die alte, vornehme, ockerfarbene Villa leuchtet warm in der Sonne. Sie ist prachtvoll in Rebberge eingebettet und von Zypressen, Palmen und Olivenbäumen umgeben wie ein kleines, mediterranes Castello. Als ihm aber der junge Hausherr Florian Brigl erzählt, dass kürzlich ein massives Hagelgewitter seine Weinberge heimgesucht und großen Schaden angerichtet hat, wird er rasch wieder mit der Binsenweisheit konfrontiert, dass sich auch im Leben eines Winzers Licht und Schatten abwechseln.

Florian Brigl ist in vielem ein atypisches Mitglied der »Freien Weinbauern«. Bis zu seinem 16. Lebensjahr lebte er in München. Sein Vater Leonhard betrieb dort einen Papiergroßhandel. In Siebeneich besaß die Familie seit 1927 unterhalb von Schloss Greifenstein das heute »Kornell« genannte Weingut mit besten Lagen auf warmen, lehmig-sandigen Quarz-Porphyrböden.

Die Trauben wurden selbst eingekellert und zum bekannten »Schloss Greifenstein« verarbeitet. Der Wein trug das Greif-Wappen auf dem Etikett (der Körper eines Löwen mit Adlerkrallen und Schnabel) und wurde mit dem Spruch »Trink nicht irgendeinen Wein, sondern den Schloss Greifenstein« beworben. Der Zusammenbruch des Schweizer Markts führte dann zu einer Konzentration auf Merlot, Cabernet und Lagrein.

1996 starb Leonhard Brigl. Mitten aus einem Betriebswirtschaftsstudium musste Florian, 21-jährig, ein Erbe antreten, auf das er durch die Absolvierung der Landwirtschaftsschule in Auer zwar notdürftig vorbereitet war, das den jungen Burschen, der zudem früh schon Vater einer Tochter wurde, durch die Größe des Unternehmens – zwölf Hektar Reb-, 15 Hektar Obstbau und ein kulturhistorisch wertvolles Anwesen, dessen älteste Teile ins 14. Jahrhundert zurückreichen – doch ziemlich einschüchtern musste. Florian Brigl bewahrte kühles Blut, studierte Montag bis Donnerstag in Innsbruck weiter, kehrte dann zur jungen Familie zurück und sorgte sich Freitag bis Sonntag darum, den Betrieb auf Schiene zu bringen. Nach erfolgreichem Studienabschluss fiel der Entschluss zur Selbstkelterung, schließlich warteten die Gemäuer des alten Guts

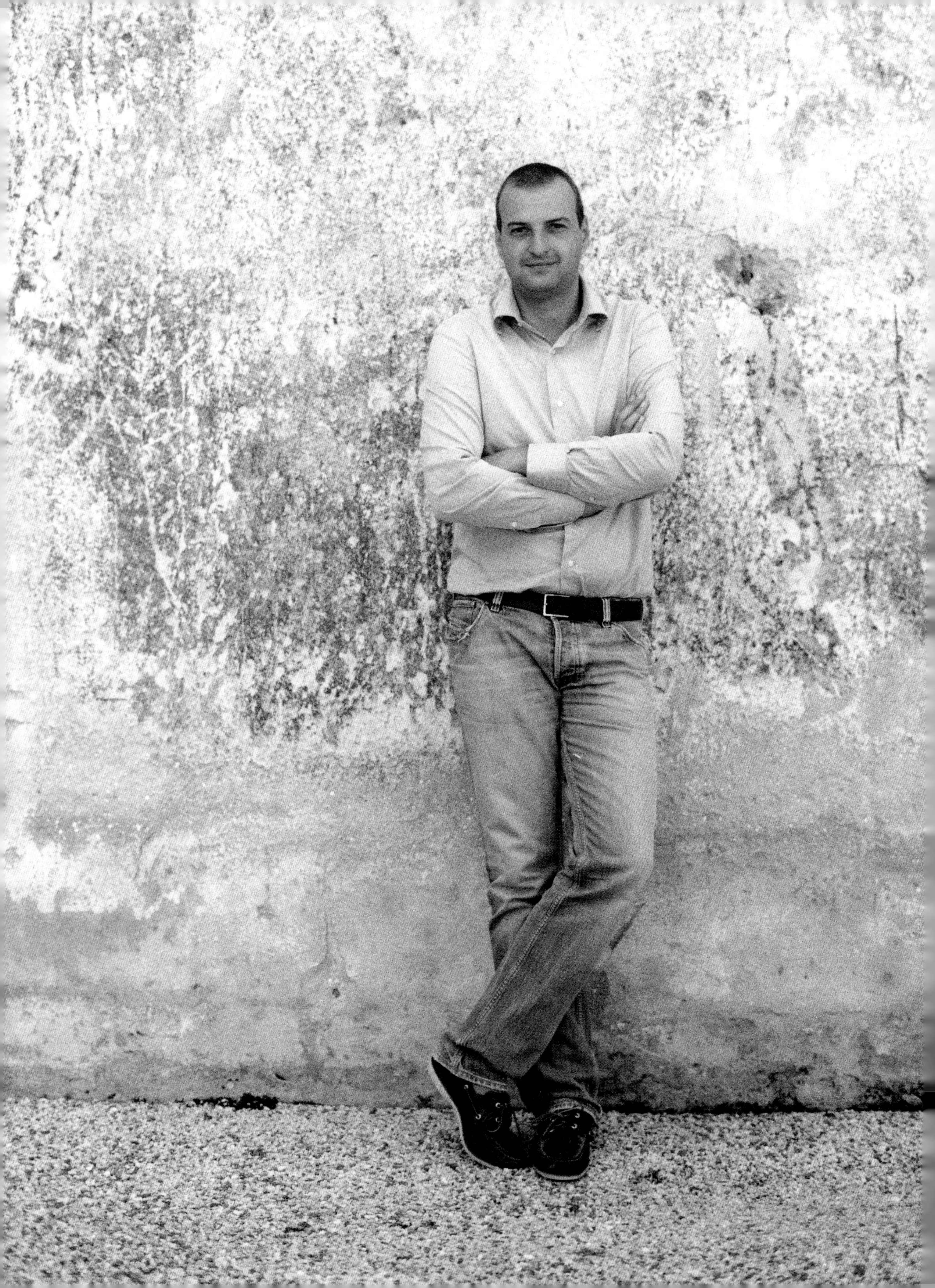

nur darauf, dass sich in ihnen der köstliche Duft von vergärendem Traubenmost ausbreitet. 2001 wurde der erste Jahrgang eingekellert.

Acht Jahre später präsentieren sich das Weingut Kornell und sein – wie soll man sagen? – Winzermanager Florian Brigl in blendender Verfassung. Das Unternehmen steht solide auf den Pfeilern Weinbau (in Siebeneich, Gries und Eppan) und Obstbau. Die Herkulesarbeit hätte Florian Brigl natürlich nicht ohne seine drei langjährigen festen Mitarbeiter und nicht ohne freundschaftlichen Rat und Tat seiner Weinbauer-Kollegen bewältigt. Nur, ohne sein präzises, konzeptionelles Denken und die Bereitschaft, Zeit, die er lieber im Keller verbringen würde, in unzählige Verkaufsreisen zu investieren, wäre es auch nicht gegangen.

Die rund 60 000 Flaschen des Weinguts Kornell – Sauvignon blanc, Gewürztraminer, Merlot, Cabernet Sauvignon und Lagrein – haben sich auf einem mehrheitlich ausländischen Markt in kürzester Zeit einen ausgezeichneten Ruf erworben. Das verdanken sie zum einen ihrer profilierten, temperamentvollen, modernen Art – der würzigen, reintönigen Frucht, der klaren Struktur und einer gekonnten Handhabung des Barriquefasses. Zum andern dem virtuosen Marketing von Florian Brigl. Er hat seinen Weinen mit Namen, Etikett und Flaschenform einen souveränen, reduzierten, durchgehend erkennbaren Auftritt verschafft, und er hat mit viel Gespür für stilsicheres Design und authentische Architektur Kellerräumlichkeiten restauriert und gebaut, die dem Besucher nachhaltig in Erinnerung bleiben.

Florian Brigl trennt seine Weine in Basis- und Riserva-Qualitäten. Zu den Basisweinen zählen der Sauvignon blanc »Cosmas«. Er duftet nach Brennnessel, Holunder und Stachelbeeren, besitzt eine rassige, nervige Säure, verabschiedet sich aber ziemlich umstandslos. Trinkig, beerig und elegant ist die im großen Holzfass ausgebaute Cuvée »Zeder« aus Cabernet, Merlot und Lagrein. Der Lagrein »Greif« aus Gries zeichnet sich durch Fruchtigkeit und dezente Sortentypizität aus.

Die in offenen Holzbottichen vergorenen und konsequent in Barriques und Tonneaux ausgebauten Riserva-Weine versieht Florian Brigl mit dem Zusatz »Staves«.

»Staves« war eine mittelalterliche Flurbezeichnung für einen Acker des Weinguts und bezieht sich als »Staf«/»Stab« vielleicht auf die hölzernen Rebstützen in den Weinbergen, in denen durch archäologische Funde ein Weinbau bis in vorrömische, rätische Zeit belegt ist. Brigls »Staves«-Weine – der fleischige, würzige, saftige Merlot und der strengere, tannin- und auch stärker holzbetonte Cabernet – stammen also logischerweise ausschließlich aus Trauben der Rebberge in Siebeneich. Vermutlich hat Florian Brigl das Qualitätspotenzial des Weinguts Kornell noch nicht bei allen Weinen ausgeschöpft. Mit Lagenselektionen können in Zukunft vielleicht noch ausdrucksstärkere, terroirgeprägtere Weine erzeugt werden. Er beabsichtigt auch, weiterzuwachsen und in neue Rebberge zu investieren. All das zusammen – das bereits Erreichte plus das noch unausgeschöpfte Potenzial – machen das Weingut Kornell und seinen jungen, zielstrebigen Besitzer zu einem Hoffnungsträger, nicht nur der »Freien Weinbauern«, sondern der gesamten Südtiroler Weinwirtschaft.

KORNELL

Bozner Straße 23
39018 Siebeneich/Terlan
Tel. +39 0471 917507
Fax +39 0471 205034
info@kornell.it
www.kornell.it

Info: *Weinverkauf ab Hof, Besichtigung auf Voranmeldung*
12 ha Rebfläche, 60 000

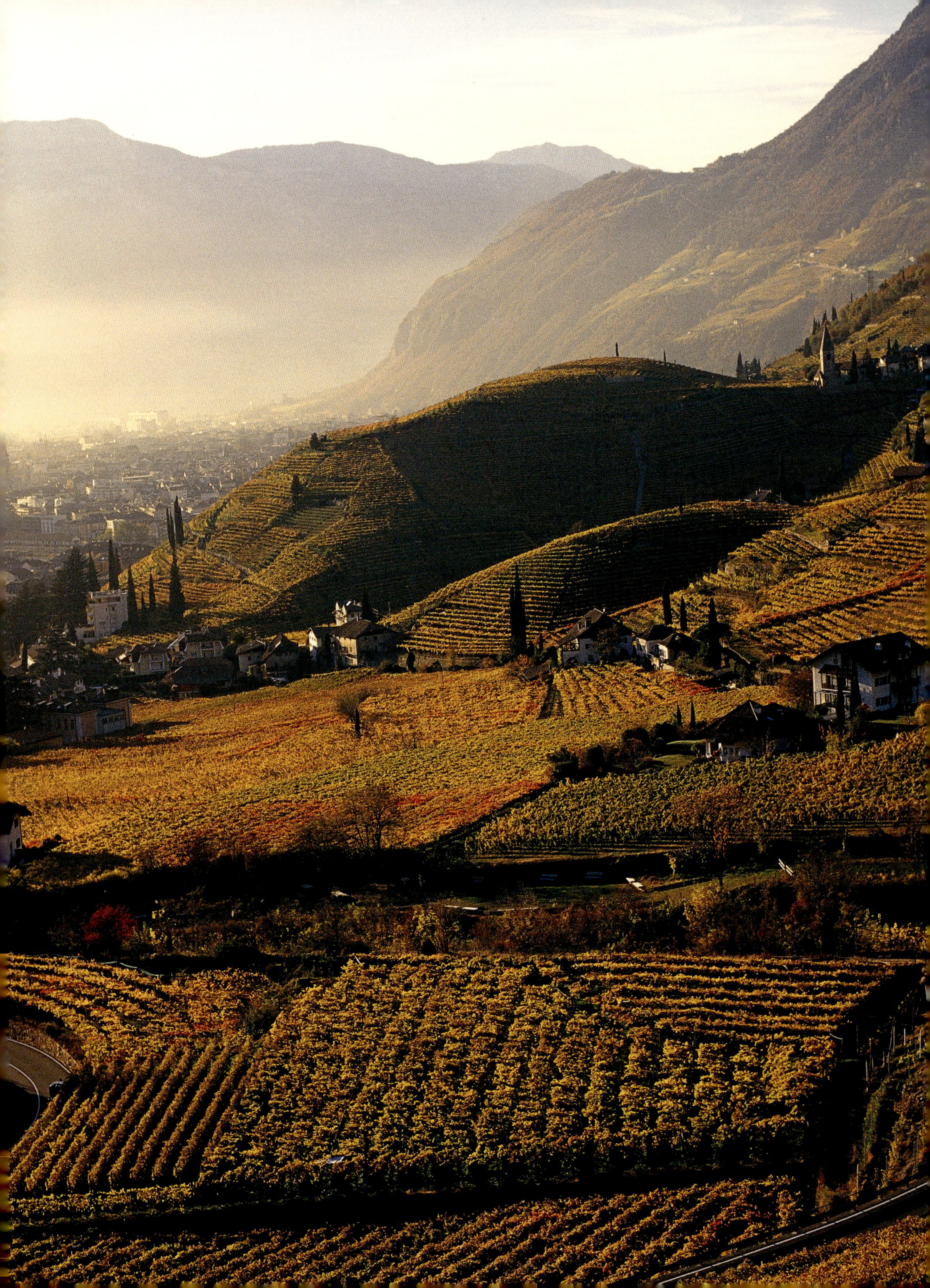

Bozen

Die Landeshauptstadt Bozen ist mit 700 Hektar Anbaufläche die drittgrößte Weinbaugemeinde Südtirols. Zwei große identitätsstiftende Rotweine gedeihen im heißen Talkessel – geschaffen vom Zusammenfluss von Eisack, Talfer und Etsch – und an den steilen, warmen Südhängen des Ritten.

Zunächst der Magdalener. Das Anbaugebiet St. Magdalena ist eine stille Oase am Rande des Bozner Stadtlärms, ein amphitheatergleich geformter Hügel mit pergelbestandenen Rebterrassen. Die Lage ist die wärmste Südtirols. Die warmen, sandig-lockeren Moränenschuttböden vermögen das Wasser nur schlecht zu speichern. Gegen Trockenheit hilft nur sparsame Bewässerung. Im gemischten Satz mit Lagrein wächst da der kräftigste und finessereichste Vernatsch. Ein Wermutstropfen: Die Gepflogenheit von unterschiedlichen, zeitlich übers Jahr gestaffelten Abfüllungen ist eine Unart und erschwert durch die voneinander abweichenden Qualitäten die Wahrnehmung des St. Magdaleners als einzigartigem Rotwein.

Der Lagrein ist der andere herausstechende Wein von Bozen. Die besten Anbaugebiete findet die Sorte in der heißen Ebene des Bozner Talkessels – unter anderem in Gries – mit den charakteristischen kieseldurchsetzten, tief gelegenen Schwemmlandböden. Der Lagrein findet drei Verwendungsarten: als Verschnittwein, als Rosé oder als dunkler Rotwein. Verschnittwein war des Lagrein erste Bestimmung: Als sogenannte »Kellermedizin« eingesetzt, verhilft er farb- und strukturschwachen Vernatsch-Weinen zu mehr Farbe und kerniger Art. Seine zweite Bestimmung findet er als rosé gekelterter Wein, der sich Lagrein »Kretzer« nennt. Die Trauben hierzu werden im Gegensatz zu anderen Rosés reif gelesen und ergeben so einen recht dunklen, gehaltvollen, alkoholreichen Wein, der erstaunlichen Charakter zeigen kann. Als rot vinifizierter Lagrein »dunkel« erlebte er im Zeichen der Rückbesinnung auf das eigene Unverwechselbare eine Renaissance. Beim Keltern verlangt er viel Fingerspitzengefühl, eine übertrieben lange Maischegärung/Mazeration bestraft er mit Härte und einem Übermaß an Bittertönen. Gelingt der Wein dem Kellermeister, erfreut er mit einem nach Brombeeren und Bitterschokolade duftenden Bouquet, einem straffen Körper, einer guten Säure und kräftigen Gerbstoffen.

MESSNERHOF, ST. PETER/BOZEN

BERNHARD PICHLER

Der Gelassene

Souverän führt der Weinbauer Bernhard Pichler durch die Pergeln auf seinem Weingut Messnerhof in St. Peter am Stadtrand von Bozen. In Sichtweite liegt Schloss Runkelstein mit seinen berühmten spätmittelalterlichen Freskenzyklen. Obwohl wir uns mitten im Hochsommer befinden, weht ein frisches Lüftchen vom nahen Sarntal her. Gut durchlüftet, steil nach Süden und Südwesten geneigt, tagsüber erwärmt vom Verwitterungsgestein einer Porhpyrmoräne, abgekühlt in der Nacht vom Wind, sind die Reben hier sichtlich in ihrem Element.

Gleiches kann man auch vom bald 40-jährigen Pichler sagen. Er strahlt Gelassenheit aus, scheint über den Dingen zu stehen. Seine Sätze, aus der Erfahrung und viel Wissen gespeist, kommen druckreif. Vielleicht geht die Lockerheit aber auch darauf zurück, dass er offiziell Ferien hat. Keine Auszeit in den Reben, wohlverstanden. Da gibt es nie nichts zu tun. Doch temporär befreit vom Schuldienst. Denn der Happacherhof in Auer ist geschlossen; an der Oberschule für Landwirtschaft sind Sommerferien. Bernhard Pichler arbeitet dort hauptamtlich als Lehrer für Kellerwirtschaft und als Kellermeister, der die Ernte der schuleigenen 4,5 Hektar Reben, immerhin gegen 20 000 Flaschen, vinifiziert.

Sein eigenes Weingut, das er vom Vater übernommen hat, ist mit knapp drei Hektar etwas kleiner. Es sind Flächen in St. Peter, in Gries und in Missian. Die ältesten Weinberge gehen aufs ferne Jahr 1930 zurück. Das Durchschnittsalter der Reben beträgt 45 Jahre. Ein veritabler Schatz, den Bernhard Pichler nun allmählich hebt. Bis 2002 wurden die Trauben der Kellereigenossenschaft Andrian geliefert. Seit 2003 keltert Pichler höchst erfolgreich eine Jahr für Jahr gestiegene Erntemenge. Mittlerweile ist er bei 15 000 Flaschen angelangt. »Ich mache lieber kleine Schritte, bei großen stolpert man halt manchmal«, sagt der besonnene, sympathische Mann.

Ins Stolpern ist er, der schon als Junge vom eigenen Wein geträumt hat und die Grundlagen dazu mit einer soliden Ausbildung an der Technikerschule für Weinbau und Kellerwirtschaft in Veitshöcheim in Deutschland gelegt hat, bisher nicht gekommen. Er besitzt zu viel Know-how, zu viel Fingerspitzengefühl auch, als dass er schlechte Weine erzeugen könnte.

Im Jahr 2008 kelterte Pichler drei Weine – für den Jahrgang 2009 kündigt er darüber hinaus Sauvignon blanc und Gewürztraminer aus Missian an. Zum Ersten ist da der klassische St. Magdalener. Er wird in Barriques und

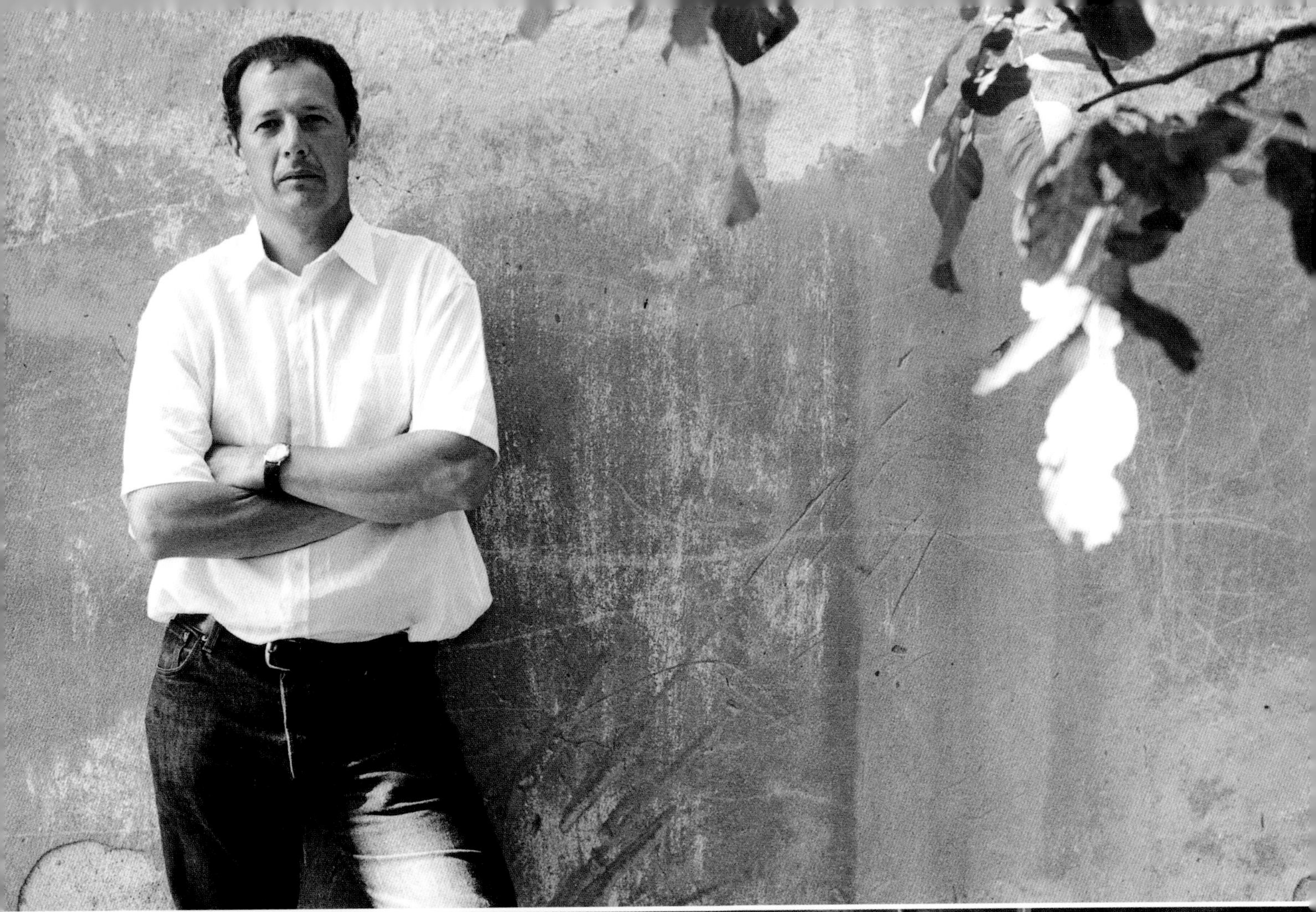

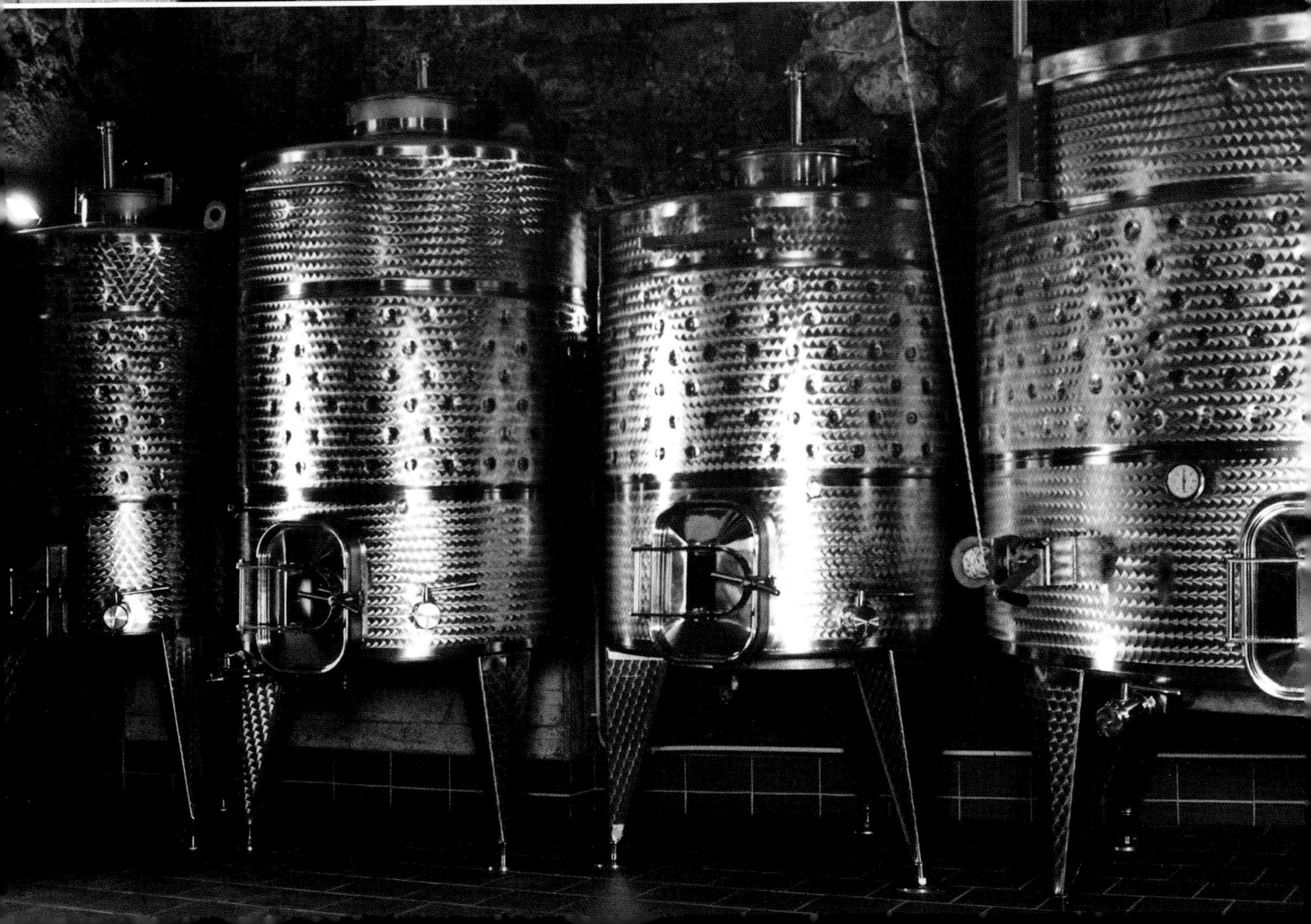

im großen Holzfass ausgebaut und mit vier bis sechs Prozent Lagrein verschnitten: ein frischer, fruchtbetonter, rotbeeriger Wein, dem das (neue) Holzfass noch anzumerken ist. Zum Zweiten bietet er die Lagrein Riserva aus Gries an. Der weiche Wein besitzt Schmelz und Tiefe, zeigt mit seiner Brombeer-, Pflaumen- und Schokoladenote sowie dem zartbitteren Tannin schöne Sortentypizität. Beim dritten Wein kommt er ins Tüfteln. Es ist eine Komposition namens »Belleus« und besteht aus mehrheitlich Cabernet Sauvignon und Merlot. Kleine Dosen von Syrah, Tempranillo (!) und Petit Verdot schenken ihm zu den typischen Cassisnoten Würze, Säure und Salzigkeit. Die Vermählung der verschiedenen Sorten ist gelungen. Der elegante Wein besitzt Gradlinigkeit, ist frisch und trocken.

Bernhard Pichler nähert sich also mit kleinen Schritten dem Ziel. Es heißt für den Weinbauern (als Vater von zwei kleinen Kindern wird er sich wohl ein anderes setzen), das ganze Potenzial seines Messnerhofs auszuschöpfen. Maximal 25 000 Flaschen locken als Ausbeute. Dazu sollte er aber seinen Abschied am Happacherhof nehmen. Die Prognose lässt sich deshalb leicht stellen: Eher früher als später wird man in Auer auf einen beliebten Lehrer verzichten müssen.

MESSNERHOF

St. Peter 7
39100 Bozen
Tel. und Fax +39 0471 977162
info@messnerhof.net
www.messnerhof.net

Info: Weinverkauf und Besichtigung auf Voranmeldung
2,7 ha Rebfläche, 15 000

NUSSERHOF, BOZEN

HEINRICH MAYR

Der Hintergründige

Unwirtlichere Gegenden als der Bozner Boden sind schwer vorstellbar: Autobahn, Staatsstraße und Zugtrasse zwängen sich durchs enge Tal. Industrie und Gewerbe gebärden sich als Moloch. Der Stadtrand franst erbarmungslos aus. Einzig der Eisack behauptet seinen Platz. Und daneben, an seinem rechten Ufer, trotzt die grüne Oase eines kleinen Weinguts der Überbauungswut. Es ist mit einer Mauer umgeben, als ob daran die Zeit abprallen würde.

Elda und Heinrich Mayr beharren da mit Widerstandswillen auf ihrem Bleiberecht. Ein feines, fast ein wenig verlegenes Lächeln überzieht Heinrich Mayrs Gesicht, wenn er von ihrem Kampf erzählt. Als ob er sich entschuldigen müsste, dass sie nicht schon längst weggezogen sind. Doch er weiß natürlich um die starken Argumente, die für den Nusserhof sprechen, der sich seit 1788 in Familienbesitz befindet. Für ihn und Elda ist es weniger die historische Tatsache, dass in dem großzügigen Haus einst Josef Mayr-Nusser, Heinrichs Onkel, gelebt hat, der in Südtirol bei vielen als Märtyrer gilt, da er 1945 seine Weigerung, den SS-Eid abzuleisten, auf dem Weg ins Konzentrationslager Dachau mit dem Tod bezahlte. Für das Paar und ihre Tochter bedeutet der Nusserhof schlicht Heimat, der Ort, wo Heinrich seine Reben pflegt und seine kernigen, charaktervollen Weine keltert und reifen lässt; der Ort aber auch, wo die beiden kunstsinnigen, musischen Leute – Elda ist ausgebildete Pianistin, Heinrich bringt es auf dem Waldhorn zur Meisterschaft – Konzerte und Kunstausstellungen veranstalten und damit die Umzingelung gleichsam transzendieren.

Sprechen wir aber nun vom Wein, dessen Geschichte der zunächst eher schweigsame, introvertiert wirkende Heinrich Mayr, sekundiert von seiner direkter und unverblümter agierenden Frau, mit ziemlich gut gespieltem Understatement preisgibt.

Mayr, 1956 geboren, bewirtschaftet auf warmem, porphyrreichem Schwemmlandboden drei Hektar Reben – Lagrein und die beiden in Südtirol selten anzutreffenden Sorten Teroldego und die autochthone weiße Blatterle. Mayr arbeitet seit 1994 nach organisch-biologischen Richtlinien, verzichtet auf Pestizide und Herbizide und jegliche Art von Düngung. Er ist Bioland-zertifiziert, tut sich dagegen mit der mittlerweile populär gewordenen Biodynamie eher schwer, da er viele Vorgaben als zu dogmatisch empfindet.

Im Keller verzichtet er, allergisch gegen Holzschminke, auf Barriques, nicht aber auf eine temperaturkontrollierte Gärführung im Stahltank und den Ausbau im großen Holzfass. Den Rotweinen gönnt er eine lange Mazeration. Seine Devise lautet: möglichst wenig Eingriffe, genügend Zeit zur Weinwerdung einplanen, handwerkliches Arbeiten jenseits des misstrauisch beäugten Gehabes eines »Winemakers«. Sein Ziel sind

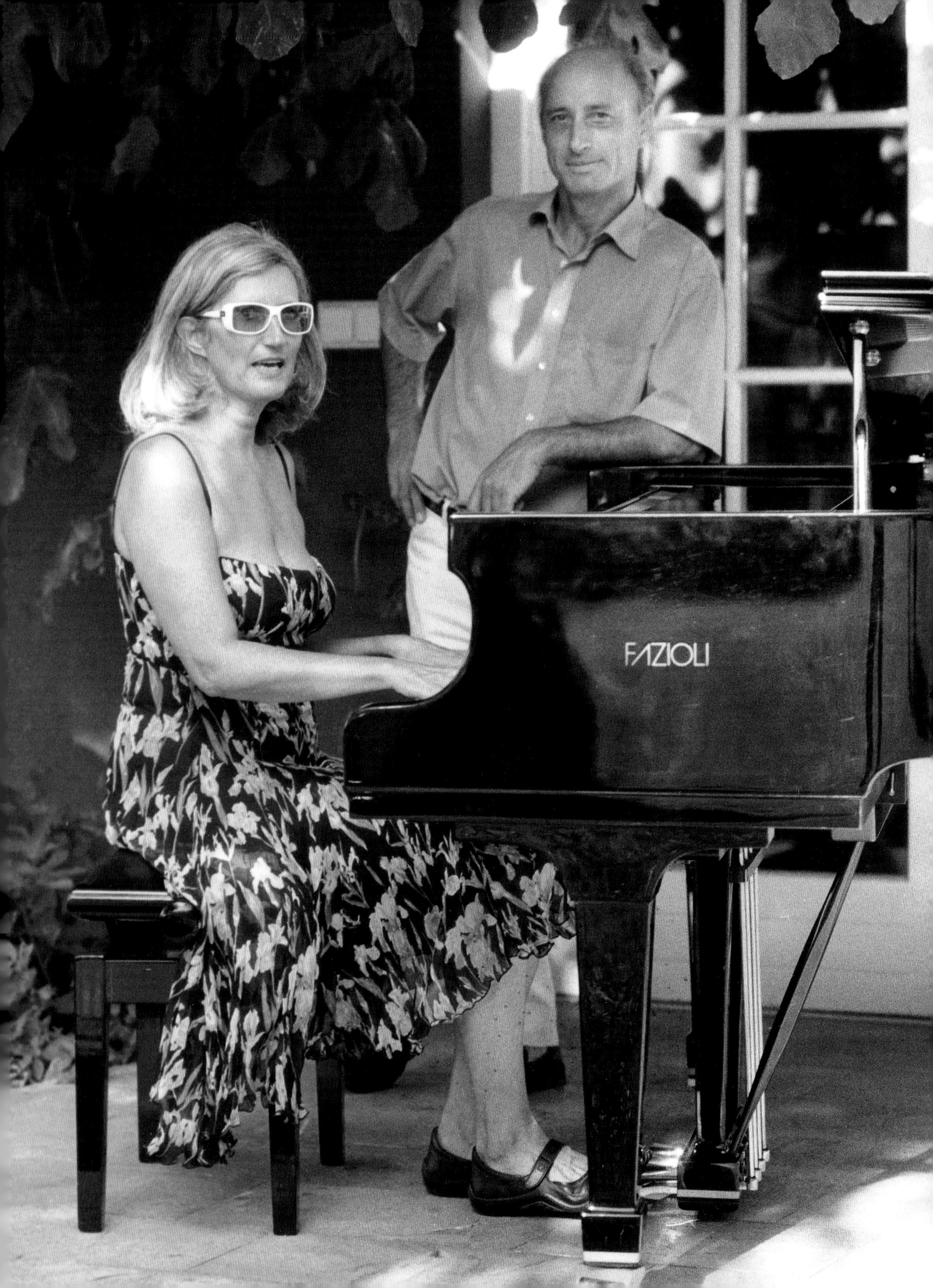
FAZIOLI

»persönliche Weine mit Ecken und Kanten«, sorten- und lagentypisch, authentisch und unverfälscht.

Die Gewächse vom Nusserhof lösen ein, was ihr Erzeuger von ihnen verlangt. Der Blaterle – der Wein schreibt sich im Gegensatz zur Sorte mit einem t – aus einer alten, in Vergessenheit geratenen Weißweinsorte, deren goldgelbe Beeren rund und plattgedrückt sind, worauf Heinrich Mayr ihren Namen zurückführt, ist feinduftig, äpfel-, minze- und pfirsichbetont und vermag mit seiner nervigen Säure gut zu altern. Der rosafarbene Lagrein Kretzer charmiert heiter und fröhlich. Die Lagrein Riserva dagegen präsentiert sich dicht, kernig, von alpinem Charakter, mit verhaltener Frucht und präsenter Säure. Etwas einfacher gestrickt zeigt sich der Teroldego. Er ist füllig und stoffig, nicht ohne Delikatesse und wie der Lagrein ein klassischer Esswein.

Der Nusserhof überrascht mit Facettenreichtum. Seine Bewohner lieben das Hintergründige. Dazu passt, dass Heinrich Mayrs Weine es vom Bozner Boden bis nach Maryland/USA zum überaus lobenden und ausführlichen Eintrag in Robert Parkers »Wine Advocate« geschafft haben. So hermetisch abgeschlossen lebt es sich hinter den Mauern des Hofes zum Glück also auch wieder nicht.

NUSSERHOF

Josef-Mayr-Nusser-Weg 72
39100 Bozen
Tel. und Fax +39 0471 978388
mobil +39 335 6207558

Info: Weinverkauf ab Hof, Besichtigung auf Voranmeldung
3 ha Rebfläche, bio, 20 000

PFANNENSTIELHOF, RENTSCH/BOZEN

JOHANNES PFEIFER

Der Zugängliche

Erstmals begegnete ich Johannes Pfeifer bei einem ungewöhnlichen Anlass auf 1500 Meter über Meer. Sein St. Magdalener Classico »Pfannenstielhof« befand sich unter den Siegern des im kühnen Vigilius Mountain Resort ausgetragenen Vernatsch-Cups 2005. Pfeifer war neben Franz Gojer vom Glögglhof der einzige prämierte Weinbauer (die anderen Preisträger waren Genossen oder Weinhändler) und wirkte – so augenfällig stolz ihn die prestigeträchtige Auszeichnung auch machte – wie ein Naturbursche, der im Rebberg oder im Weinkeller weit mehr in seinem Element ist als bei einer Preisverleihung.

Ein paar Jahre später leistete ich der in den Bergen ausgesprochenen Einladung Folge und besuchte Hannes Pfeifer auf seinem Weinhof im Talgrund des Bozner Bodens. Dank guter Ausschilderung ist der Weg durch das wuchernde Gewerbegebiet zum Pfannenstielhof leicht zu finden. Unüberhörbar rast die Brennerbahn am Anwesen vorbei. Man denkt sich, dass sie für die Familie Pfeifer womöglich trotz des Lärms ein Segen ist, denn ohne diese nahe Linienführung wäre der Weinberg – Lagrein, wie sich später herausstellt – wohl längst der Bauwut zum Opfer gefallen.

Der Pfannenstielhof, 1561 erstmals urkundlich erwähnt und seit 200 Jahren im Besitz der Familie Pfeifer, gehört, wie so viele Bauerngüter in Südtirol, zur Kategorie des »geschlossenen Hofs«. Um die ohnehin schon feinparzellierte Südtiroler Rebfläche (rund 5000 Hektar werden von rund 5000 Besitzern bewirtschaftet) vor einer weiteren Zerstückelung durch Erbteilungen zu schützen, griff die Provinz Bozen zum Mittel des »geschlossenen Hofs«, historisch in einem theresianischen Edikt wurzelnd: Wer einen Hof zum geschlossenen erklärt, darf ihn nur noch als Ganzes verkaufen oder vererben. Bei der Auszahlung von nicht zum Zuschlag gekommenen Erbberechtigten hilft das Land

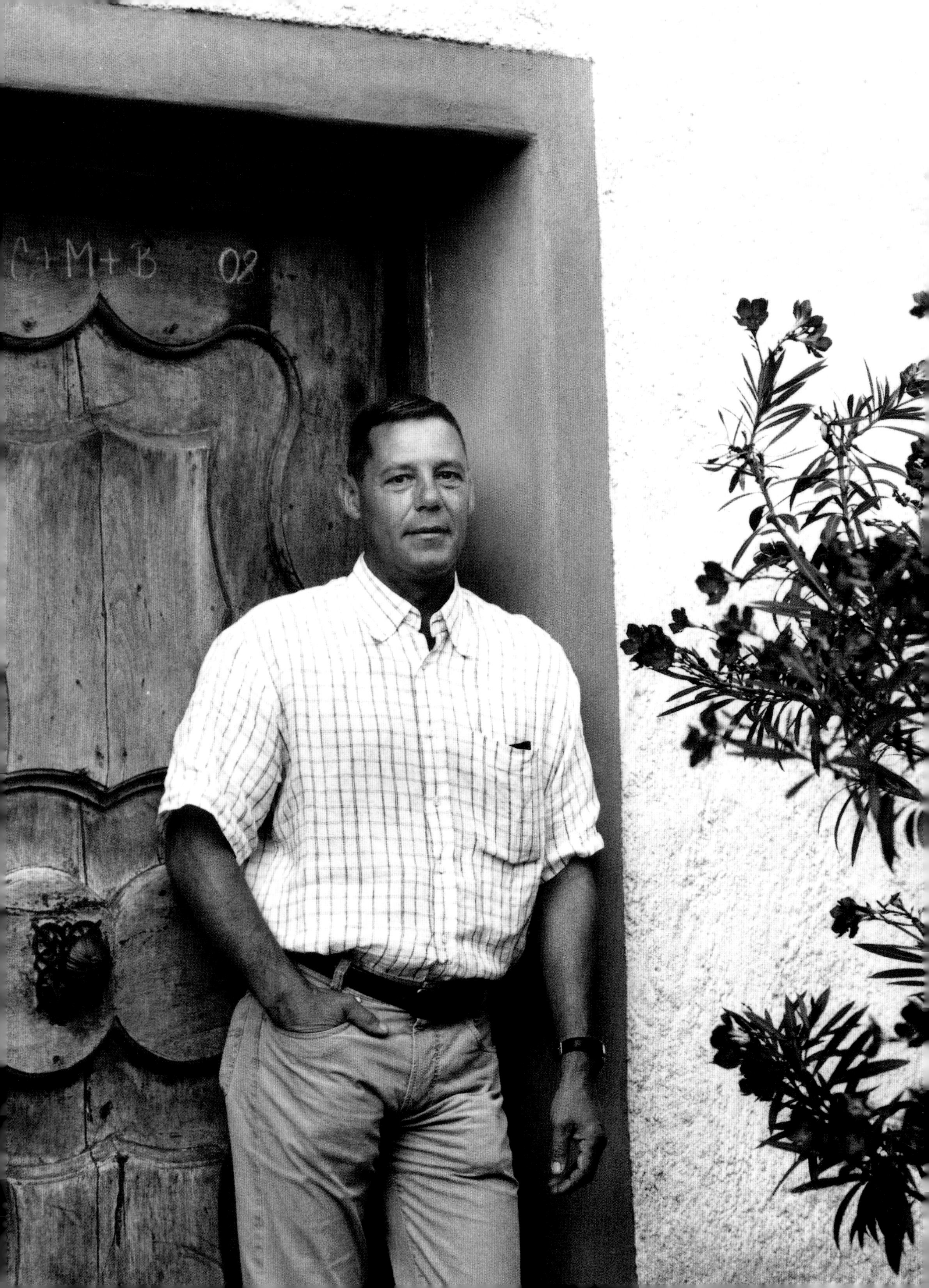
C+M+B 08

mit günstigen Krediten. Das Ziel des Gesetzes besteht darin, der bäuerlichen Familie eine überlebensfähige Hofgröße zu garantieren.

Braungebrannt – offensichtlich sein Markenzeichen –, mit klarem Blick und samtiger Art empfängt Hannes Pfeifer und führt den Besucher durch die Pergeln auf den warmen, gut durchlüfteten Schwemmböden am Fuß der Rittner Südhänge. Der 50-jährige Mann bewirtschaftet am Pfannenstielhof und in Kaltern 4 Hektar Reben – Vernatsch, Lagrein und Blauburgunder – und daneben noch Obstwiesen. Seine Weine sind unbefleckt von allen Moden. Sie besitzen eine charakteristische Trinkfreundlichkeit, ohne banal oder eindimensional zu wirken. Zu ihrer Verkostung gesellt sich auch Hannes' Frau Margareth dazu. Die beiden sind ein gut eingespieltes Paar. Sie ist promovierte Mathematikerin, unterrichtete viele Jahre und widmet sich heute den beiden jungen Töchtern. Sie kümmert sich um das Büro, ist geübt im Umgang mit dem Computer und unterstützt ihren Hannes – offen, kontaktfreudig und scharfsinnig – in der Kundenpflege.

Der Magdalener, mit fünf Prozent Lagrein gestärkt, gärt im Stahltank und reift nach dem Säureabbau im traditionellen, mittelgroßen Holzfass. Es ist ein gradliniger, samtiger, fruchtbetonter Wein. Die Ausgewogenheit ist die Quelle seiner Trinkfreude. Von vergleichbarer Geschmeidigkeit, saftig und rund, zeigen sich die beiden Lagreine. Die Riserva besitzt mehr Struktur, Holzwürze – ein kleiner Teil reift in neuen Barriques – und Lagerpotenzial, was wiederum der Jahrgangs-Lagrein durch unmittelbaren Trinkgenuss wettmacht. Beim vierten Wein gestehen die Pfeifers eine charmante Extravaganz: »Wir trinken sehr gerne Blauburgunder«, sagen sie lachend. Knapp ein Hektar Blauburgunder haben sie in Planitzing bei Kaltern auf 500 Meter im Guyotsystem gepflanzt. Die Reben sind noch jung. Die Erfahrungen mit der kapriziösen Sorte noch klein. Was heute noch etwas streng und spröd wirkt, wird hoffentlich mit jedem neuen Jahrgang verspielter und fruchttiefer werden und dereinst vielleicht einmal bei einem Blauburgunder-Wettbewerb brillieren.

PFANNENSTIELHOF

Pfannenstielweg 9
39100 Bozen
Tel. und Fax +39 0471 970884
mobil +39 339 1644258
info@pfannenstielhof.it
www.pfannenstielhof.it

Info: Weinverkauf und Besichtigung, Voranmeldung empfohlen
4 ha Rebfläche, 40 000

GRIESBAUERHOF, RENTSCH/BOZEN

GEORG UND MARGARETH MUMELTER

Der Bedächtige

Als Georg Mumelter 1976 die Weinbauschule San Michele abschloss und als 20-Jähriger nach Rentsch auf den Griesbauerhof zurückkehrte, wo seine Mutter nach dem frühen Tod des Vaters den Landwirtschaftsbetrieb zehn lange Jahre durchgestemmt hatte, traf er am Fuß der Hügel von St. Magdalena und St. Justina natürlich noch auf die alten Südtiroler Verhältnisse: Der Vernatsch war Alleinherrscher, rund 20 000 Kilogramm Trauben betrug die Ernte pro Hektar, der Wein wurde fassweise der Schwanburg, nach Innsbruck oder in die Schweiz verkauft. Wie grundlegend anders sich doch die Situation heute präsentiert! Nicht alles hat sich zwar nur zum Guten verändert: »Die Stadt frisst das Umland, obwohl ihre Bevölkerungszahl schon lange nicht mehr wächst. Der Boden gehört dem Bauern, solange ihn keiner braucht«, tadelt Georg Mumelter auf dem Rundgang durch seinen gut drei Hektar großen Weinhof. Doch um den eigenen Betrieb steht es nur positiv: Der Ertrag beträgt noch die Hälfte der einst 20 000 Kilogramm. Statt einer Sorte pflegt der Griesbauer mit Vernatsch, Grauvernatsch, Lagrein, Cabernet Sauvignon, Merlot und Grauburgunder deren sechs. Und statt eines Weins führt er nun elf Weine im Sortiment – zählt man den 2008 erstmals gekelterten Merlot »Spitz« (den Rebberg am Zusammenfluss von Eisack und Etsch konnte er Franz Gojer abkaufen) und die weiße und rote Cuvée »Tirolensis« hinzu, die ein originelles Gemeinschaftsprodukt aller in der Vereinigung »Tirolensis Ars Vini« versammelten Mitgliederbetriebe sind.

Georg Mumelter hat sich für diese Veränderungen über 20 Jahre Zeit genommen. Der Magdalener Weinbauer, ein ruhiger Hüne, ist viel zu besonnen und zu bedächtig, als dass er zu überstürzten Handlungen neigen würde. Schließlich bewirtschaftet er diesen Erbhof, wo der Weinbau bis in die Anfänge des 16. Jahrhunderts verbrieft ist, in der achten Generation, und mit zwei jugendlichen Söhnen steht schon die nächste bereit.

»Das Weinbauern ist heute arbeitsintensiver geworden, aber auch befriedigender«, sagt er, als wir uns unter einer Kiwi-Pergola niederlassen. Es weht ein Zugwind – tagsüber kommt er aus Süden, nachts aus Norden –, durchlüftet die Reben und kühlt den warmen, schotterhaltigen Schwemmlandboden am Schuttkegel des Rivelaunbaches ab. Zunächst pflanzte er Ruländer, später Lagrein; den Cabernet pfropfte er auf Vernatschreben, bei denen sich die Erziehung im Drahtrahmen nicht bewährt hatte.

Zur Degustation und zum Essen setzt sich auch Georgs Frau Margareth dazu. Sie hat eben noch mit Handwerkern die letzten Arbeiten für den neuen, großzügigen und hellen Verkostungsraum besprochen, der mit dem langen Kirschholztisch, den Fenstern aus Lärchenholz und dem Verkaufstresen in Birnenholz, alles vor der großartigen Kulisse von Rebgärten und Stadtsilhouette, überaus gelungen ist. Mit ihrem Gespür für Schönes, mit Talent für Marketing und alles Administrative schenkt sie dem Betrieb pfiffig zusätzlichen Lebensnerv.

Georg Mumelters vielfältige Weinpalette ist von zuverlässiger, solider Qualität. Sie macht den Betrieb zu einer guten Adresse. Vier Weine sind mir neben dem bekömmlichen klassischen Magdalener, dem kräftigen Lagrein Kretzer und dem schokoladigen, saftigen Jahrgangs-Lagrein besonders aufgefallen und setzten eigenständige Akzente zum köstlichen Tomaten- und Knödelfestival von Margareth Mumelter: Der Ruländer ist ein ungewöhnlich charaktervolles Exemplar von einem Grauburgunder, kraftvoll, extraktreich und angenehm trocken. Der Grauvernatsch, eine Spielart des Vernatsch, zeigt sich von einer außergewöhnlich pfeffrigen, würzigen, kernigen Seite, ein wesentlich rauerer, säurebetonterer Geselle als sein Magdalener Kumpel. Beim Vernatsch »Isarcus« werden die Trauben am Stock durch das Durchtrennen der Rute zwei bis drei Wochen über den normalen Erntezeitpunkt hinaus getrocknet, gerebelt und vergoren. Anschließend reift der junge Wein in Barriques mit einem Neuholzanteil von zehn Prozent. Das ergibt ein einmaliges Gewächs von vernatsch-atypischer Struktur, Tiefe und Konzentration. Die Lagrein Riserva wächst im Gegensatz zum normalen Lagrein, der von einem Pachtweingut in Moritzing stammt, in Rentsch. Sie besitzt sortentypische Aromen, Mineralität, eine frische Säure und schöne Länge.

GRIESBAUERHOF

Rentscher Straße 66
39100 Bozen
Tel. +39 0471 973090
Fax +39 0471 325694
mumelter.g@rolmail.net
www.tirolensisarsvini.it

Info: Weinverkauf und Besichtigung, Voranmeldung empfohlen
3,5 ha Rebfläche, 30 000

FLIEDERHOF, ST. MAGDALENA/BOZEN

STEFAN RAMOSER

Der Bescheidene

Am 22. Juli ist Kirchtag in St. Magdalena bei Bozen. Nach der Frühmesse im Kirchlein mit den wunderbaren mittelalterlichen Fresken versammeln sich die Weinbauern des Dörfchens beim Flieder-Stefan zum Morgenschoppen. Danach geht es zum Obermoser-Heini, nach ein paar Gläsern zum Untermoser-Georg, schließlich gegen Mittag zum Glöggl-Franz. Am Abend klingt die nun von der ganzen Bevölkerung besuchte Kirchweih mit Musik und Tanz oben auf der Hügelkuppe beim Kandler-Martin aus. Unsere geselligen, in Freundschaft verbundenen Winzer – sie mit dem Hofnamen zu rufen, ist Brauch in der bäuerlichen Gesellschaft – gehören zur Elite von St. Magdalena, dem Zentrum und historischen Kern des gleichnamigen Südtiroler Weinanbaugebiets, das heute mit den über die Jahre erfolgten Erweiterungen von Terlan bis an den Rand des Eisacktals eine Fläche von 300 Hektar aufweist.

Der Fliederhof ist über die Heirat von Stefan Ramosers Oma mit einem Ramoser vom Untermoserhof in die Familie gekommen. Georg Ramoser, der heute als Untermoser winzert, ist Stefans Cousin zweiten Grades. Der 1964 geborene Stefan Ramoser stellt ein leuchtendes Beispiel einer kleinbäuerlich geprägten Südtiroler Realität dar, lokal verwurzelt, ohne dass sein Horizont aber vom nahen Magdalener Kichturm begrenzt würde. Er tritt einem in der traditionellen blauen Schürze entgegen, trägt aber darunter ein modernes, ebenfalls blaues Poloshirt. Und sein Hobby, das er zusammen mit seinem heranwachsenden Sohn in jeder freien Minute betreibt, ist das Motocrossfahren.

Stefan Ramoser bewirtschaftet eigenhändig, ohne fremde Hilfe, den drei Hektar großen Fliederhof, bestehend aus einem Hektar Reben (Vernatsch, gelber Muskateller und Lagrein) und zwei Hektar Äpfeln. Unterstützt wird er einzig von den Familienmitgliedern, seine fleißige Frau Astrid besorgt das Büro und den Verkauf. Dazu kommt eine Pacht von 1,6 Hektar Reben, ebenfalls im klassischen Magdalena-Gebiet neben dem Waldgrieshof gelegen und, teilweise in Neuanlage mit Drahtrahmen, mit den gleichen Sorten bestockt. Das bedeutet ein arbeitsreiches, nie ganz sicheres Leben, denn mit Pachtflächen ist es eine verflixte Angelegenheit. Ihr Besitz ist nicht auf die Ewigkeit hin angelegt: 2001 hat Stefan Ramoser eine frühere, große Pacht verloren, und jene in St. Justina läuft 2011 aus. Das zwingt ihm einen gewissen Hang zum Fatalismus auf,

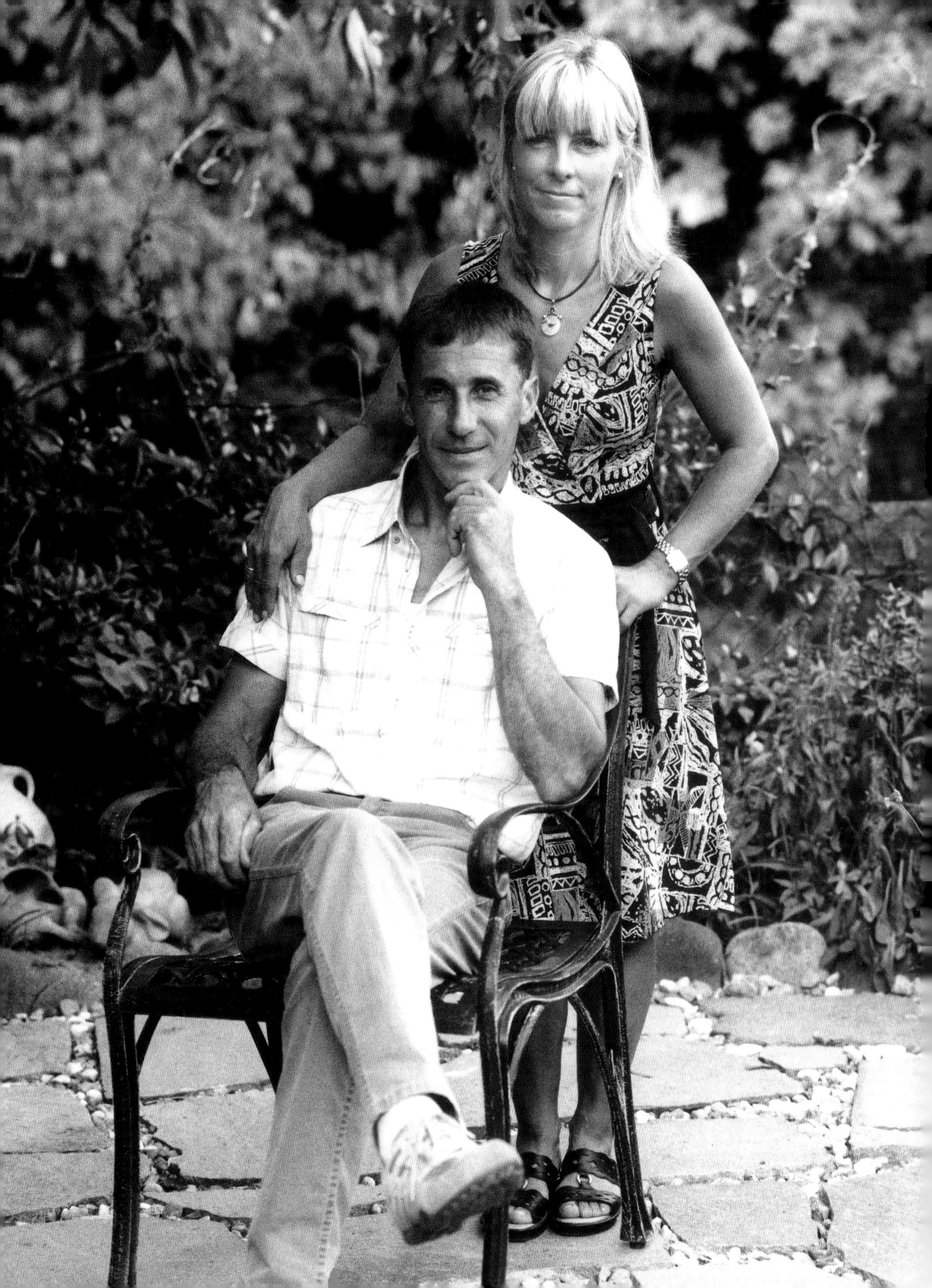

erträglich gemacht durch das Wissen um die eigene Stärke und um die Kraft der Familie.

Stefan Ramosers Stärke, sein Talent, erkennt jeder, der seine Weine probiert. Es sind geschmeidige, elegante Tropfen, unprätentiös wie ihr Erzeuger selbst. Da ist der Múscadel, ein blumiger Goldmuskateller, der früher »Pfefferer« hieß, diesen Namen aber auf den etwas ungehörigen Druck der Kellereigenossenschaft Schreckbichl, die ebenfalls einen »Pfefferer« im Sortiment hat, ablegen musste. Da ist der samtige, klassische St. Magdalener, im Holzfass ausgebaut und je nach Jahrgang nach Veilchen und Rosen, nach Kirschen und Pflaumen duftend, tiefgründig und lang. Und da sind die beiden Lagreine, saftig, gradlinig der Jahrgangs-Lagrein; gerbstoff- und holzbetonter die Riserva. Bei der Ausgabe 2005 zeigt sich eine weitere positive Eigenschaft des bescheidenen Winzers: sein Hang zur Selbstkritik. Ein trockener Hochsommer und Regen im August ließen 60 Prozent der eher dünnhäutigen Lagrein-Beeren aufplatzen, was den Wein ungewohnt leicht und atypisch werden ließ. Nur auf gutes Zureden hin füllte der mit dem Ergebnis unzufriedene Stefan Ramoser einen Teil als Riserva in die Flasche.

FLIEDERHOF

Untermagdalena 33
39100 Bozen
Tel. und Fax +39 0471 979048
fliederhof@rolmail.net

Info: Weinverkauf ab Hof, Besichtigung auf Voranmeldung
2,6 ha Rebfläche, 25 000

UNTERMOSERHOF, ST. MAGDALENA/BOZEN

GEORG RAMOSER

Der Heitere

Georg Ramoser ist Weinbauer mit Leib und Seele. Das erkennt auf den ersten Blick, wer ihn auf dem Untermoserhof im Herzen des historischen Anbaugebiets von St. Magdalena besucht. Der Mann strahlt eine heitere Gelassenheit aus. Tief haben sich um seine Augen die Lachfalten ins Gesicht gegraben. Das Lachen vergeht ihm selbst dann nicht, wenn er wegen Kreuzbandproblemen an Krücken geht. »Verkosten wir was?«, fragt er fröhlich und führt den Besucher in die geräumige Stube, die bis 1938 als Gaststube diente, als der Untermoserhof noch ein Gasthaus war. Die Aussicht geht über eine monumentale Pergellandschaft. Beklagenswert ist, wer sich in dieser Umgebung kein frohes Naturell bewahrt hat.

Bevor Georg Ramoser seinen Magdalener öffnet, muss der Gaumen erst mit einem Weißen gespült werden. Unterhalb von Girlan in Eppan-Frangart baut er 4000 Quadratmeter Chardonnay an. Der Wein sieht den Stahltank und das große Holzfass, aber kein Barrique, besitzt eine weiche Fülle und nussig-buttrige Aromen. Nun aber zu seinem Hauptwein, dem St. Magdalener. Bis 1982 wurde er noch mehrheitlich in die Schweiz geliefert. Ende April war der Keller jeweils leer. Auch heute ist er regelmäßig leer; doch jetzt kommen die Kunden zum Kauf der ingesamt rund 35 000 Flaschen auf den Hof. Die Absatzkrise war der Katalysator der Besserung. Statt 15 bis 16 Tonnen wie früher erntet Georg Ramoser heute zehn bis zwölf Tonnen Trauben pro Hektar. Tiefer will er allerdings nicht gehen. Noch stärkeres Ausdünnen, noch tiefere Erträge würden den Wein um seine sortentypische, delikate Frucht bringen. Georgs Frau Margareth tischt Speck und Schüttelbrot auf. Sie kümmert sich kompetent um den Weinverkauf und verwaltet die vier schönen Ferienwohnungen, die zum Untermoserhof gehören. Wie immer ein Erlebnis, wie der bekömmliche Wein aus dem einfachen Imbiss einen Genuss macht. Georg Ramoser erzeugt einen kräftigen und dennoch finessereichen Magdalener. Er fügt bei der Vergärung nur zwei, drei Prozent Lagrein hinzu, um die köstliche Frucht und den samtigen Körper nicht mit den Lagrein-Bitternoten zu überdecken, und gönnt dem Wein einen viermonatigen Aufenthalt im großen Holzfass.

Obwohl Georg Ramoser den Vernatsch eindeutig dem Lagrein vorzieht – »ich halte den Vernatsch für die noblere Sorte«, sagt er –, keltert er natürlich auch Lagrein, seit einigen Jahren sogar einen Jahrgangswein und eine Riserva, was in schlechteren Jahren mehr Spielmöglichkeiten eröffnet. Die Südtiroler machen Lagrein, weil er sich gut verkaufen lässt; Vernatsch dagegen erzeugen sie, um ihn zu trinken. Sehr gut trinken lassen sich natürlich auch Ramosers Lagreine: trinkfreundlich, mit Brombeer- und Schokoladenoten der einfache von Trauben aus Rentsch; komplexer, mineralischer die in Tonneaux ausgebaute Riserva aus Hügellagen in St. Magdalena.

Bei meinem ersten Besuch auf dem Untermoserhof träumte Georg Ramoser von einem Merlot. Der Traum

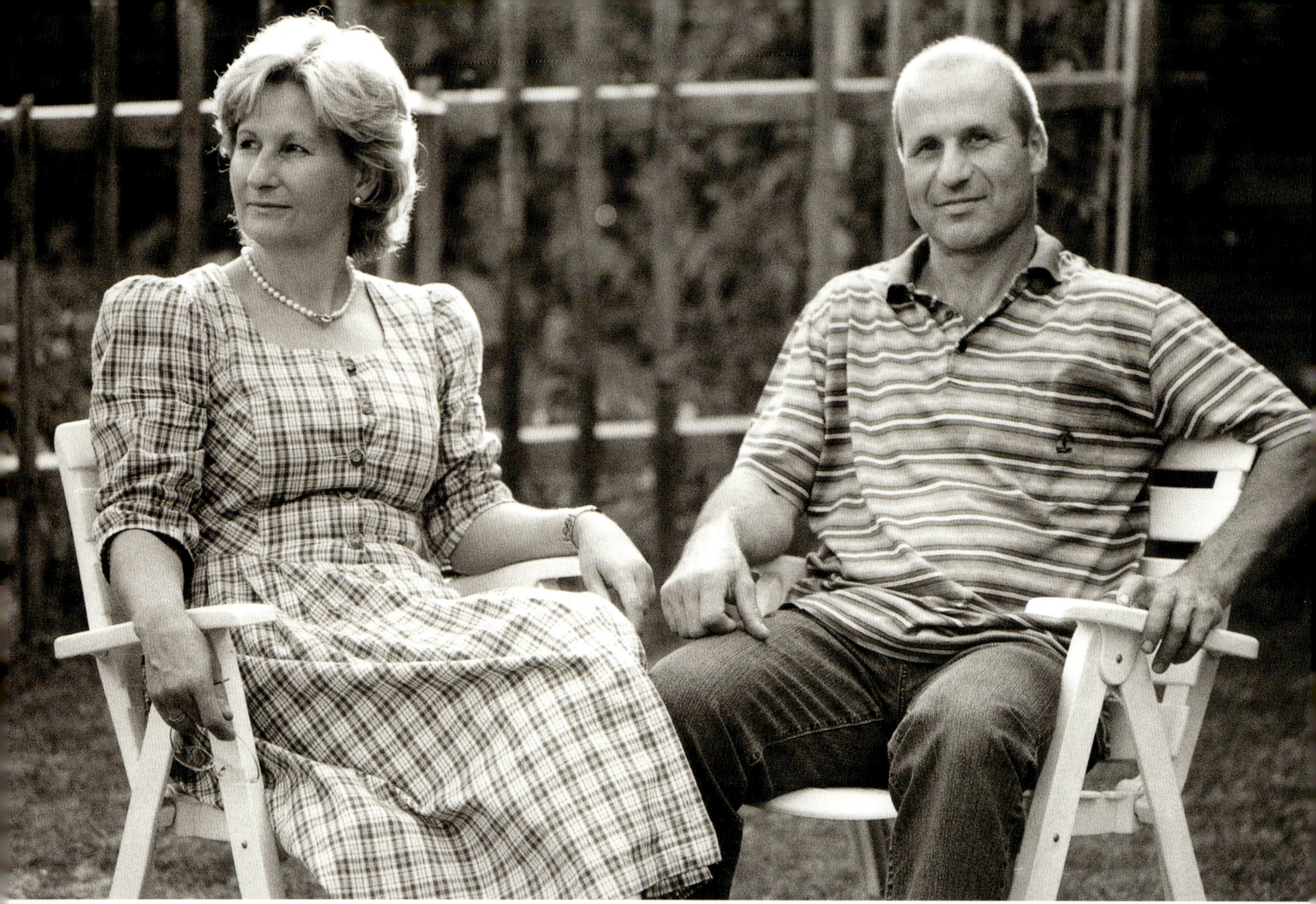
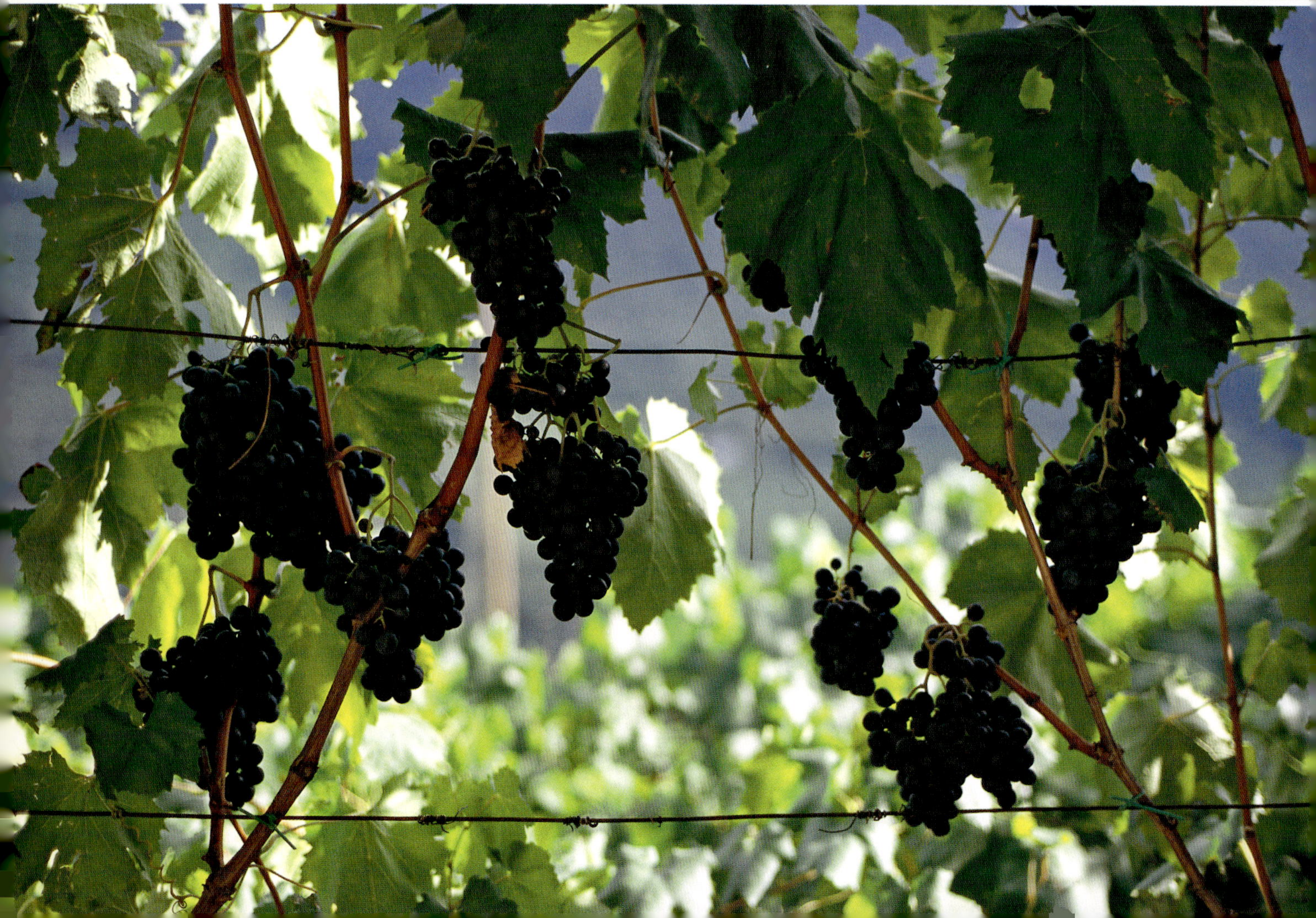

ging in Erfüllung: Heute wächst in Girlan neben dem Chardonnay auch Merlot. Je nach dem klimatischen Verlauf des Jahres offeriert Ramoser ein oder zwei Weine. 2006 beispielsweise hat es eine Lage verhagelt; der Wein daraus ist beerig-würzig und etwas einfach geraten. Die zweite Lage hatte mehr Wetterglück; Ramoser kelterte daraus eine barriquegereifte komplexe, fruchtsüße, füllige Riserva.

Was bringt die Zukunft? Georg Ramoser lacht, er ist um Pläne nie verlegen, liebäugelt mit dem biologischen Anbau. Unterhalb des Hauses verzichtet er seit einigen Jahren auf einer Experimentierparzelle bei der Bodenbearbeitung, der Rebpflege und dem Pflanzenschutz auf chemisch-synthetische Mittel. Dann träumt er wieder von einem Weingut in einer höheren Lage, das ihm die Erzeugung von säurebetonten, aromatischen Weißweinen erlauben würde. Franz Gojers Glückskauf oben in Karneid hat ihn offensichtlich beflügelt. Vielleicht gelingt es ihm auch, eine einstige Pachtlage in St. Magdalena zu erwerben und dafür die Chardonnay-Parzelle zu opfern. Georg Ramoser, geboren 1961, ist ein Winzer, der die Geduld hat zu warten, bis sich eine Fügung des Schicksals seiner Wünsche erinnert. Beständig und beharrlich, gleichmütig und pragmatisch hat er so den 4,5 Hektar großen Untermoserhof seit der Betriebsübernahme 1993 vorwärtsgebracht.

UNTERMOSERHOF

Untermagdalena 36
39100 Bozen
Tel. und Fax +39 0471 975481
untermoserhof@rolmail.net

Info: Weinverkauf ab Hof, Besichtigung auf Voranmeldung
4,5 ha Rebfläche, 35 000

Südtirols Freie Weinbauern

OBERMOSER, ST. MAGDALENA/BOZEN

HEINRICH UND THOMAS ROTTENSTEINER

Die Harmonischen

Betriebsübergaben vom Vater auf den Sohn bergen Zündstoff in sich. Der Sohn will alles anders machen, den Ertrag drosseln, neue Sorten anbauen, die Kelterung umstellen. Der Vater sieht sein Lebenswerk in Frage gestellt, fühlt sich unverstanden, zieht sich in den Schmollwinkel zurück. Zerwürfnisse von geradezu biblischer Wucht haben so schon viele Weinbauernfamilien unglücklich gemacht.

In Südtirol kommen einem derartige Dramen kaum zu Ohren. Vielleicht liegt das an den Strukturen der Weinwirtschaft mit der Dominanz der Kellereigenossenschaften, wo der Konfliktstoff anders gelagert ist. Jedenfalls scheinen die Generationen hier außergewöhnlich einvernehmlich und harmonisch zusammenzuarbeiten.

Ein besonders leuchtendes Beispiel eines geglückten Zusammenspiels von Vater und Sohn bietet der insgesamt 3,75 Hektar große Weinhof Obermoser von Heinrich und Thomas Rottensteiner in St. Magdalena. Heinrich Rottensteiner, geboren 1941, zählt zu den

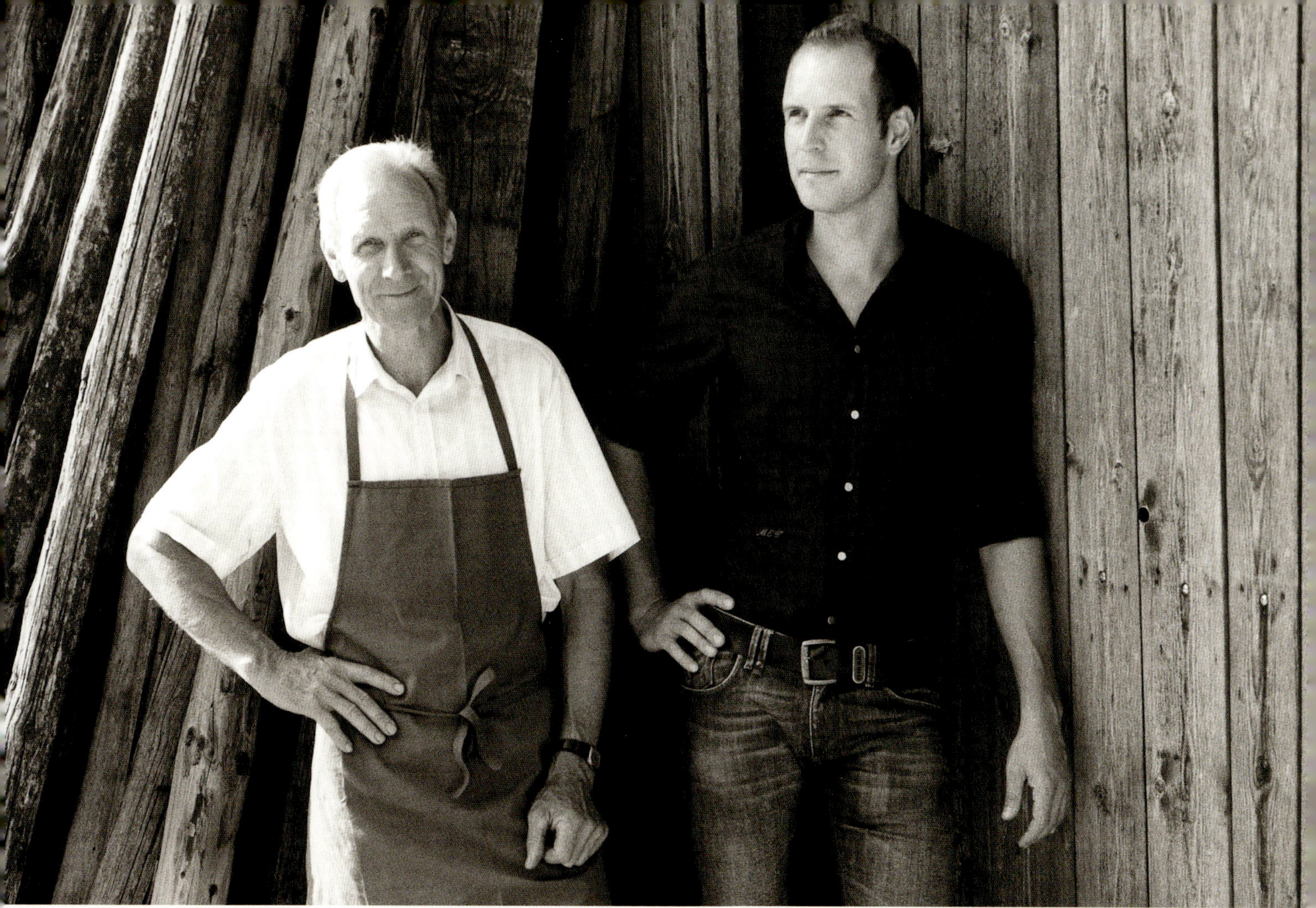

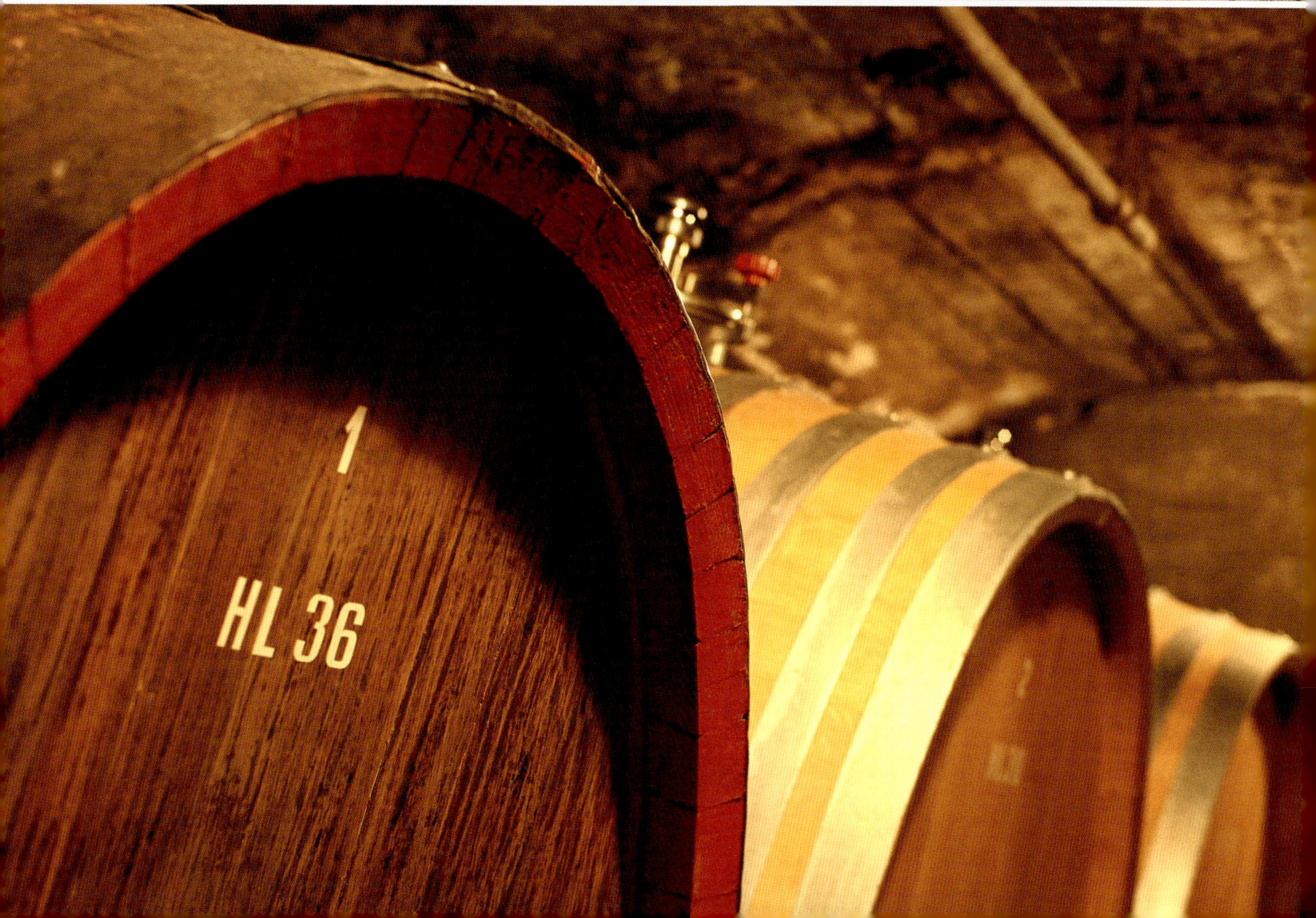
1
HL 36

Grandseigneurs unter den »Freien Weinbauern«. 1977 wurde ihm der Betrieb – prächtig gelegen zwischen Flieder- und Untermoserhof – von seinem Vater Franz Rottensteiner überschrieben. Er erlebte die ganze typische Magdalena-Story mit der erzwungenen Umstellung auf Selbstvermarktung und baute mit Fleiß, Gewissenhaftigkeit und einer großen Portion Gemeinsinn den eigenen Hof und die Marke St. Magdalena auf. 1995 kam sein just 1977 geborener Sohn Thomas, der Mittlere von drei Buben, nach der Absolvierung der Weinbauschule Laimburg und einem lehrreichen Praktikum bei Luis von Dellemann, dem legendären Kellermeister von Alois Lageder, nach Hause und startete die glückliche Zusammenarbeit mit dem Vater.

Heinrichs kluge Entscheidung, dem Filius gleich von Anfang an eine eigene Spielwiese zu schaffen, hat das Unternehmen natürlich beflügelt: Mit dem Kauf eines hektargroßen Weinguts in der warmen Lage »Putzmauer« am Kalterer See, das mit Merlot, Cabernet Sauvignon, Cabernet Franc, Lagrein und – bis 2000 – Goldmuskateller bepflanzt wurde, erhielt Thomas Eigenverantwortung, die er mit der würzigen, feurigen, tiefgründigen Cabernet-Merlot-Riserva »Putz« denn auch trefflich nutzt.

Die Harmonie zwischen Vater und Sohn steckt nicht nur in den charaktervollen Weinen. Sie ist sicht- und spürbar, wenn die beiden am Stubentisch ihre Gewächse präsentieren. Da schweigt der eine respektvoll, wenn der andere redet, oder der eine beginnt einen Satz, den der andere in seinem Sinn beendet. Beide sind stolz auf den eigenwilligen Sauvignon blanc von der nahen, 500 Meter hohen, porphyrreichen Lage »Hörtenberg«: Grasige Aromen mischen sich mit Noten von Stachelbeeren und Holunder. Einer etwas zu deutlichen Alkoholbelastung begegnet Heinrich, indem er Thomas fragt: »Vielleicht sollten wir nächstes Mal weniger stark ausdünnen?« Der St. Magdalener, ganz klar der Hauptwein der Obermoser, ist ein Vernatsch wie aus dem Bilderbuch: Weichselkirschen- und Veilchennoten fügen sich zum samtigen Körper und zum bittermandelgeprägten Abgang. Lagreine gibt es zwei. Eine fruchtbetonte, beerige Basisversion mit Trauben aus Magdalena und Kaltern, süffig und trinkfreundlich, und die Riserva »Grafenleiten« von einem warmen Hügel unterhalb des Hofs, die mit sehr viel Fingerspitzengefühl in kleinerem und größerem Holz ausgebaut wird und durch ihr griffiges Profil und ihre Länge überzeugt.

Zum Schluss, als das Gespräch wieder beim St. Magdalener mit seiner abwechslungsreichen Geschichte landet, erzählt Heinrich Rottensteiner eine erhellende Anekdote, die die Immunität der Magdalener Weinbauern gegenüber Weinmoden demonstriert: Betrübt hätte der renommierte deutsche Weinpublizist Jens Priewe, in den 1990er Jahren beim Obermoser aus dem Auto steigend und über die Reben blickend, ausgerufen: »Schade, alles Vernatsch, was gäbe das hier für Cabernet!« Der Ausruf löste heftige Diskussionen aus, verblieb aber letztlich ungehört. Die Magdalener Winzer wollten von Cabernet nichts wissen und freuen sich heute angesichts der Absatzprobleme von Cabernet und Merlot insgeheim über ihre Standfestigkeit. Zu ihrer geselligen, unkomplizierten Art gesellt sich eben auch eine gesunde Portion Sturheit.

OBERMOSER

Untermagdalena 35
39100 Bozen
Tel. +39 0471 973549
Fax +39 0471 325827
info@obermoser.it
www.obermoser.it

Info: Weinverkauf ab Hof, Besichtigung auf Voranmeldung
3,75 ha Rebfläche, 34 000

GLÖGGLHOF, ST. MAGDALENA/BOZEN

FRANZ GOJER

Das Urgestein

Als der liebe Gott in sechs Tagen Südtirol erschaffen wollte, war er zu seinem Leidwesen am Samstag mit der Arbeit noch nicht ganz fertig geworden. Es fehlte noch ein kleiner Hügel in St. Magdalena und er musste eine Nachtschicht einlegen. So verstieß er unbeabsichtigt gegen die eigene Ruheverordnung und der Glögglhof wurde erst am Sonntagmorgen beendet. Franz Gojer kann diese Anekdote noch nie gehört haben. Sie wurde für dieses Buch erfunden. Sie liefert aber eine mögliche Erklärung für das sonnige Gemüt des Ur-Magdaleners und für die Einzigartigkeit seines Weinguts, dieses südostexponierten Moränenkegels am Fuße des Bergs, aus dessen Pergelterrassen auf sandig-lockerem Boden ein exemplarischer, klassischer Magdalener kommt und auf dessen Kuppe mit dem »Rondell« ein großartiger Grand Cru wächst.

»Das Phänomen St. Magdalener besteht darin, dass er nicht in Mode ist und wir trotzdem im Herbst keine unverkaufte Flasche mehr im Keller haben«, sagte mir einmal Georg Ramoser vom Untermoserhof. Ohne den nur eine Straßenkurve entfernten Gojer hätte vielleicht die Geschichte des samtig-kräftigen Weins einen anderen Verlauf genommen. Denn Gojers Hofübernahme 1982 fiel mehr oder weniger mit dem Absatzzusammenbruch des Magdaleners in die Schweiz zusammen. Vorher hatten die Produzenten die Vermarktung den (Schweizer) Weinhändlern überlassen. Nachher waren sie plötzlich auf sich selbst zurückgeworfen und gezwungen, den Wein selbst in Flaschen zu füllen und zu verkaufen. Der 31-jährige Franz Gojer packte die Gelegenheit beim Schopf und begann sich mit tiefen Erträgen und klassischer Maischegärung als Selbstkelterer zu profilieren und spornte seine ihm kollegial verbundenen Nachbarn mit dem unerschütterlichen Glauben an die einzigartige Güte des Magdaleners zu vergleichbaren Taten an.

Mittlerweile ist der Name Gojer in der deutschsprachigen und italienischen Weinwelt ein Begriff. Der Erfolg hat den Wein- und Apfelbauer freilich nicht verändert. Er tritt bescheiden auf wie eh und je. Zunächst abwartend, wortkarg, ja scheu, fremden Ausführungen mit dem in der Gegend verbreiteten »Ach so« begegnend. Das signalisiert verhaltenes Interesse und keineswegs etwa Desinteresse, wie man meinen könnte. Langsam taut er auf, seine Lebenslust wird spürbar, seine Begeisterung steckt an.

Bei meinem letzten Besuch strahlt Franz Gojer wie ein Maikäfer. Er will mir seine Neuerwerbung vorführen, obwohl er müde vom Apfelspritzen zurückkommt. Denn 2007 ist ihm ein veritabler Coup gelungen: Auf einen Tipp von Josephus Mayr hin ersteigerte er in Karneid auf 600 Meter Höhe relativ preiswert einen Weinhof mit drei Hektar bestem Rebland. Nun hat er die ersten 7000 Quadratmeter mit Kerner bestockt – freimütig räumt er ein, dass ihn die Kerner-Euphorie des italienischen Markts zur Pflanzung dieser umstrittenen Sorte bewogen habe.

Wir überqueren im letzten Abendlicht den Eisack und schlängeln uns auf der gegenüberliegenden Talseite an Schloss Karneid vorbei den Berg hoch bis zu sanft geneigten Rebflächen am Rand des Dorfes. Scharf brechen die Ränder zum Eggental ab. Auf seiner Frau Maria Luise Bitte hin baute Franz ein langes Geländer, bevor er mit dem Entfernen der alten Vernatsch-Anlage und mit der Neupflanzung begann. Am Horizont versinkt die Sonne, ein kühler Wind frischt auf, als ob die Natur zeigen möchte, dass wir uns hier in einem idealen Anbaugebiet für Weißweine befinden. Franz will Riesling und Sauvignon blanc pflanzen, als zusätzliche Herausforderung schließlich auch etwas roten Blauburgunder. Der alte Stadel wird zu einem Weinkeller umgebaut, so dass Gojers 1986 geborener Sohn Florian nach Abschluss der Weinbauschule in Weinsberg in Deutschland optimale Bedingungen für die praktische Anwendung seines erworbenen Wissens haben wird.

Noch aber ist Franz Gojer mit 40 000 Flaschen ein hundertprozentiger Rotweinwinzer und der Glögglhof eine unversiegbare Quelle von kräftigen, trinkigen, vergnüglichen Rotweinen. Das beweisen einmal mehr

Südtirols Freie Weinbauern

die Gewächse, die der Winzer nach der Rückkehr von Karneid im gemütlichen Kostraum öffnet. Der füllig-weiche St. Magdalena Classico duftet dezent nach Kirschen und Rosen und belebt die müden Geister. Es folgt der famose »Rondell«, aus dem Herzstück des Glögglhofs, gespickt mit alten, über 40-jährigen Reben von wertvollen kleinbeerigen Vernatsch-Spielarten wie Groß-, Mitter- und Tschaggelevernatsch. Der Most vergärt in modernen Kolbentanks. Behutsam, um ja keine Bitterstoffe auszulösen, wird der Tresterhut mit pneumatischen Kolben umgewälzt. Anschließend reift er in großen Holzfässern. Statt Lagrein enthält der Wein eine Prise Barbera. Denn nichts fürchtet Franz beim »Rondell« mehr als den dominanten Einfluss der lagreintypischen Bitternoten. Der »Rondell« ist ein wunderbarer Magdalener: fruchttief, ausgeglichen strukturiert und von einer fast schon burgundischen Finesse und Eleganz. Franz Gojer öffnet zwei verschiedene Abfüllungen des Jahrgangs 2007. Drei Monate liegen dazwischen. Der Unterschied ist frappant. Die jüngere Füllung, deren Wein länger im Fass ruhte, präsentiert sich klarer, transparenter und frischer. Sie hält ein mitreißendes Plädoyer für eine einzige Abfüllung, später im Jahr, die ruhig auch mehr kosten darf! Der »Rondell« hätte das verdient. Der einzigartige Grand Cru ist prädestiniert zum Botschafter des trotz Verkaufserfolgs leider immer noch verkannten Magdaleners!

Obwohl Franz Gojer als Magdalener-Urgestein den Magdalener dem Lagrein vorzieht – wenn er sich denn entscheiden müsste –, gelingen ihm dank seines Fingerspitzengefühls im Umgang mit der rustikalen Sorte regelmäßig kräftige, straffe, nie überladene Weine. Ihre Trauben stammen aus Rentsch und aus einer jungen Anlage in Auer. Die Samtigkeit verbindet sich mit erdiger Würze. Der Jahrgangs-Lagrein ist unkomplizierter und fruchtbetonter als die in Barriques ausgebaute Riserva, die nach einigen Jahren der Flaschenreifung durch ihre Gradlinigkeit, Dichte und Frische begeistert. Kein

Zweifel: Franz Gojer beherrscht die Kunst der Lagreinerzeugung, die darin besteht, den Wein nicht zu überkeltern und ihm ein Übermaß an Bitterstoffen aufzuladen.
Vom letzten Wein des Glögglhofs, vom dunkelfruchtigen, erdig-saftigen Merlot »Spitz«, gilt es bald Abschied nehmen. Der Jahrgang 2007 ist die Dernière.

Franz hat den 6000 Quadratmeter großen Rebberg am Zusammenfluss von Eisack und Etsch 2008 dem Griesbauer Georg Mumelter verkauft. So schmerzlich die Trennung auch sein mag, sie wird versüßt durch die Aussicht auf die Weißweine von Karneid, deren Geburt der Verkauf zu einem Teil ermöglicht hat.

GLÖGGLHOF

Rivelaunweg 1
39100 Bozen
Tel. und Fax +39 0471 978775
info@gojer.it
www.gojer.it

Info: Weinverkauf ab Hof, Besichtigung auf Voranmeldung
6 ha Rebfläche, 40 000

Südtirols Freie Weinbauern

ANSITZ WALDGRIES, ST. JUSTINA/BOZEN
CHRISTIAN PLATTNER

Der Ehrgeizige

Christian Plattner gehört wahrlich nicht zur traditionellen Südtiroler Fraktion der Obst- und Weinbauern, oberflächlich erkennbar am Habit der blauen Schürze. Er hebt sich schon äußerlich ab. Mit dem praktisch kahlgeschorenen Schädel und dem coolen Jägerbart ginge er glatt als DJ durch. Zum andern stellt sein Anspruch, Weine von internationaler Klasse zu erzeugen, die innere Zugehörigkeit, die sich über das Weinverständnis und den eigenen Weinstil definiert, immer wieder auf die Probe.

Christian Plattner bewohnt und bewirtschaftet Ansitz Waldgries, ein Weingut von majestätischer Größe und respekteinflößender Geschichte. Es stammt aus dem 12. Jahrhundert, liegt eingebettet in die Reben am Fuß des Bozner Weindorfs St. Justina und gehört zum klassischen Anbaugebiet St. Magdalena. Als einstiger Klosterbesitz war es schon früh dem Weinbau verpflichtet. 1928 kam es ins Eigentum der Grieser Weinbauernfamilie Plattner. Christians Vater Heinrich Plattner, eine geachtete Persönlichkeit der Südtiroler Weinwirtschaft, begann als einer der ersten Magdalener Winzer 1974 mit der Selbstvermarktung – in visionärer Vorwegnahme des Schicksals, das die meisten Weinbauern von St. Magdalena nach dem Einbruch des Schweizer Markts ereilte. Ein väterlicher Unfall zwang Christian Plattner nach einer gründlichen Ausbildung an der Laimburg und in Bad Kreuznach in Deutschland, 1994 als 22-Jähriger die Verantwortung über Weinberg und Keller zu übernehmen. 2006 wurde der sieben Hektar große Betrieb auf den jungen Weinbauern überschrieben.

Um kein Missverständnis aufkommen zu lassen: Die Geschichte, die Tradition ist Christian Plattner keine Last; er versteht sie im Gegenteil als beflügelnde Chance, aus dem Erbe mehr zu machen als grundanständige, wenn halt etwas brave Weine. Plattner gehört zur ehrgeizigen Garde der jungen, gut ausgebildeten Kellermeister, wie es sie auch in Südtirol in wachsender Zahl gibt. Der Horizont wird nicht vom Rand des eigenen

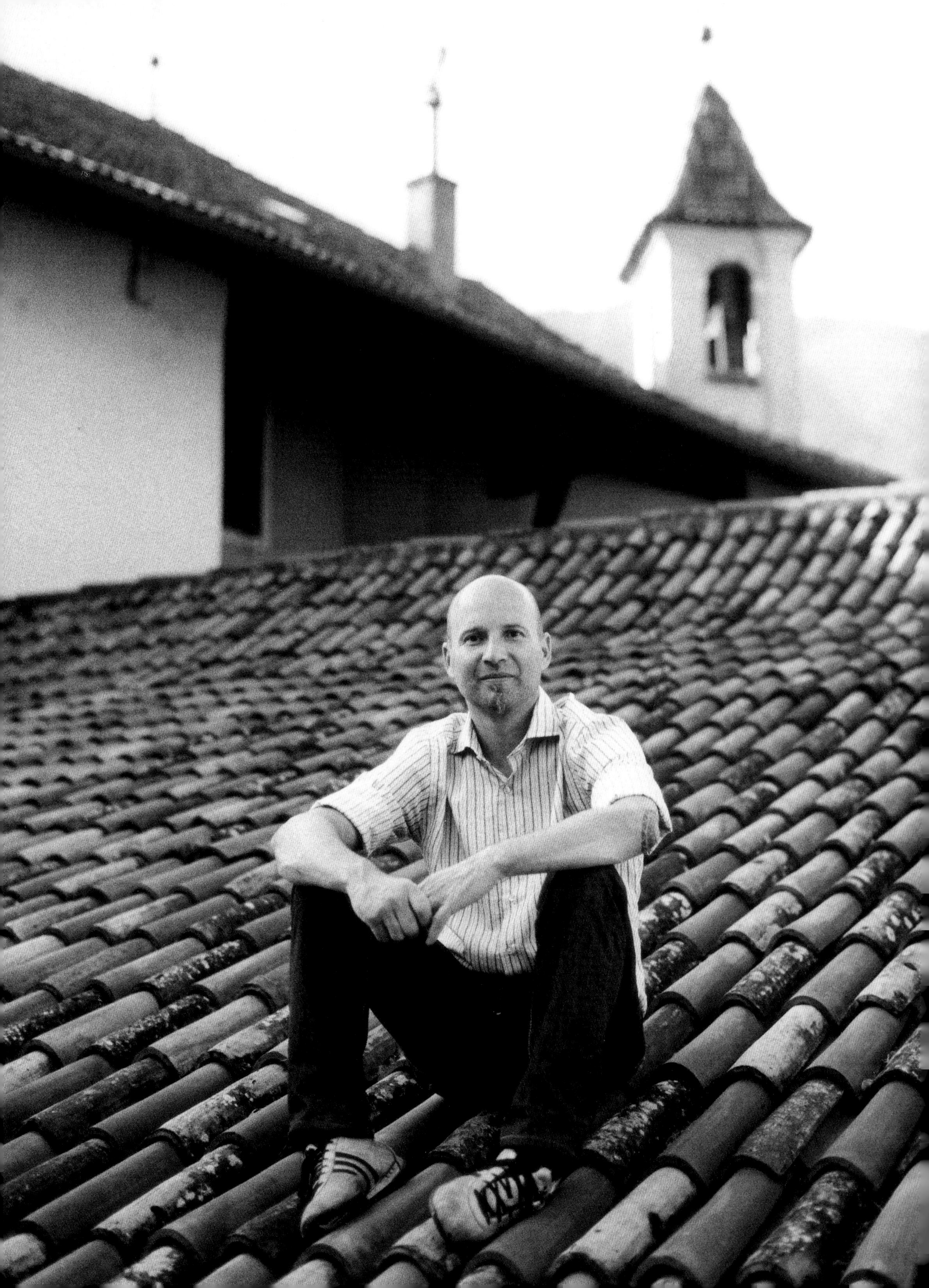

Weinglases begrenzt. Man ist gereist, hat sich in vielen fremden Kellern umgeschaut. Mit den gleichaltrigen Günther Kerschbaumer vom Köfererhof und Markus Prackwieser vom Gumphof hat er sich zur Gruppe »Das Weingespann« zusammengeschlossen. Man degustiert gemeinsam, diskutiert, kritisiert und lernt voneinander. Dass sich dadurch Weine verändern können, zeitgenössischer werden, versteht sich von selbst.

Beim St. Magdalener Classico beispielsweise beobachtet Christian Plattner zwei unterschiedliche Weinstile. Da sind die Parameter tiefer Ertrag, späte Lese, klassische Maischegärung, Ausbau im Holzfass; das ergibt Weine im traditionellen Stil mit dem gewohnten Rosenaroma und einem leicht bitteren Finale. Plattner dagegen sucht die Kirschenfrucht, die Frische, die Eleganz. Deshalb erntet er Ende September, Anfang Oktober, vergärt im Kolbentank, mit Reinzuchthefen und relativ tiefen Gärtemperaturen, 20 Prozent der Maische besteht aus Ganztrauben an ihren Stielen, presst nach sechs Tagen ab, um die Klarheit der Frucht zu bewahren, und baut den Wein im Stahltank aus. Dieser moderne Magdalener-Stil – farbintensiver, fruchtbetont, frisch, geschmeidig – gefällt auch den Weinverkostern: Viermal brachte es Christian Plattner bis 2008 mit seinem klassischen St. Magdalener, dem mit rund 30 000 Flaschen wichtigsten Wein von Waldgries, bereits aufs Siegerbild des Vernatsch-Cups, und er könnte sich eigentlich als Magdalena-Champion ausrufen lassen.

Nach der Pflicht des tadellosen Magdaleners tanzt der kreative Winzer gleich mehrfach die Kür. Die Trauben des kräftigen, nach Brennnesseln duftenden Sauvignon blanc wachsen auf 600 Meter in Eppan Berg. Der kalkreiche Lehmboden schenkt dem Wein, der an den »St. Valentin« der Kellerei St. Michael-Eppan erinnert, eine angenehme Salzigkeit. Gleich dreimal bespielt Christian Plattner den Lagrein – als Jahrgangs-Lagrein, als Riserva und als Cru Mirell. Lagrein-Parzellen besitzt er in der warmen amphitheaterartigen Lage von Waldgries und in Auer. Die Riserva – 20 Tage mit händischem Stoßen an der Maische vergoren und zu je einem Drittel im großen Holzfass, in Tonneaux und in Barriques ausgebaut – erinnert an schwarze Kirschen und schwarze Schokolade, ist mittelgewichtig und dicht, besitzt ein kerniges Tannin und eine schöne, vom Auer-Terroir herrührende Mineralität. Dem Lagrein »Mirell« aus St. Justina wurden als Konzentrationsspritze zehn Prozent luftgetrocknete Trauben verpasst. Der Most gärt spontan in offenen Tonneaux mit regelmäßigem Unterstoßen der Maische und wird auch in teilweise neuen Tonneaux aufgezogen. Mit dem kraftvollen, aber in keiner Weise überladenen Gewächs, gestützt von herrlich reifem Tannin und ohne störendes Dörraroma, spielt Plattner souverän in der ersten Liga der Südtiroler Lagrein-Gewächse. Schon eher spürbar ist der Einfluss des Passito beim »Laurenz«, der großteils aus Cabernet Sauvignon besteht. Mit dem betörend nach Erdbeeren, Schokolade und Rosen duftenden Rosenmuskateller, raffiniert tanninbetont und bitter-süß endend, schlägt Christian den Bogen zurück zur Tradition. Er führt damit – wie eigentlich mit all seinen Weinen – überzeugend vor, dass das Heil nicht in der einen oder anderen Stilrichtung, sondern in einer intelligenten Synthese von Tradition und Innovation liegt.

ANSITZ WALDGRIES

St. Justina 2
39100 Bozen
Tel. +39 0471 323603
Fax +39 0471 309626
info@waldgries.it
www.waldgries.it

Info: Weinverkauf ab Hof, Besichtigung auf Voranmeldung
5,6 ha Rebfläche, 55 000

Südtirols Freie Weinbauern

LOACKER SCHWARHOF, ST. JUSTINA/BOZEN

HAYO UND FRANZ JOSEF LOACKER

Die Pioniere

Er ist mir noch in leuchtender Erinnerung, mein erster Besuch auf dem Loacker Schwarhof in St. Justina am Weg zum Ritten. Es war ein sonniger Frühlingsnachmittag. Rainer Loacker empfing mich und führte mich schnurstracks in den Weinberg. Überwältigend der Blick in die Dolomiten, das Eisacktal, über den Hügel von St. Magdalena hinunter ins Bozner Becken. Es spross und grünte, es kreuchte und fleuchte in den Reben, dass es eine Freude war. Dazu erklärte mir der charismatische Winzer, der aus der Familie der bekannten Waffelproduzenten stammt und das Weingut 1978 nach einer gesundheitlich bedingten Sinnkrise gegründet hatte, seine Philosophie. Sein Credo war, den Wein im Einklang mit der Natur zu machen und dabei »das eigene Herz, die eigene Anima« in den kostbaren Rebensaft einzubringen. Deshalb setzte er von Anbeginn an auf die biologisch-dynamische Anbaumethode und griff dabei auch auf homöopathische Hilfsmittel zurück. Man kann sich lebhaft vorstellen, wie dickschädelig, wie unbeirrt und unbeirrbar einer sein musste, um in diesen noch von keinem ökologischen Bewusstsein getrübten Zeiten zu bestehen. Nach der Besichtigung kredenzte Rainer Loacker in seinem hellen, gleichsam in die Luft gebauten Degustationspavillon – eine kuriose Mischung aus Adlerhorst, Wintergarten und Observatorium – seine zahlreichen Weine.

Bei einem zweiten Besuch, viele Jahre später, scheint die Zeit stillgestanden zu sein. Wieder ein strahlend schöner Tag. Wieder der Gang in die Reben, vorbei am immer noch in den Himmel ragenden Hochsitz. Wieder die grandiose Aussicht und wieder der starke Eindruck einer Harmonie von Natur und Mensch. Ähnlich lauten auch die Sätze, mit denen mein Begleiter das eigene Tun erläutert. Beispielsweise: Die Praxis der Biodynamie solle »so viel Energie in den Weinberg und den Boden bringen, dass bei den Pflanzen eine selbstregulierende Eigenreaktion ausgelöst wird«. Nur: Der Mann, der da spricht, ist nicht Rainer Loacker, sondern Hayo, sein 1973 geborener Sohn. Er wirkt ähnlich beseelt und überzeugt wie sein Vater.

Dass Rainer Loacker nicht auf dem Schwarhof weilt, will nicht heißen, dass er sich zurückgezogen hat. Er kümmert sich nur stärker um sein »Spielzeug Toskana«, wie Hayo diese Aufgabe liebevoll euphemistisch nennt.

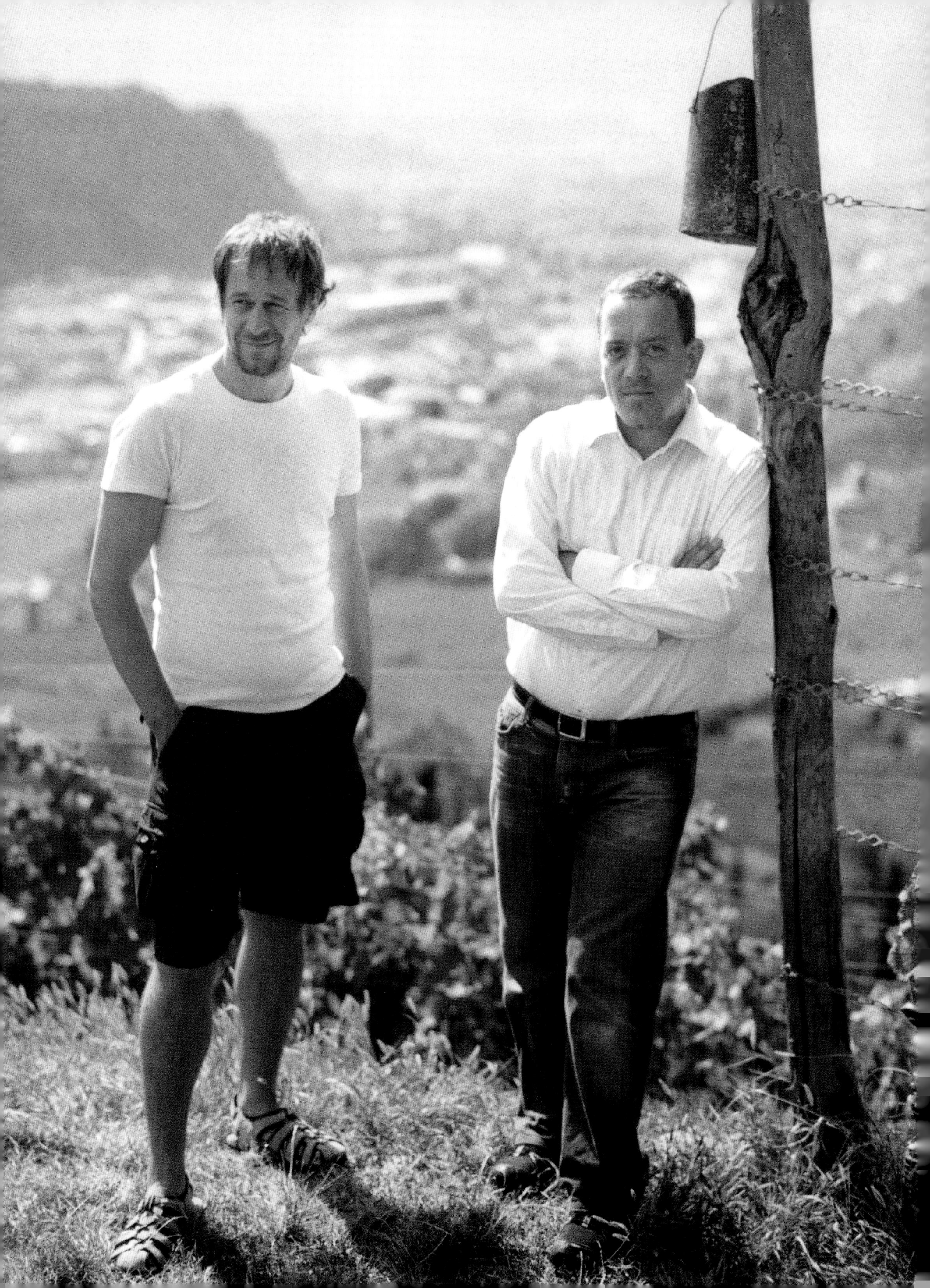

Denn die Loackers haben in der Zwischenzeit gründlich in der Toskana Fuß gefasst. 1996 kaufte Rainer Loacker in Montalcino das Weingut Corte Pavone, wo hervorragender Brunello di Montalcino und Rosso di Montalcino erzeugt werden. Drei Jahre später kam der Besitz Valdifalco in der Maremma südlich von Grosseto hinzu. Das Hauptaugenmerk gilt dort dem Morellino di Scansano. 40 Hektar Reben werden insgesamt in der Toskana bewirtschaft, biologisch-dynamisch, versteht sich.

Hayo Loacker hat die önologische Geamtverantwortung über alle drei Weingüter. Sein drei Jahre jüngerer Bruder Franz Josef besorgt das Marketing, den Vertrieb und den Verkauf. Hayo besitzt das gesunde Selbstbewusstsein eines Menschen, der auf eine gute Berufsausbildung vertrauen kann. Er lernte sein Handwerk in Dijon im Burgund, ließ sich auf der Domaine Clos de Tart vom einzigartigen Sylvain Pitiot inspirieren und bildete sich in Kalifornien und Südafrika weiter. Kehrt das Gespräch zum Schwarhof zurück, spricht er von »Konsolidierung, von Vereinfachung und Professionalisierung«. Die Investitionen in der Toskana haben die Mittel gebunden, so dass in Südtirol die Verbesserung des Bestehenden angesagt war. Die Anbaufläche beträgt unverändert sieben Hektar, verteilt zur Hauptsache auf St. Justina und auf ein kleineres Weingut im Eisacktal. Rainer Loacker hat in seiner Experimentierlust eine Unmenge von Rebsorten angebaut. Hayo will da straffen und in Zukunft auch die Zahl der Weine verkleinern. Die Leitsorten sollen Sauvignon blanc, Chardonnay und Gewürztraminer bei den Weißen, Vernatsch, Lagrein und Merlot bei den Roten sein.

Dass die Zeit in St. Justina aber definitiv nicht stehengeblieben ist, führt die Weinverkostung im Adlerhorst vor Augen. Müsste man bei den Gewächsen vom Schwarhof einen gemeinsamen Charakter benennen, so würde dieser in der Frische, der Lebendigkeit, dem klaren Relief seiner Weine bestehen. Vom Sauvignon blanc »Tasnim« – die Namensgebungen beruhen auf Nachforschungen in der Südtiroler Weingeschichte und sind etwas gewöhnungsbedürftig – bis zum St. Magdalener Classico »Morit«, vom Chardonnay »Ateyon« bis zum Merlot »Ywain«, vom Gewürztraminer »Atagis« bis zum

Lagrein »Gran Lareyn« besitzen alle Weine (die Liste ließe sich fortsetzen) Sortentypizität, Geschmeidigkeit und Eleganz. Auf den Menschen übertragen: keine Bluffer und Blender, sondern ausgeglichene, geistreiche Leute mit Tiefgang.

Das Gespräch mit Hayo Loacker über seine Kelterungsphilosophie gibt einigen Aufschluss: Das A und O seines Tuns im Keller sind die vier S: Sauberkeit, Schnelligkeit, Schwefel (die richtige Menge zum richtigen Zeitpunkt) und spundvoll (stets das Fass). Er schwört auf die Spontangärung mit vorheriger Kaltmazeration. Er batonniert wöchentlich, das heißt, rührt händisch die Feinhefe auf, um mehr Schmelz und einen natürlichen Oxydationsschutz zu erzielen. Er setzt auf den Ausbau im großen und kleinen Holz. Und er verzichtet – mit Ausnahme der Weißen ohne biologischen Säureabbau und der jungen Vernatschweine – auf jede Filtration. Schließlich ersetzt seit 2005 auf dem Schwarhof der Glasstopfen den Korken, dieses letzte und schwächste Glied in der langen Kette der Weinwerdung, der bei Fehlerhaftigkeit die ganze, beseelte Arbeit des Weinbauern brutal zunichte macht. Denn vor einem Korkschmecker im Glas verblasst auch jede noch so leuchtende Erinnerung an ein verschontes Winzerparadies.

LOACKER SCHWARHOF

St. Justina 3
39100 Bozen
Tel. +39 0471 365125
Fax +39 0471 365313
lo@cker.net
www.loacker.net

Info: Weinverkauf ab Hof, Besichtigung auf Voranmeldung
7 ha Rebfläche, bio, 70 000

Südtirols Freie Weinbauern

ERBHOF UNTERGANZNER, KARDAUN/BOZEN

BARBARA UND JOSEPHUS MAYR

Das Original

Spricht man von Josephus Mayr, so spricht man vom »Unterganzner«. Man kennt den hageren Weinbauer mit dem allmählich schütter werdenden grauroten Haar, mit der markanten Nase und den mächtigen, ans Zupacken gewohnten Händen, deren von der Traubenmaische blaue Färbung auch die stärkste Seife nicht mehr wegwäscht, besser unter dem Hof- als unter dem Taufnamen. Das Weingut Unterganzner ist ein sogenannter Erbhof. Die Mayrs sind seit 1629 als Besitzer registriert. Um als »Erbhof« ausgezeichnet zu werden, muss ein Besitz mindestens 200 Jahre derselben Familie gehören und auch von ihr bewirtschaftet werden. Er wurde immer auf den ältesten Sohn übertragen. Die anderen Kinder wurden nach den finanziellen Möglichkeiten des Erbnehmers entschädigt und durften bei freier Kost und Logis (und tatkräftiger Mitarbeit) auf dem Hof wohnen bleiben, sofern sie nicht den Auszug und die Gründung einer eigenen Existenz vorzogen. Diese patriarchalische Tradition behauptete sich auch unter dem Faschismus im geheimen Einverständnis gegen das ihr feindlich gesinnte italienische Recht.

Eine derartige Geschichte prägt natürlich, ist Verpflichtung – gerade in einem Land wie Südtirol, das sein Brauchtum pflegt: Auf dem Unterganznerhof, in der Talebene, am östlichen Rand des Bozner Beckens am Zusammenfluss von Eisack und Eggentaler Bach hingestreckt, ist eine eigentümliche Mischung von bäuerlichen, aristokratischen und katholischen Einflüssen mit Händen zu greifen, auch wenn der stolze Ansitz im Zweiten Weltkrieg von Fliegerbomben zerstört und inzwischen originalgetreu wiederaufgebaut worden ist. Der 1960 geborene Josephus Mayr wurzelt tief und fest in dieser Tradition, und dass seine Frau Barbara nach vier Mädchen auch noch einen Knaben geboren hat, dürfte ihn mächtig gefreut haben.

Nur wer den Charakter des Winzers versteht, wird auch seinen Weinen gerecht. Des Unterganzners Weine gleichen ihrem Erzeuger. Sie sind eigenständig, prinzipientreu, eigenwillig, in ihrer jeweiligen Sortenkategorie gleichsam freidenkend, und es ist ihrer Wildheit nicht immer ganz widerspruchslos zu folgen. Josephus Mayr bewirtschaftet neun Hektar Reben – Lagrein, Vernatsch und Cabernet Sauvignon vor allem, aber auch Chardonnay, Sauvignon blanc, Cabernet Franc, Merlot und etwas Petit Verdot. Daneben besitzt er Obstwiesen und kultiviert in einer Art Liebhaberei Edelkastanien, Feigen-, Nuss- und Olivenbäume. Gerade Letztere sind ihm zu einer regelrechten Passion geworden. 300 Olivenbäu-

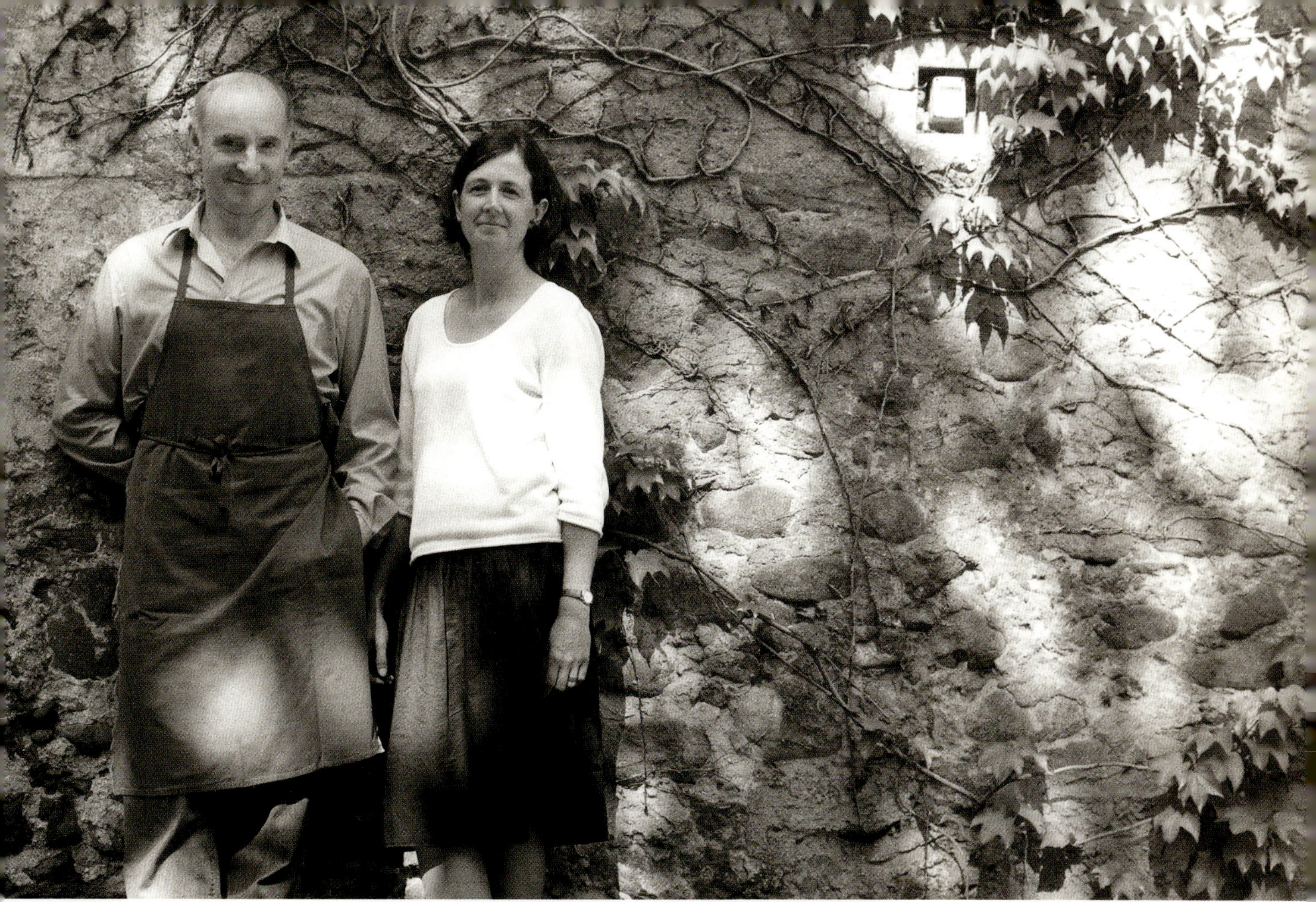

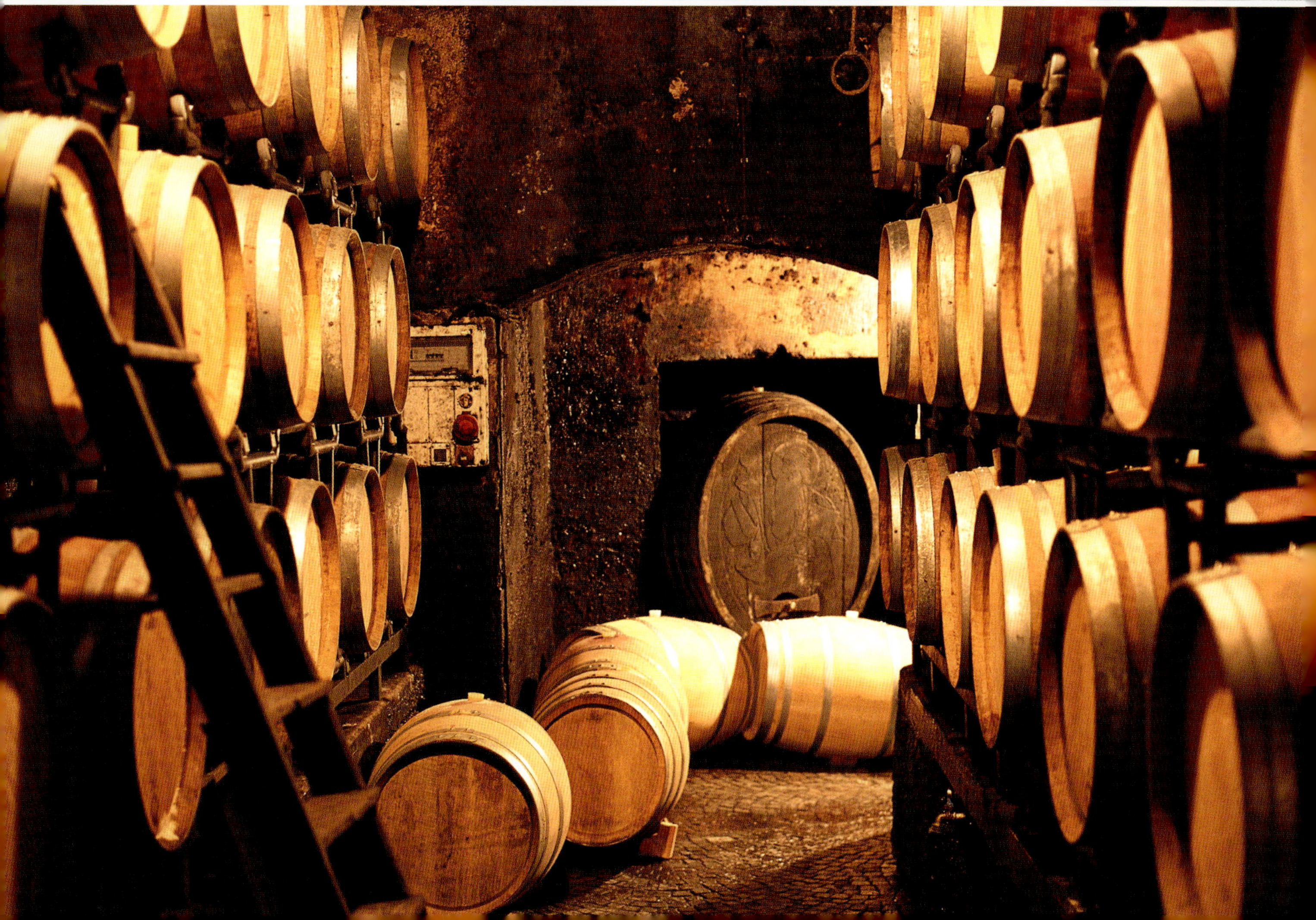

me pflegt er zurzeit im südlichen Teil von St. Justina; die Zahl von 500 Bäumen peilt er an. Er bevorzugt eine breite Sortenvielfalt, um auch in einem strengen Winter zu bestehen. Er hat sich eine kleine, moderne Olivenmühle angeschafft und will die Produktion dereinst auf maximal 600 Liter steigern. Die ersten Resultate sind beeindruckend.

Das Kerngeschäft bleibt der Weinbau: Josephus Mayr erzeugt mittlerweile stolze 68 000 Flaschen, 80 000 Flaschen beziffert er als Endziel. Obwohl er mit einem Chardonnay und einem Sauvignon blanc auch zwei respektable Weiße anbietet, gilt er als Spezialist für kraftvolle, extrakt- und alkoholreiche Rotweine. Seine Roten, vor allem Lagrein und Cabernet, neigten früher für meinen Geschmack immer etwas zur Härte. In den letzten Jahren sind sie auf fulminante Weise dichter, aber auch weicher und schmelziger geworden. Mayr führt das auf schonendere Behandlung, tiefere Erträge, größere Pflanzdichte und eine differenziertere Keltertechnik zurück. Er hält an der Pergel fest, steigert aber die Stockdichte und dünnt vor dem Farbwechsel kräftig aus. Er arbeitet teilweise virtuos mit am Stock wie im luftigen Speicher getrockneten Trauben.

Des Unterganzners Hauptsorte ist der Lagrein. Zählt man alle Weine zusammen, die Lagrein enthalten, kommen sieben bis acht Gewächse zusammen. Einige seien hier erwähnt: Der klassische Magdalener mit einem Schuss Lagrein bewahrt sich sein Profil und seine Frische über Jahre hinaus. Es lohnt sich, ihm Kellerruhe zu gönnen. Der Lagrein Kretzer »spät gelesen« ist mit seiner wuchtig-fruchtigen Art ein Solitär: Ein Teil der Lagrein-Ernte wird nach einer sechsstündigen Mazeration durch einfachen Abzug von der Maische gewonnen und im Edelstahl temperaturkontrolliert vergoren. Ein anderer Teil aus hochreifen Botrytistrauben fermentiert nach Ganztraubenpressung und Klärung in neuen Barriques und Eichentonneaux. Der biologische Säureabbau wird vermieden. Der »Lamarein« hat hauptsächlich in der italienischen Wein-Presse Josephus Mayrs hohes Renommee begründet: Analog zum berühmten »Amarone« werden die Trauben in kleinen Kistchen bis Weihnachten unter Dach getrocknet. Nach behutsamer Gärung reift der Wein in neuem Eichenholz. Die Passito-Methode schenkt dem gerne etwas eindimensionalen Lagrein Komplexität. Aber Achtung: Der feurige, explosive Tropfen schlägt bei exzessivem Genuss auch den bestens geeichten Trinker k. o. Seinen gelungenen Auftritt hat der Lagrein schließlich auch im »Composition Reif« – wenn auch nur als Komplementärsorte. Der Hauptdarsteller hier heißt Cabernet Sauvignon, den der Unterganzner 1985 als Erster in Bozen pflanzte. Bei diesem besonders hintergründigen Wein kommt Mayrs andere Spezialität zum Tragen: das Traubentrocknen am Stock. Dabei wird das zweijährige Holz Anfang Oktober durchgeschnitten, so dass die Trauben nicht mehr weiterreifen und bei Regen sich auch nicht mit Wasser vollsaugen. Das erlaubt eine Konzentration der Inhaltsstoffe und eine späte Lese. Der Wein frappiert mit Dörrobst- und Cassisnoten und einer rustikalen, erdigen Komponente. Diese gehört zu den Unterganzner Gewächsen wie die knorrige Traditionsverbundenheit zum hellgeistigen Weinbauern.

Wie schafft es der ruhelose Mann, der neben der Landwirtschaft der Jagd, dem Fischen und der Musik frönt (er schlägt in der Musikkapelle die Pauke), all die unterschiedlichen Tätigkeiten unter einen Hut zu bringen? »Cherchez la femme«, wieder einmal. Seine Frau Barbara ist der ruhende Pol der Familie. Sie hält zusammen, was auseinanderdriftet, sanft, aber mit Nachdruck. Josephus Mayr ist sich dessen bewusst. »Betriebe wie der unsrige würden ohne die Frauen nicht funktionieren«, sagt er dankbar. Und wenn er doch einmal die Muße sucht, fährt er abends mit Barbara und den Kindern zum Pignaterhof hoch. Den uralten Weinhof in Kampenn mit zwei Hektar Reben und 30 Hektar Wald hat er vor kurzem kaufen können. Die alten Vernatsch-Anlagen will er durch Lagrein ersetzen, oben am Waldrand Chardonnay pflanzen, weiter unten Sauvignon blanc und Merlot. Hier oben auf 450 Meter, in wohltuender Entfernung zum verkehrsgeplagten Tal, erholt er sich bei Speck und einem guten Glas Wein, hier ruht er – sofern er denn einmal stillsitzen kann.

ERBHOF UNTERGANZNER

Kampiller Weg 15
39053 Kardaun/Bozen
Tel. und Fax +39 0471 365582
mayr.unterganzner@dnet.it
www.tirolensisarsvini.it

Info: Weinverkauf ab Hof, Besichtigung auf Voranmeldung
9 ha Rebfläche, 68 000

Südtirols Freie Weinbauern

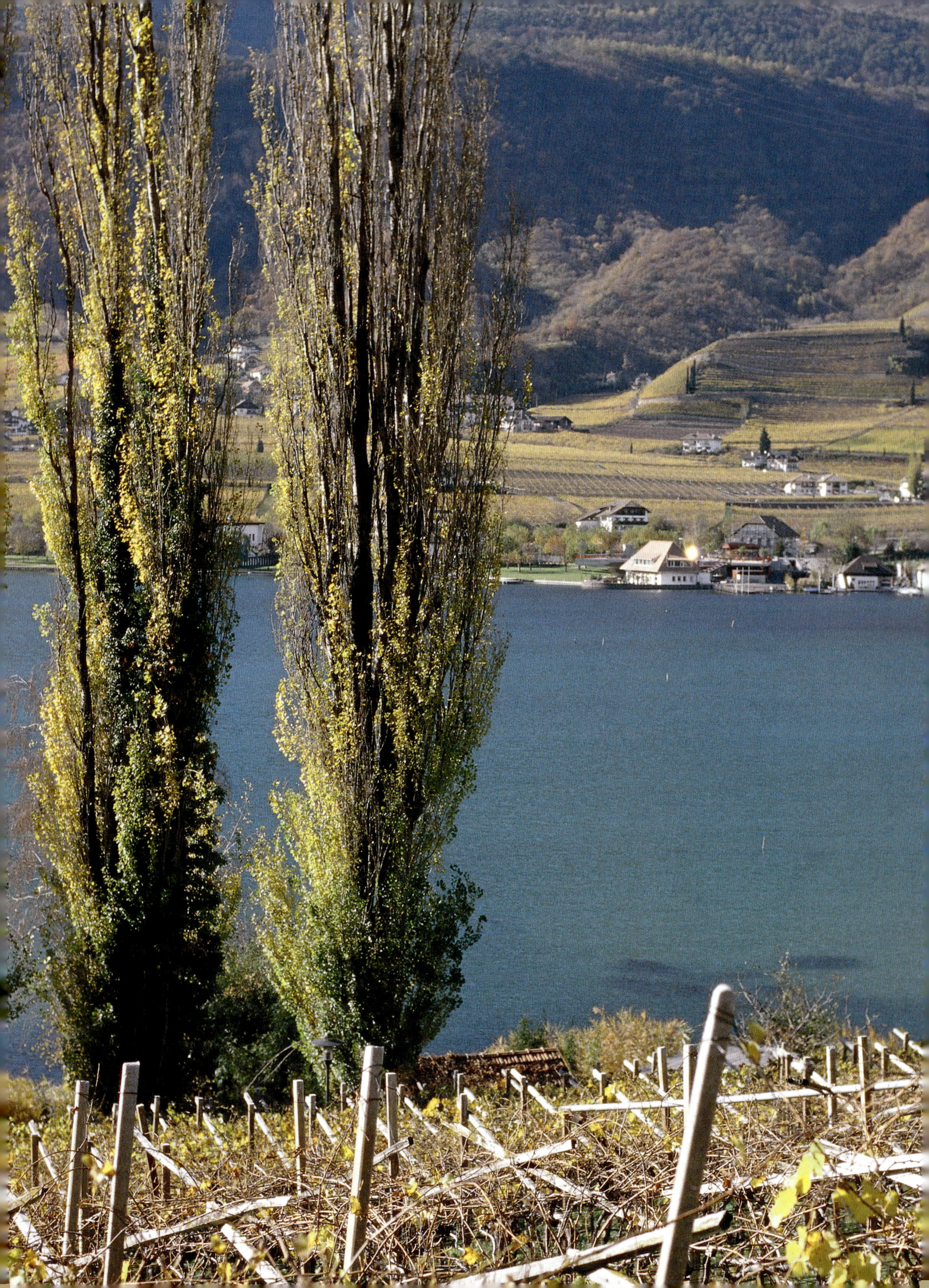

Überetsch

Im Überetsch tritt Südtirol seinen entzückten Besuchern anmutiger, sonniger, mediterraner entgegen als anderswo. Der von der Natur und vom Klima verwöhnte Landstrich weist so große zusammenhängende Rebflächen wie kein anderes Weingebiet in Südtirol auf. Vornehme Schlösser, trutzige Burgen, anmutige Ansitze und historische Weinhöfe sprenkeln die liebliche Landschaft. Viele Gebäude gehen aufs 16. Jahrhundert zurück, als Baumeister aus Italien nördliche und romanische Elemente zum verspielten Überetscher Stil verschmolzen.

Mit Eppan und Kaltern beheimatet das Überetsch die beiden bedeutendsten Weinbaugemeinden des Landes. 1700 Hektar beträgt die gesamte Anbaufläche. Die Reben steigen von 300 bis gegen 700 Meter hoch. Noch beherrscht die klassische Pergel das Landschaftsbild, doch Neupflanzungen setzen fast ausschließlich auf das moderne Guyotsystem.

Eppan zerfällt in ganz unterschiedliche Fraktionen wie Girlan, St. Michael, Frangart, St. Pauls und Missian. Kalk- und Phorphyrgestein dominieren; in Girlan finden sich saure Moränenböden. Dazu gesellt sich ein Mosaik von verschiedenen Mesoklimata, so dass bei geschickter Sortenwahl eine Vielzahl unterschiedlicher Weine erzeugt werden kann. Das Verhältnis zwischen Weiß- und Rotweinen ist ausgeglichen. Weißburgunder, Chardonnay, Ruländer und Sauvignon blanc wachsen in den höheren Weißweinlagen, Blauburgunder in den mittleren und Merlot und Cabernet in den tiefer gelegenen Weingärten.

Stärker als Eppan wird Kaltern mit einer Sorte in Verbindung gebracht. Es ist der Vernatsch, der den mandelduftigen, leichten, milden Kalterersee ergibt. Wie überall ist der Vernatsch aber auch in dieser seiner historischen Kernzone im Rückgang begriffen. Ungeachtet der Lageneignung wird er durch Gewürztraminer oder frische, säurebetonte Weiße wie Sauvignon blanc oder Weißburgunder ersetzt. In den warmen Lagen um den Kalterer See gedeihen auch Cabernet Franc und Merlot oder der rare, süße Rosenmuskateller. Setzt sich das Vernatsch-Sterben in Überetsch fort, muss die Sorte vielleicht einmal unter Naturschutz gestellt werden.

SCHLOSS HOTEL KORB, MISSIAN/EPPAN
FRITZ DELLAGO

Der Exzentrische

In Sichtweite zu Bozen und doch eine Zeitreise davon entfernt liegt Schloss Korb. Wer das aus dem 12. Jahrhundert stammende, 1236 erstmals erwähnte und heute von der Familie Dellago als luxuriöses Hotel betriebene Schloss hoch oben zwischen Missian und St. Pauls besucht, taucht in eine verwunschene Welt ein. Es ist ein Bilderbuch-Mittelalter, ein Traumort für Romantiker, eine virtuelle Welt für all jene, die in ihrer Kindheit gerne Burgfräulein oder Ritterknappe gespielt haben. Spazieren die Besucher durch die umliegenden Weinberge, aus denen wie aus einem Meer die Schlossinsel auftaucht, werden sie spätestens dann aus dem Mittelalter wieder zurück in die Gegenwart katapultiert, wenn ihnen zwischen den Rebzeilen ein Mann auf einer musealen Vespa entgegenkommt. Es handelt sich dabei um Fritz Dellago. Das merkt man spätestens oben im Schloss, wenn er einem als galanter Gastgeber begegnet. Fritz Dellago leitet das traditionsreiche, altehrwürdige Hotel zusammen mit seiner Mutter. Seine Passion gehört dem Wein und einer kapitalen Sammlung von Oldtimer-Motorrädern. Beides erschließt sich einem, wenn er die Hotelgäste durch einen umgebauten historischen Bunker aus Weltkriegs-Zeiten führt, der als Motorrad-Museum und als Weinkeller dient, in dem Vernissagen, Lesungen, Konzerte und denkwürdige Weindegustationen stattfinden.

Rund um Schloss Korb werden fünf Hektar bewirtschaftet – bis zum Jahr 1999 waren es ausschließlich Weißburgunder und Vernatsch. Die Ernte geht nach Bozen zur Kellereigenossenschaft. Ab 2000 restrukturierte Fritz Dellago und stellte drei Hektar auf Drahtrahmen und auf die Rebsorten Blauburgunder, Chardonnay, Sauvignon blanc, Gewürztraminer, Zweigelt, Merlot und Lagrein um. 1,5 Hektar werden seither im Bunker selbst gekeltert. Fritz Dellago wird dabei tatkräftig von Freunden aus der Kellerei Kurtatsch unterstützt.

Wer die Weine von Schloss Korb verkosten will, tut das am besten zu einem Essen in den behaglichen Schlossräumen oder, noch besser, wenn das Wetter mitspielt, abends auf der Schlossterrasse. Gelassen schweift der Blick über Etschtal, Bozen und Überetsch. Fritz Dellago serviert seinen frischen, apfligen Weißburgunder oder den leichten, bekömmlichen Vernatsch »Schloss Korb«. Zu den raffinierteren Speisen wechselt er zum holunderduftigen Sauvignon blanc oder zum ananasgeprägten Chardonnay. Die Gänseleber begleitet ein Glas seines aromatischen Gewürztraminers. Zum Fleisch werden Blauburgunder oder Zweigelt aufgetischt, nach Erdbeeren duftend der eine, nach Kirschen der andere. Oder unser Schlossbesitzer fährt richtig schweres Geschütz auf: den »Korbianer«, eine Cuvée aus Merlot und Lagrein. Virtuos, wie die Fülle und Süße des Merlot mit der leichten Bitterkeit des Lagrein einen Pas de deux tanzen.

Zum letzten Glas ziehen die Turmfalken ihre Kreise. Die Dämmerung bricht herein. Die Welt, der Wein, der Mensch versinken im Dunklen und schwarze Nacht führt wieder ins Mittelalter zurück.

SCHLOSS HOTEL KORB

Hocheppanerweg 5
39050 Missian/St. Pauls, Eppan
Tel. +39 0471 636000
Fax +39 0471 636033
info@schloss-korb.com
www.schloss-hotel-korb.com

Info: Bei Hotelbetrieb täglich
Verkauf ab Hof (April bis November),
Besichtigung und Verkauf im Winter
auf Voranmeldung
5 ha Rebfläche, 10 000

STROBLHOF, EPPAN

ROSI UND ANDREAS NICOLUSSI-LECK

Der Resolute

Es gab schon immer gute Gründe, zur Erholung im Hotel Stroblhof einzukehren. Das weiß das Bozner Bürgertum schon seit über 100 Jahren. Im 1930 erschienenen Reiseführer des Südtiroler Journalisten und Sagenkundlers Karl Felix Wolff steht beispielsweise zum Stroblhof geschrieben: »Schönstes Ausflugsziel von Eppan. 25 Minuten zum Zugbahnhof Eppan/Girlan entfernt. Straße auch mit Auto kutschierbar. Am Waldessaum gelegen, oberhalb von Schloss Gandegg neben Schloss Englar. Die berühmten Eislöcher im eigenen Wald gelegen. Auserlesene Eigenbauweine. Eigene Selchwaren. Das ganze Jahr Schlagrahm. Anerkannt bester Kaffee. Herrliche Spaziergänge in der Umgebung. Fremdenzimmer.« Ein aktueller Führer würde wohl ähnlich texten. Herausheben würde er die schönen Zimmer, den großzügigen Wellnessbereich, das gute Essen. Und statt des »anerkannt besten Kaffees« lobte er die anerkannt besten Weine.

Das Fundament für die Qualität der Stroblhof-Gewächse legte Josef Hanny. Mitte der sechziger Jahre übernahm er von seinem Onkel das gesamte Anwesen mit Restaurant und landwirtschaftlichem Betrieb und begann, neben den bereits bestehenden Weinen Vernatsch und »Strahler« (eine im Mischsatz wachsende und zusammen gekelterte Vielfalt von weißen Sorten wie hauptsächlich Weißburgunder und Gewürztraminer sowie Müller-Thurgau, Ruländer, Sylvaner), zusätzlich Gewürztraminer und Blauburgunder anzubauen und separat zu vinifizieren. Bereits in den siebziger Jahren erzielte er mit seinem Blauburgunder gute Resultate. Der endgültige Durchbruch kam mit den Jahrgängen 1985, 1988 und vor allem 1990. Letzterer galt zu Beginn der neunziger Jahre – neben Hofstätters Blauburgunder »Villa Barthenau« aus alten Rebstöcken des Weinbergs St. Urban in Mazon – als bester, jemals in Südtirol erzeugter Blauburgunder. Der grandiose Tropfen sollte Josef Hannys Vermächtnis werden. Kurz darauf starb er nach langer, schwerer Krankheit. Seither wird der Stroblhof von seiner Tochter Rosi Hanny und ihrem Mann Andreas Nicolussi geführt.

Andreas Nicolussi kennt das Weingeschäft aus dem Effeff. Als Geschäftsführer einer Kalterer Kellereigenossenschaft hatte er sich durch seine unbestechliche, gradlinige Art einen gleichsam kantigen Namen geschaffen. Rasch konnte er an die Erfolge seines Schwiegervaters anschließen, unterstützt auch von Hans Terzer, dem genialen Kellermeister der Kellerei St. Michael, der dem Stroblhof als önologischer Berater bis heute treu geblieben ist: Die Jahrgänge 1995 und 1997 waren zwei weitere Meilensteine in der Biografie des Blauburgunders vom Stroblhof.

Freilich ist Nicolussi, geboren 1953, zu selbstbewusst, zu entscheidungsfreudig und zu ehrgeizig, als dass er sich mit dem Amt eines Nachlassverwalters begnügt hätte. Er will selbst gestalten und beweist darin großes Geschick. Er erweiterte seine vorzüglichen Lagen rund um den Stroblhof – kalk- und porphyrreiche Urgesteinsböden auf 500 Meter Höhe, profitierend von den kühlenden Fallwinden vom Mendelgebirge – um eine Chardonnay-Parzelle auf Moränenschutt in Schwarzhaus/Eppan und um einen, dem Bruder gehörenden Sauvignon-blanc-Rebberg in Kardatsch/Kaltern. Insgesamt bearbeitet er nun mit einem festen und zwei temporären Angestellten vier Hektar.

2003 wurde auf dem Stroblhof ein neuer Keller errichtet. Andreas Nicolussi, der sich mit sicherem Gespür stets gerade so modebewusst kleidet, dass er dezent auffällt, bemühte sich bei diesem Neubau nicht unerwartet um eine klare, moderne, naturnahe Architektursprache. Dominiert von den Materialien Naturstein, Lehm und Eiche, gelingt dem Keller die Versöhnung von Design und Funktionalität. Entstanden ist ein schöner, großzügiger, praktischer Arbeitsplatz, aus dem gar keine schlechten Weine kommen können.

In der Tat, dem ist so. Die Weine vom Stroblhof sind in jüngster Vergangenheit ausdrucksvoller geworden. Dafür spricht nicht nur der mineralische, kräftige, nachhaltige »Strahler«, heute kein rustikaler Mischsatz mehr wie zu Zeiten von Josef Hanny, sondern zu 90 Prozent aus Weißburgunder bestehend und mit je fünf Prozent Char-

Südtirols Freie Weinbauern **67**

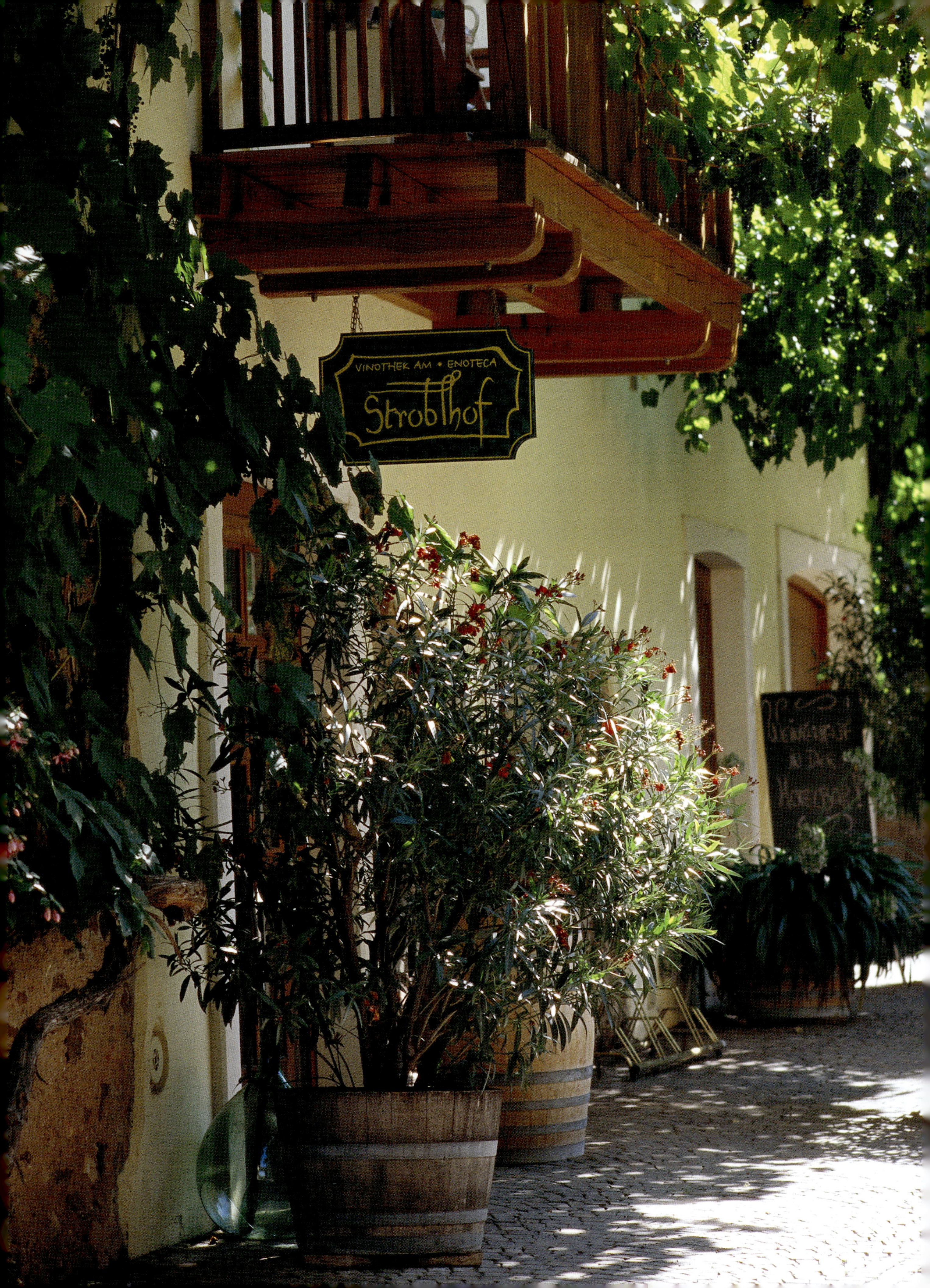
VINOTHEK AM • ENOTECA
Stroblhof

donnay und Ruländer gestärkt; oder der nach Holunderblüten und Stachelbeeren duftende Sauvignon blanc »Nico«; die weiche, süffige, nach Mandeln riechende Kalterersee-Auslese »Burgleiten« oder der Standard-Blauburgunder »Pigeno« mit seinen Noten von Weichselkirschen und einer dezenten Eichenprägung.

Andreas Nicolussis bester Wein bleibt allerdings die Blauburgunder Riserva. Der komplexe, sehr gelungene Jahrgang 2005 war dem »Gambero Rosso« erstmals drei Gläser wert. Anders als der »Pigeno« kommt die Riserva aus vorwiegend alten Rebbeständen und weist bei einer Stockdichte von 9000 Pflanzen einen tieferen Ertrag von 35 Hektoliter pro Hektar auf. Im Keller genießen beide Weine die gleiche Sorgfalt. Der Wein hat in den letzten Jahrgängen spürbar zugelegt an Fruchtsüße, Dichte und Tiefe.

Es wurde schon eingangs gesagt: Ein guter Grund, den Stroblhof zu besuchen, liegt in der Qualität der Eigenbauweine. Und wer darüber hinaus auch andere Südtiroler Topgewächse oder schöne Weine aus auswärtigen Gebieten genießen will, muss bei Rosi und Andreas Nicolussi ebenfalls nicht darben. Ihre Weinkarte ist eine einzige Verlockung und eine weitere Besuchseinladung.

STROBLHOF

Pigenoer Weg 25
39057 Eppan an der Weinstraße
Tel. +39 0471 662250
Fax +39 0471 663644
weingut@stroblhof.it
www.stroblhof.it

Info: Bei Hotelbetrieb täglich Verkauf ab Hof (April bis November), Besichtigung und Verkauf im Winter auf Voranmeldung
4 ha Rebfläche, 35 000

GIRLAN

IGNAZ NIEDRIST

Der Wurzelechte

Man sagt, die Reben müssen leiden, damit sie ihre Wurzeln tief in den Boden treiben, um Wasser und Mineralstoffe aufzunehmen. Tiefwurzelnde Reben gäben besseren Wein. Unter den Südtiroler Weinbauern gehört Ignaz Niedrist aus Girlan zweifellos zur Spezies der Tiefwurzelnden. Gleichsam wurzelecht gründet er mit seiner kantigen Identität tief in einer komplexen, bäuerlich geprägten Südtiroler (Wein-)Kultur.

Der Vergleich hinkt allerdings da, wo er mit dem Leiden kokettiert; auch wenn Ignaz Niedrist jedes Mal bis über die Ohren beschäftigt war, wenn ich ihn über die vergangenen Jahre besuchte: Gerade hat er etwa einen neuen spektakulären, bis 600 Meter hoch steigenden Weinberg in der Großlage »Schulthaus« in Eppan Berg erworben, die 1,8 Hektar große Parzelle als Hommage an einen alten, verkauften Besitz aus der Familie seiner Frau Elisabeth in Karneid »Untersteiner« getauft und nach einer aufwändigen Bodenbearbeitung mit Riesling, Weißburgunder und Sauvignon blanc bepflanzt. Wenn ihm die Arbeit in den Reben und im Keller Zeit lassen, widmet er jede freie Minute dem Um- und Neubau seines Weinguts. Stets stehen auf seinem Weinhof in der Lage »Rungg« am Rande von Girlan Baugerüste, liegen riesige Steinhaufen, die er auf seinen Wanderungen im Überetscher Raum gesammelt hat, wird gewerkt und geschafft. Ignaz Niedrists drei Kinder sind mit Aushub, Baulärm und Bauplänen aufgewachsen und werden sich sicher langweilen, wenn in mittelbarer Zukunft einmal Ruhe einzieht. Niedrist ist darob zu einem kulturhistorisch versierten Bauspezialisten geworden, zu einem Fachmann für Steine und Steinplatten jeder Provenienz, und auch wenn er lachend einräumt, dass »halt die komplette Anarchie herrsche« und »der Weg das Ziel sei«, so leidet er in keiner Weise unter diesem Zustand. Im Gegenteil: Man muss sich ihn wie Camus' Sisyphos als glücklichen Menschen vorstellen.

Ignaz Niedrist, 1960 geboren, kommt aus einer Familie, die schon immer mit der Produktion von Trauben und Wein zu tun hatte. Sein Vater war lange Jahre Obmann der Genossenschaft Girlan, sein Onkel lieferte die Trauben der Girlaner Kellerei. Deren früherer Kellermeister, Hartmut Spitaler, machte den jungen Niedrist mit dem Wein vertraut, impfte ihn gleichsam lebenslänglich mit der Leidenschaft für den edlen Saft. Ignaz wollte zwar anfänglich Publizistik studieren, doch hatte ihn der Wein bald zu stark in den Bann geschlagen. Sein Handwerk lernte er von der Pike auf bei Schreckbichl, der zweiten und jüngeren Kellereigenossenschaft Girlans. Unter ihrem innovativen Geschäftsführer Luis Raifer arbeitete er dort in der zweiten Hälfte der achtziger Jahre als Kellermeister und zeichnete maßgeblich für den Ruhm verantwortlich, den Schreckbichl mit der »Cornell«-Linie einheimste.

Dass Niedrist einmal seinen eigenen Wein keltern und verkaufen würde, war freilich abzusehen. Der Hof des Onkels stand zur Übernahme, der Ausstieg wurde von langer Hand vorbereitet. Mit der Sortenumstellung von Vernatsch auf hauptsächlich Blau- und Weißburgun-

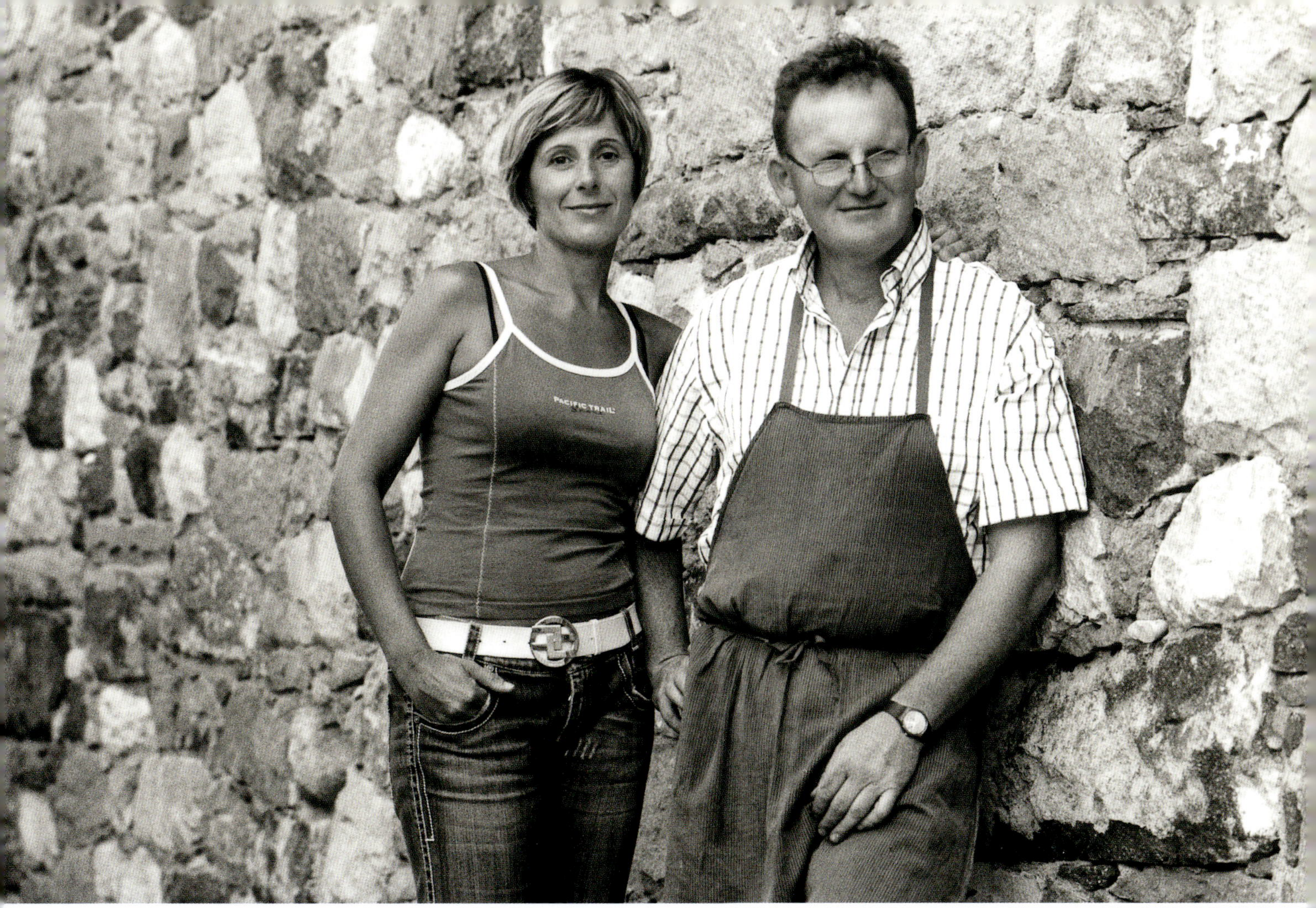
PACIFIC TRAIL

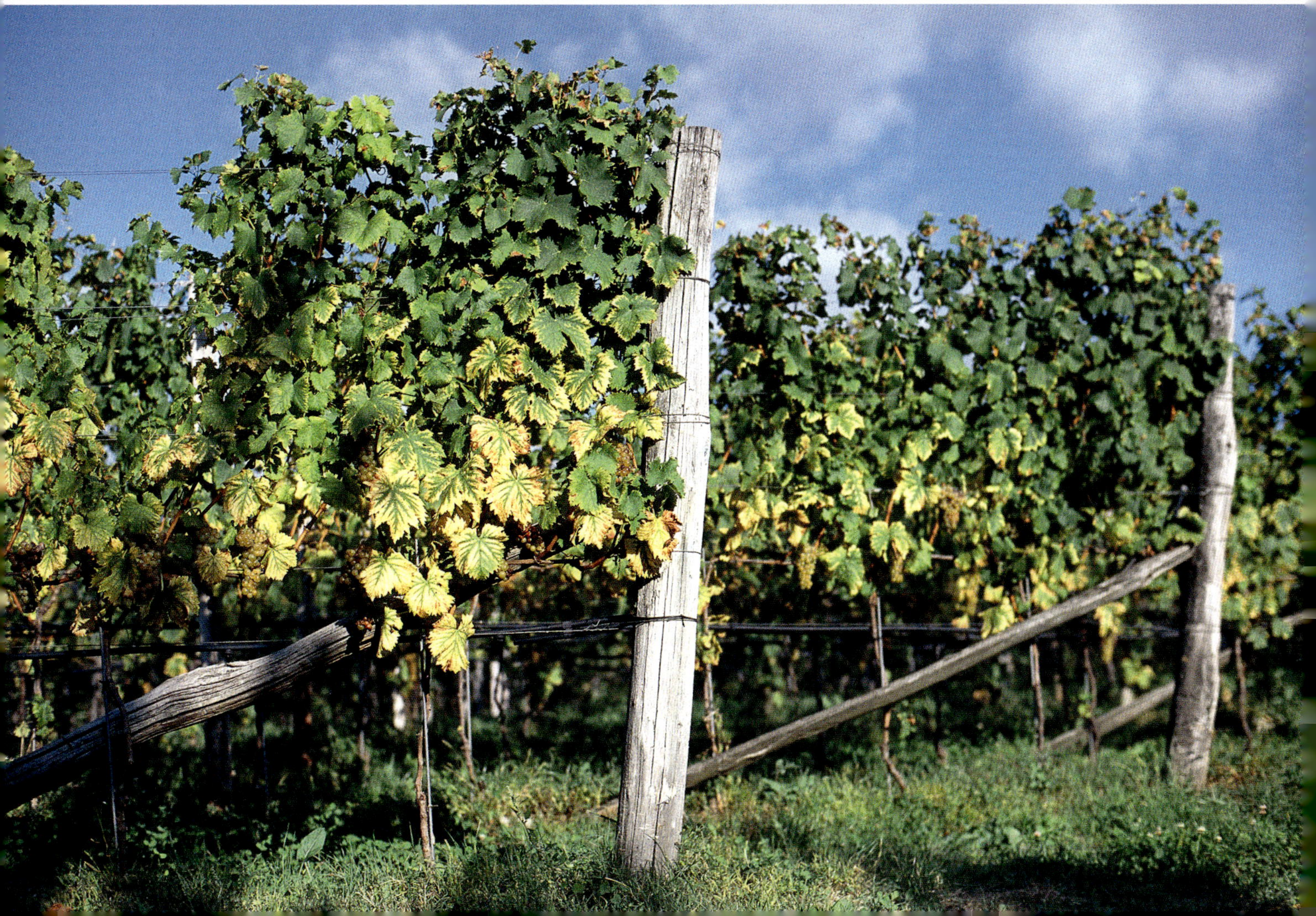

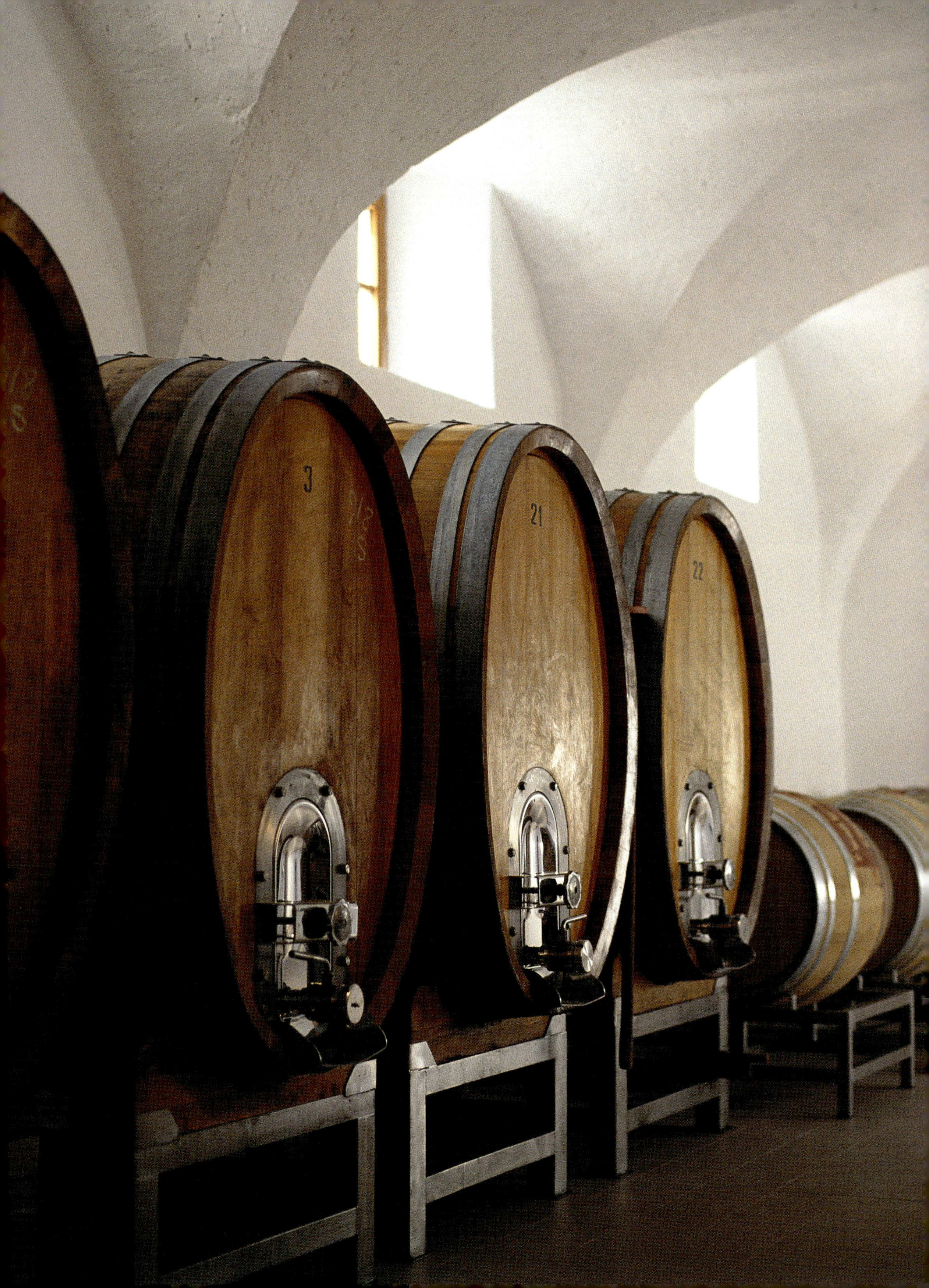
3
21
22

der – gerade der Pinot noir findet oben auf der Girlaner Hügelkuppe in luftiger Höhe von 500 Meter günstige klimatische und bodenspezifische Bedingungen – und dem Wechsel vom Pergel- aufs Guyotsystem wurde mithilfe seines außerordentlich weinbaukundigen Bruders Franz-Josef noch vor dem 1991 erfolgten Abschied von Schreckbichl begonnen. 1989 bereits kelterte Niedrist den ersten Blauburgunder und legte von Beginn an die Richtung fest, in die sein Pinot noir zielen sollte: Orientierung und Inspiration ist das Burgund. Trotz seines abenteuerlichen Französisch und entsprechenden Verständigungsgerangels beflügelten ihn die mehrfachen burgundischen Ortsbesichtigungen.

Niedrists Rückbesinnung auf die Selbstkelterung – als notabene immer noch Einziger des großen Winzerdorfes Girlan! – wurde natürlich mit Argusaugen beobachtet. Seine hervorragende Ausbildung, seine Belesenheit, das breite Wissen und Können, die guten Kontakte, die Eigenart, seine Meinung auch resolut zu artikulieren und nicht nur hinter vorgehaltener Hand zu äußern – all diese Eigenschaften hatten ihm nicht nur Freunde beschert. Bei allen Differenzen des Temperaments ließen sich Parallelen zu Peter Dipoli feststellen. Niedrist trat öfters mit seinen Freunden Franz Gojer, Peter Pliger und Andreas Widmann in der Öffentlichkeit auf. Als sogenannte »Viererbande« vermochten sie sich – zu einer Zeit, da die »Freien Weinbauern Südtirol« noch nicht gegründet waren – auch in Italien und im Ausland gegen die Übermacht der Weinhändler und Genossenschaften Gehör zu verschaffen und die Wertschätzung der Wein-Presse zu gewinnen. All das rief natürlich Neider auf den Plan, und Niedrists Weine wurden südtirolintern besonders kritisch geprüft und bei der kleinsten Anfechtbarkeit schadenfroh kommentiert.

Heute ist es um Ignaz Niedrist ruhiger geworden. Es gibt Stimmen, die sogar sagen, zu ruhig. Sie würden sich von ihm wieder ein stärkeres öffentliches Engagement wünschen. Niedrist mischt sich kaum noch urteilend ein. Älter und milder geworden, weiß er, dass es keine allein selig machende Wahrheit gibt – gerade auf dem weiten Feld der Weinerzeugung nicht. Der Rückzug aus der Öffentlichkeit, die Konzentration auf die Arbeit liegen natürlich in seiner fünfköpfigen Familie, im vergrößerten Weingut, im gewachsenen Betrieb begründet. Seine Frau Elisabeth brachte Reben mit in die Ehe, beispielsweise eine schöne Lagrein-Parzelle in Gries, aus der Ignaz den fülligen, samtigen, brombeerduftigen Lagrein »Berger-Gei« keltert. Der sehr erfolgreiche Wein steht wie Yin und Yang zum manchmal etwas rigiden Blauburgunder, der allerdings hervorragend zu reifen vermag. Der 2000er etwa hat sich acht Jahre später zu einem köstlichen Pinot noir gewandelt.

Niedrist startete 1991 mit 2,5 Hektar Reben und 17 000 Flaschen Wein. Heute bewirtschaftet er – biologisch, wenn es das Klima zulässt, ohne es aber offiziell zu deklarieren – in Eppan und Girlan 7 Hektar und erzeugt rund 40 000 Flaschen. Drei Weißweine, ein vierter (Riesling) steht in den Startlöchern, behaupten sich gegen drei Rote. Überaus typisch zeigt sich der rassige, stachelbeerenbetonte Sauvignon blanc; dezenter, aber mit Schmelz und Mineralität der Weißburgunder. Beide Weine werden ohne malolaktische Gärung im Akazienholz und im Stahltank ausgebaut. Mit dem »Mitterberg Trias« erzeugt er eine mächtige, komplexe Cuvée. Chardonnay vergärt und reift kurze Zeit in neuen Barriques, Viognier und Petit Manseng im Stahltank. Niedrist zielt hier weniger auf den Sorten- als auf den Terroirausdruck.

Die beiden Rotweine Blauburgunder und Lagrein »Berger-Gei« ergänzt der saftige, dichte, trinkige Merlot »Mühlweg«. Dass es aber Ignaz Niedrist, zu unserer Freude, nicht ganz lassen kann, wider den Stachel zu löcken, beweist er mit einem neuen Projekt. Er hat in Rungg 2000 Stöcke Vernatsch von allen Spielarten gepflanzt. Zu einer Zeit, da das Vernatsch-Sterben gerade nach dem Peronospera-anfälligen Jahr 2008 wieder in vollem Gang ist, will er die kulturhistorisch einmalige Sorte stärken und als Lagenwein eine Kalterer See Auslese erzeugen. Wer hätte das vor 20 Jahren gedacht?

IGNAZ NIEDRIST

Runggweg 5
39057 Girlan
Tel. und Fax +39 0471 664494
ignazniedrist@rolmail.net

Info: Weinverkauf und Weinverkostung nur auf Voranmeldung
7,5 ha Rebfläche, 38 000

KLOSTERHOF, KALTERN

OSKAR ANDERGASSEN

Der Besondere

Es lohnt sich, beim Kalterer Klosterhof von Oskar Andergassen gut hinzuschauen. Denn erst auf den zweiten Blick erkennt man jeweils das Besondere. Zunächst wird der Klosterhof als gastliches Hotel garni am Rande der vorzüglichen Reblage »Trifall« wahrgenommen. Hinter dem großzügigen Anwesen mit Garten und Schwimmbad verbirgt sich jedoch auch ein Weingut, in dem höchst charaktervolle, eigenständige Weine erzeugt werden. Für Überraschung sorgt dann eine etwas eindringlichere Musterung des Weinbauern. Der 1960 geborene, jugendlich wirkende Andergassen besitzt verschiedenfarbene Augen: braun das eine, blau das andere. Schließlich die dritte Besonderheit: Der Klosterhof ist ein waschechter, prächtig funktionierender Familienbetrieb. Mutter Barbara und Tochter Monika Andergassen kümmern sich um das ganzjährig geöffnete Hotel; Vater Oskar und Sohn Hannes ums Weingut. Einzig Nesthäkchen Daniel rennt noch sorglos dem Fußball hinterher.

Bis 1998 lebte Oskar Andergassen als reiner Obst- und Weinbauer. Die Trauben, Vernatsch vor allem, lieferte er zuverlässig der Kellereigenossenschaft Kaltern, zu deren Gründungsmitgliedern Großvater Andergassen zählte. Mehr und mehr packte ihn aber der Weinvirus. Sein Horizont verschob sich über den Kalterersee hinaus, andere Rotweine begannen ihn zu interessieren, kräftigere, stämmigere, tiefgründigere Gewächse wollte er erzeugen. Er entdeckte den Blauburgunder und später den Merlot. 1999 kelterte er seinen ersten Jahrgang.

Bei meinem ersten Besuch auf dem Klosterhof führt mich Oskar Andergassen bei hereinbrechender Däm-

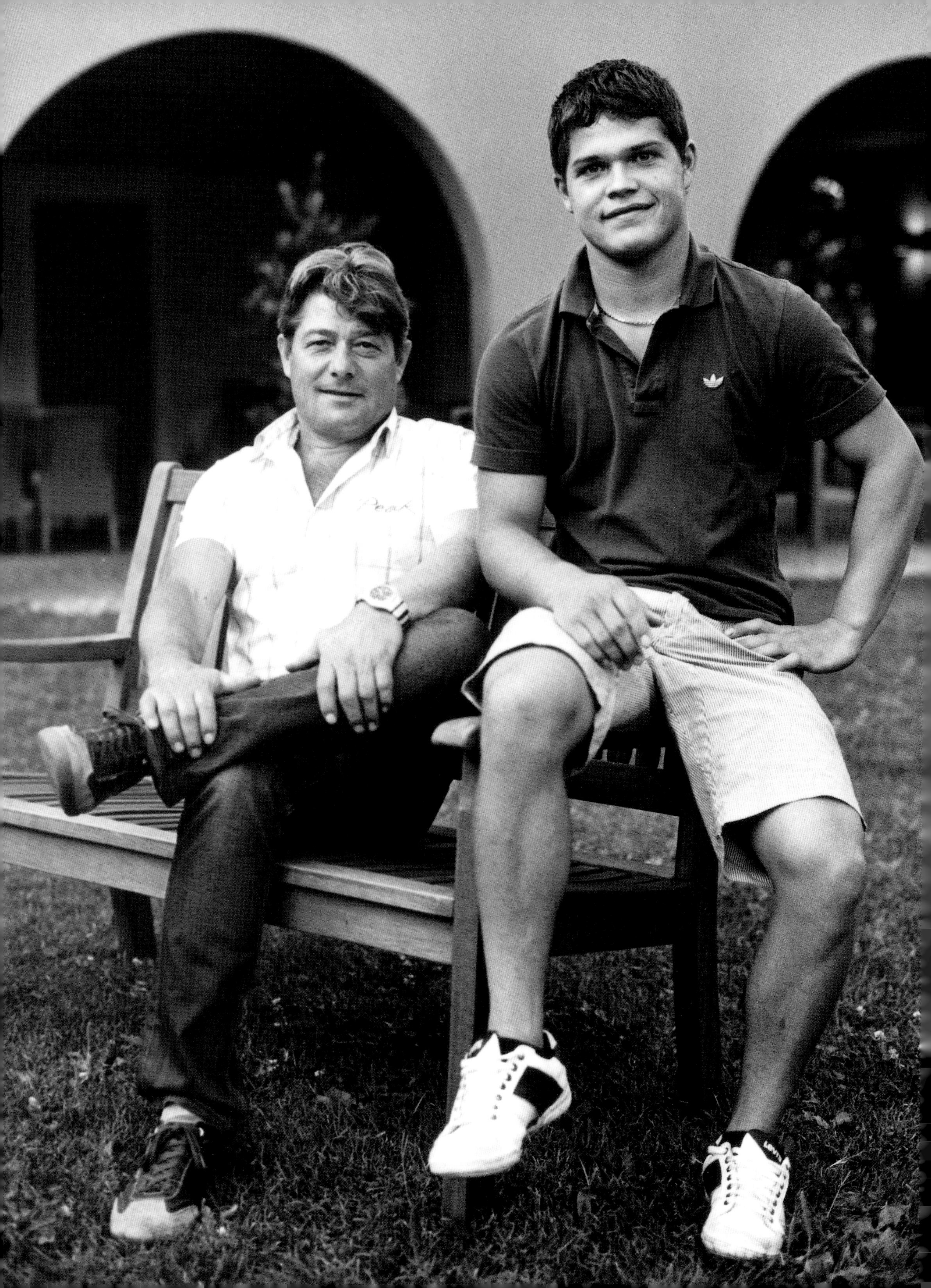

merung schnurstracks in den Panigl-Rebberg. Die Ernte ist vorbei, der Wein ruht in den Fässern. 3000 Quadratmeter sachte geneigter, guter sandiger Lehmboden werden im Drahtrahmensystem und mit einer eigenen Blauburgunderselektion bepflanzt. Vorher standen da Pergeln, mit deren Laimburger-Klon Oskar unzufrieden war. Zu fäulnisanfällig sei der gewesen, zu inkonstant. Dreimal bloß in einem Jahrzehnt hätte es eine gute Ernte gegeben. Wie Oskar Andergassen erzählt, seine lauten Ausführungen gestenreich untermalt, später im Keller Fassproben reicht, überzeugt vom Resultat und doch selbstkritisch, wie der sportliche Mann seine ganze Winzerphilosphie ausbreitet, spürt man sofort, hier ist einer mit Haut und Haar Weinbauer und Weinmacher, hier will einer beständige Werte schaffen.

3,4 Hektar Reben bewirtschaftet er auf verschiedenen Parzellen in Kaltern. Goldmuskateller, Weißburgunder, Gewürztraminer, Vernatsch, Blauburgunder und Merlot sind die Rebsorten; 30 Prozent sind weiß, 70 Prozent rot. 25 000 Flaschen beträgt die Produktion.

Andergassen keltert sortenrein, für Cuvées ist in seinem Betrieb kein Platz. Die wichtigsten Weine sind der im Akazienholz gereifte frischfruchtige Weißburgunder »Trifall«, der samtige, mandelduftige Kalterersee von der hervorragenden Lage »Plantaditsch« auf der linken Seite der Weinstraße zwischen Kaltern und Kalterer See, und die beiden Blauburgunder, »Panigl« und Riserva, in offenen Holzfässern vergoren und in bis zu 40 Prozent neuen Barriques ausgebaut.

Oskar Andergassen erhebt klar und deutlich Einspruch, wenn die linken Talhänge um Montan und Mazon als überlegenes Pinot-noir-Anbaugebiet ausgerufen werden. Er sieht die Vorteile eher auf seiner Seite: Tieferer pH-Wert und damit eine höhere Säure, mehr Farbe, frischere Frucht und größere Langlebigkeit heißen die Trümpfe, mit denen er spielt. Mit seinem kernigen Blauburgunder »Panigl« und mehr noch mit der dichteren, komplexeren Blauburgunder Riserva verfügt er tatsächlich über gute Karten.

Das jüngste Steckenpferd des selbstsicheren Winzers ist der Merlot. Auch da legt er die Latte hoch. Kein leichtes, süffiges Weinchen will er daraus erzeugen, sondern einen konzentrierten Wein mit Ecken und Kanten. Unzählige Plastikkistchen stapeln sich deshalb bei meinem zweiten Besuch in der geschützten Loggia des Hotels. Alle sind sie gefüllt mit dunklen, reifen Merlot-Trauben. 3000 Kilogramm, die Hälfte der Ernte, trocknet Oskar Andergassen wochenlang an der frischen Luft, um den Wein zu verdichten. Zehn Prozent Saftverlust nimmt er dafür in Kauf. Ein verheißungsvoller Geruch von schwarzen Johannisbeeren erfüllt den Keller, wenn die geschrumpften Trauben vergären. Die duftgewordene Hoffnung auf einen robusten, fleischigen Wein, der die besondere Palette der Weine vom Klosterhof markant ergänzt.

Oskar Andergassen möchte seinen Betrieb gern vergrößern, wäre auch bereit, dafür Obstwiesen abzugeben. Schließlich soll auch Hannes, der mit viel Begeisterung eingestiegen ist und sich mit seinem Vater blind versteht, genügend Raum zur Selbstentfaltung haben. Wer weiß, vielleicht kann Andergassen bei einem nächsten Besuch, leuchtend die zweifarbigen Augen, von neuen (Pacht-)Flächen berichten.

KLOSTERHOF

Klavenz 40
39052 Kaltern
Tel. +39 0471 961046
Fax +39 0471 963406
info@garni-klosterhof.com
www.garni-klosterhof.com

Info: Verkauf ab Hof, Besichtigung auf Voranmeldung
3,4 ha Rebfläche, 25 000

Südtirols Freie Weinbauern

MANINCOR, KALTERN

MICHAEL GRAF GOËSS-ENZENBERG

Der Idealist

Eine Begegnung mit Michael Graf Goëss-Enzenberg ist eine Lektion in Bescheidenheit. Goëss-Enzenberg besitzt das Weingut Manincor, einen vornehmen Ansitz oberhalb des Kalterer Sees inmitten von sanft südwärts fallenden Weingärten mit einer 400-jährigen Geschichte. Zum Besitz gehören 50 Hektar Reben in Kaltern und Terlan. Vor Goëss-Enzenbergs Zeiten wurden die Trauben den Genossenschaften geliefert. Heute wird die ganze Ernte selbst verarbeitet. Das macht Manincor zum größten Weingut Südtirols. Andere mit einem derart bedeutenden Besitz würden mit einem Ego so mächtig wie die nahen Dolomiten auftreten. Goëss-Enzenberg dagegen ist die Zuvorkommenheit, Diskretion und Eleganz in Person.

Vielleicht ist diese Bescheidenheit naturgegeben. Vielleicht ist sie gewachsen an der Aufgabe, die sich der Graf mit der Besitzübergabe durch Onkel Georg Graf Enzenberg 1991 eingehandelt hat. Es ging in den folgenden Jahren ja um nichts weniger als um eine Auflösung aller Lieferverträge mit den Kellereien Kaltern und Terlan, um die komplette Umstellung auf Selbstkelterung, verbunden mit einer markanten Erweiterung des Rebsortenspiegels. Es ging um die Kreation von neuen Weinen, um die Etablierung eines modernen Weinguts von ansehnlichen Dimensionen auf einem Markt, der sich nicht bereitwillig zu öffnen pflegt, sondern erobert sein will. Und es ging, gipfelnd im höchst anspruchsvollen Neubau eines raffinierten, sich gleichsam selbst verbergenden Kellers, auch um gewaltige Investitionen, die mit dem Verkauf von Familienbesitz finanziert werden mussten.

Michael Göess-Enzenberg wurde 1961 in Kärnten geboren, absolvierte eine Tischlerlehre, besuchte die Weinbauschule in Geisenheim und übersiedelte 1987 nach einem Praktikum in Kalifornien nach Südtirol, wo er zunächst Italienisch lernte und sich dann als Geschäftsführer der Vinothek Lageder in Bozen betätigte. 1991 durfte er exzellente Weinberglagen übernehmen. In Terlan erhielt er den klimatisch verwöhnten Ansitz Lieben Aich. Goëss-Enzenberg ersetzte die Pergel durch das Guyotsystem und erweiterte die ausschließlich weiße Sortenpalette: Heute wachsen Chardonnay, Weißburgunder und vor allem Sauvignon blanc auf den warmen sandhaltigen Porphyrböden. In Kaltern bewirtschaftet er den Weingarten »Mazzon« und die Hauslage »Manincor«. Mazzon ist ein rund 400 Meter

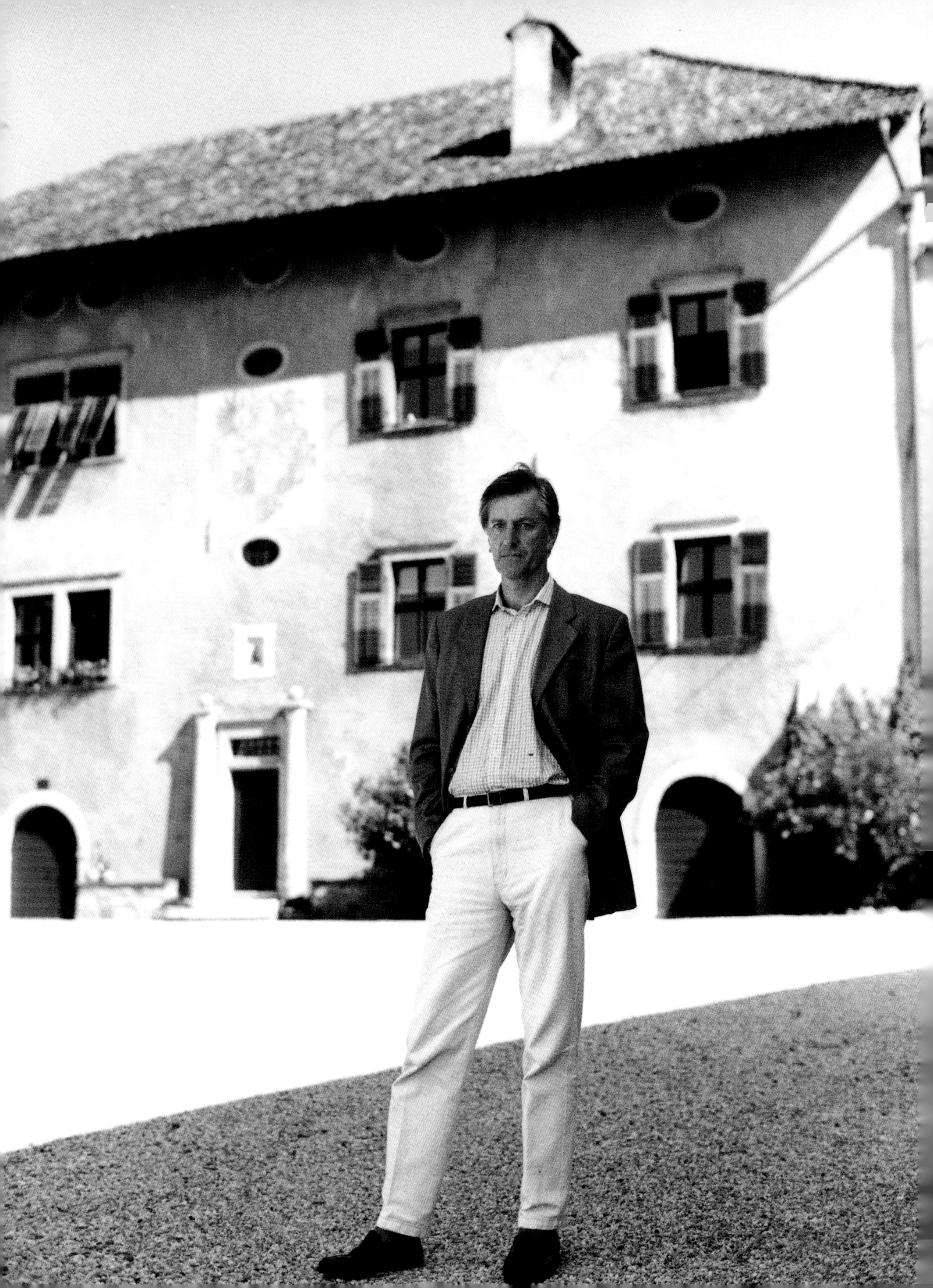

hoch gelegenes, nach Süden orientiertes, gut durchlüftetes Hochplateau. Der Blauburgunder findet auf dem Lehmboden mit Kalkschotteranteilen ideale Bedingungen. Im tiefer liegenden »Clos« Manincor, wie im Burgund von einer Mauer umgeben, gedeihen unter anderen auf steinigem Kalkschotter mit Lehm die kräftigen Rotweinsorten Merlot, Cabernet Sauvignon, Cabernet Franc, Petit Verdot und natürlich der Vernatsch für den subtilen Kalterersee. Der See und die schützenden Berge im Norden prägen das Kleinklima. Das Wasser reflektiert das Sonnenlicht und mildert die Temperaturunterschiede, das Gebirge hält die kalten Winde fern.
1996 gründete Michael Graf Goëss-Enzenberg formell die Eigenbaukellerei Manincor. Die ersten Weine entstanden. Allmählich wurde die Produktion gesteigert und ab dem Jahrgang 2002 die ganze Ernte gekeltert. Längst herrschte Platznot in den alten Gemäuern. Michael und seine Frau Sophie planten zusammen mit dem Kalterer Architekten Walter Angonese einen neuen Keller unmittelbar neben dem Ansitz. Der Bau wurde in Tieflage kühn in den Weinberg hineingetrieben;

nach dreijähriger Planungs- und Bauzeit war 2004 die feierliche Eröffnung.
Der Keller ist ein Wurf. Der dreigeschossige Bau aus Sichtbeton mit einem Rauminhalt von über 30 000 Kubikmeter, die gesamte Struktur komplett vor Ort gegossen, bringt Funktionalität und Ästhetik in Einklang und fügt sich in Relation zur und als Reaktion auf die Topografie nahezu unsichtbar in die Landschaft ein. Unter den unzähligen Besuchern, die Goëss-Enzenberg und seine Mitarbeiter seit der Fertigstellung durch den Betrieb geleitet und ihnen dabei von oben nach unten, von Stockwerk zu Stockwerk, die Schritte der Weinwerdung vor Augen geführt haben, finden sich ebenso viele Architektur- wie Weininteressierte.
Das Phänomenale am neuen Manincor-Keller ist, wie sich der Bau zugunsten der Weine zurücknimmt, ohne aber all jene zu enttäuschen, die ein Gespür für eine gelungene Lösung haben, fürs überraschende Detail, sei es etwa bei der Lichtführung, bei der Abstimmung der Materialien oder bei der Haustechnik. Die Weine sollen bei Manincor im Vordergrund stehen: Drei Linien sind

es zunächst in unterschiedlichen Preislagen, höchst schonend, handwerklich, mit der Technik im Dienste der Tradition hergestellt, einzelne weiße und rote Cuvées, mit dem krönenden Sauvignon blanc »Lieben Aich«, dem Blauburgunder »Mason di Mason« und der Merlot-Cuvéee »Castel Campan« an der Spitze. Es geht Michael Graf Goëss-Enzenberg um Eleganz, um Finesse, um den schönen Trinkfluss. Vordergründige Kraftpakete sind ihm ein Gräuel.

Eine weitere, entscheidende Etappe auf dem langen Weg zu diesem Ziel bildet 2006 die komplette Umstellung auf biodynamische Landwirtschaft. Goëss-Enzenberg steht da natürlich nicht allein: Spitzenwinzer aus der ganzen Welt verabschieden sich in rasch wachsender Zahl vom konventionellen Rebbau und erzeugen auch in Südtirol ihre Weine ohne Chemieeinsatz. Die auf den Anthroposophen Rudolf Steiner zurückgehende Biodynamie ist nur eine Methode des natürlichen Landbaus – wenn auch eine besonders ungewöhnliche, radikale und kritisierte, weil sie auch den Einfluss der kosmischen Kräfte berücksichtigt und speziell aufbereitete Kompostpräparate verwendet. Goëss-Enzenberg lässt sich von der Kritik nicht beirren. Dem ganzheitlichen, idealistischen Denken zugetan, sieht er in der Biodynamie die beste Methode, dank der »Verbesserung der Bodeneigenschaften, dem harmonischen Wachstum der Reben, dank größerer Widerstandsfähigkeit und einer gut verlaufenden natürlichen Gärung, gut strukturierte, komplexe, authentische und feine Weine« zu erzielen.

Goëss-Enzenberg hat mit tatkräftiger Unterstützung seiner Frau Sophie eine wahre Herkulesarbeit geleistet. Die vielleicht größte, vermutlich aber am wenigsten geliebte Aufgabe ist der Verkauf dieser mindestens 200 000 Flaschen, unterteilt in zwölf Etiketten aus teilweise sehr erklärungsbedürftigen Cuvées. 70 bis 80 Tage verbrachte er deshalb im Jahr auf Vorstellungs- und Verkaufstouren. Auf den Messen sei er zum Schluss jeweils der Heiserste gewesen. 2008 hat er sich deshalb etwas entlastet und als neuen Geschäftsführer den erprobten Helmuth Zozin geholt. Zozin hat als Kellermeister der Kellerei Kaltern jahrelang vorzügliche Aufbauarbeit geleistet und sich auch mit den biodynamischen Praktiken vertraut gemacht. Der 1964 geborene Kalterer besitzt die für den anspruchsvollen Job akkurate Kondition. Die Vereinfachung und Straffung des Sortiments ist eines seiner Kerngeschäfte. Als eine Art Entfesselungskünstler will er in Übereinstimmung mit dem Grafen vor allem bei den Weißen ansetzen. Die Weine sollen unter das Dach der DOC Terlan kommen. Die »Réserve della Contessa« als eine Art Grundwein im Mischsatz figurieren, darauf aufbauend ein Weißburgunder, ein Sauvignon blanc, der Chardonnay »Sophie« und in Spitzenjahren der Sauvignon blanc »Lieben Aich«. Die Umveredlung von einzelnen Merlot-Parzellen auf weiße Chardonnay und Sauvignon blanc soll das Verhältnis weiß-rot ins je hälftige Gleichgewicht bringen. Bei den Roten wollen Goëss-Enzenberg und Zozin weiterhin auf der Cuvée- wie der Rebsortenschiene fahren: die »Réserve del Conte« als Auffangwein, darüber die »Herzweine« Lagrein, Blauburgunder »Mason«, Kalterersee Auslese und »Cassiano« als sortenreiche, vielschichtige Cuvée. Im »Castel Campan« schließlich soll der in den Manincor-Lagen prächtig gedeihende Cabernet Franc eine prägende Rolle übernehmen.

Michael Goëss-Enzenberg wird Rückschläge – vor allem im Weinbau, der den Launen der Natur ausgesetzt ist – gelassen und bescheiden einkalkulieren. Doch heißt »Manincor« (»Hand aufs Herz«) im übertragenen Sinn ja »ehrlich gesagt«; und ehrlich gesagt: Manincors Zukunftsaussichten könnten nach all den harten Jahren der Restruktion, der Investition und des Lernens glänzender nicht sein.

MANINCOR

St. Josef am See 4
39052 Kaltern
Tel. +39 0471 960230
Fax +39 0471 960204
info@manincor.com
www.manincor.com

Info: Weinverkauf in der Vinothek
Mo–Fr 9.30–12.30 und 13.30–18
Uhr, Sa 10–17 Uhr. Besichtigung
auf Voranmeldung
50 ha Rebfläche, 200 000

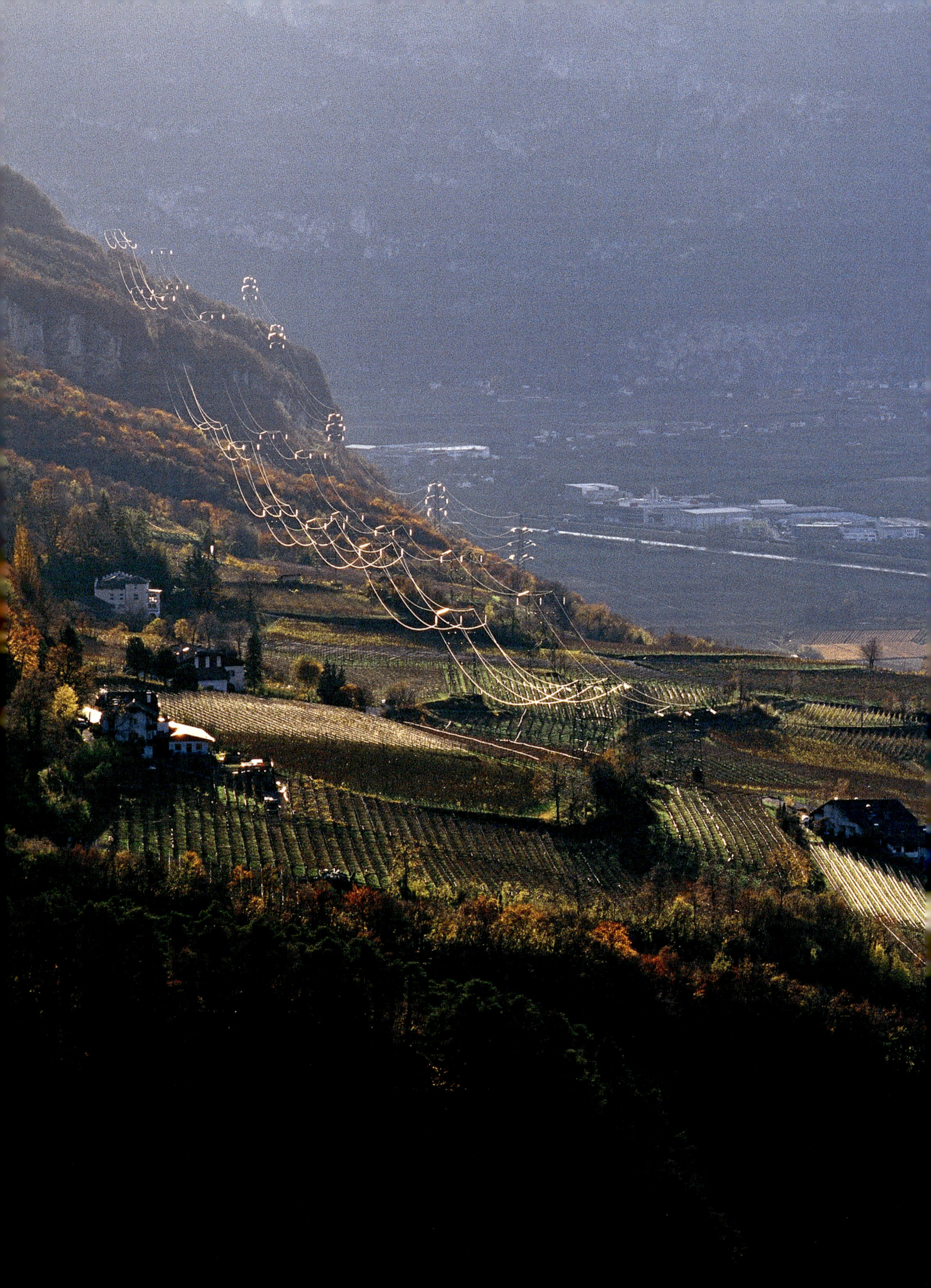

Unterland

Nirgends zeigt sich die Südtiroler Weinwelt facettenreicher als im unteren Teil des Etschtals, dem südlichsten und mit rund 1800 Hektar größten Anbaugebiet des Landes. Fast jede weiße und rote Rebsorte findet hier dank unterschiedlicher Böden und einem je nach Höhenlage und Exposition andersartigen Mesoklima zwischen 200 und 700 Meter über Meer ihren passenden Platz. Die bedeutendsten Weinbaudörfer sind Tramin, Kurtatsch und Margreid auf der rechten, Auer, Montan, Neumarkt und Salurn auf der linken Talseite. Bis in die fünfziger Jahre bedeckten die Rebpergeln noch einen Großteil des Talgrunds. Später zog sich der Weinbau an die Hänge zurück und überließ die Ebene den Apfelplantagen.

Nicht alles, was möglich wäre, muss immer sein. Die schier unübersichtliche Rebenvielfalt in Ehren – eine Konzentration auf weniger Sorten würde das Profil des Unterlandes stärken und schärfen. Bei den Weißen ist in höheren Lagen natürlich der Gewürztraminer auf den schweren, tonhaltigen Kalkböden am Fuße des südlichen Teils des Mendelgebirges um Tramin und Kurtatsch gesetzt. Ebenfalls auf der rechten Talseite können Weißburgunder in mittelhohen Lagen und Sauvignon blanc in noch etwas höheren und kühleren Expositionen prächtige Weine voll Frische und Aromatik bringen. Zudem gedeiht in Kurtatsch oberhalb 500 Meter der Müller-Thurgau prächtig. Bei den Roten trumpft das Unterland mit Lagrein, Blauburgunder, Merlot und Cabernet auf. Die tiefen und warmen, kalkreichen Schwemm- und Schotterböden von Auer und Neumarkt favorisieren den Lagrein. Blauburgunder findet in Montan und vor allem Mazon mit seinen mittelhohen warmen Hanglagen und der Abendsonne, die die Trauben trocken und warm in die kühlende Nacht entlässt, wunderbare Bedingungen. Die heißen Steilhänge von Kurtatsch und Margreid gelten als die besten Cabernet- und Merlotgebiete Südtirols. Cabernet Franc wird den Cabernet Sauvignon in Zukunft seiner früheren Reife wegen vielleicht ausstechen. Auch wenn die Weine aus Bordeaux-Sorten in Südtirol und in Italien gegenwärtig modebedingt weniger gefragt sind, werden sie mit ihrer charakteristischen Eleganz und Trinkigkeit bald rehabilitiert werden.

WEINBERGHOF, TRAMIN

CHRISTIAN BELLUTTI

Der Novize

Man kann es nicht genug betonen: Seit ihrer Gründung 1999 haben die »Freien Weinbauern Südtirol« eine fulminante Performance hingelegt. Innerhalb von zehn Jahren sind sie in Südtirol zur gewichtigen dritten Kraft herangewachsen, respektiert mittlerweile von den Kellereigenossenschaften und den privaten Weingütern, den zwei anderen Pfeilern der Südtiroler Weinwirtschaft.

Zwölf Winzer legten das Fundament, rund 80 Weinbauernfamilien bewohnen heute das geräumige Haus. Just als 80. Mitglied trat der junge Traminer Christian Bellutti ein und hisst seither auch im berühmten Dorf des Gewürztraminers die Flagge der »Freien Weinbauern«. Christian ist der erste Selbstkelterer in der Familie der Belluttis. Sein Großvater betrieb in Tramin ein Lebensmittelgeschäft, kultivierte daneben Trauben und verkaufte die Ernte dem Lokalmatador, der Kellerei Wilhelm Walch. Enkel Christian verspürte den Ruf der Rebberge und des Weins stärker, ließ sich an der Weinbauschule San Michele zum Weinbautechniker ausbilden, heuerte danach als Kellermeister bei der traditionsreichen und aufstrebenden Weinkellerei Peter Sölva & Söhne in Kaltern an, baute parallel dazu 2005 den Weinberghof und stellte das familieneigene, 2,5 Hektar große Weingut auf Eigenkelterung um.

Christian Beluttis wertvollstes Kapital sind seine 1,5 Hektar Gewürztraminer. Ein Hektar liegt auf der südlichen Seite von Tramin, oberhalb des Dorfs, in der hervorragenden Steillage »Plon« zwischen 350 und 400 Meter. Die Reben wachsen teils im Guyot-, teils im althergebrachten Pergelsystem auf einem Lehmschuttkegel. Der schwere Boden ist ein guter Wasserspeicher; auf eine Beregnung kann verzichtet werden. Christian Bellutti keltert daraus einen kraftvollen, »speckigen« und gleichzeitig eleganten Gewürztraminer, trinkig, dicht, mit typischer Rosen- und Nelkennote und einer lebhaften Säure.

Der zweite Gewürztraminer stammt aus dem Weinberg »Bad« unterhalb der Kirche. Leichter und weniger komplex als der »Plon«, gefällt er mit seiner schönen Sortentypizität. Bellutti vermarktet ihn unter dem Namen »Belldès«, eine Linie, die er zusammen mit seinem jungen, kollegialen Chef Stefan Sölva geschaffen hat. »Belldès« steht für den sauberen, ungekünstelten Sortenausdruck. Neben einem Gewürztraminer keltern die beiden einen Vernatsch und einen Lagrein. Die unkomplizierten, eingängigen Tropfen richten sich an Einsteiger; sie dienen als Einstiegsweine in eine vielschichtigere Südtiroler Weinwelt.

Neben dem Gewürztraminer »Plon« offeriert Bellutti unter dem eigenen Namen »Weinberghof« von steinigen, gut durchlüfteten Lagen nördlich des Dorfs einen würzigen Ruländer, eine subtile Kalterersee Auslese und 2009, als Premiere, eine kräftige Lagrein Riserva. Die Arbeit als Selbstkelterer scheint den quirligen, energischen Novizen glücklich zu machen. Nichts ist ausgereizt, vieles ist noch möglich. Die Produktion dürfte dereinst die 20 000 Flaschen erreichen. Sein spätes Glück scheint auch Vater German Bellutti gefunden zu haben. Mit 57 ging er in Pension und startete ein zweites Leben als Weinbauer. Ohne sein gewissenhaftes Wirken in den familieneigenen Reben hätte Christian den Traum vom eigenen Wein nicht verwirklichen können.

WEINBERGHOF

In der Au 4/A
39040 Tramin
Tel. +39 0471 863224
Fax +39 0471 860095
info@weinberg-hof.com
www.weinberg-hof.com

Info: Verkauf ab Hof, Besichtigung nach Vereinbarung
2,5 ha Rebfläche, 10 000

KURTATSCH

HANS GRUBER

Der Schaffer

Wenn man mit Hans Gruber zusammensitzt, fachsimpelt, seine Weine probiert und dazu vielleicht auch etwas vom unerhört schmackhaften Speck isst, der in der gemütlichen Kellergruft von den Deckenbalken hängt, dann kann passieren, dass der leutselige Weinbauer ins Gähnen gerät und den Eindruck erweckt, er würde sich am liebsten für ein kurzes Nickerchen hinlegen. Nun hüte man sich aber vor einem falschen Schluss: Grubers Müdigkeit bedeutet nicht, dass sich der Mann langweilt. Sie überfällt ihn sporadisch, weil er viel um die Ohren hat, weil er ein emsiger Schaffer ist, der nicht nur gewissenhaft die Reben pflegt, die Trauben keltert, den Wein ausbaut, sondern auch eigenhändig den Keller erweitert, eine neue Loggia baut, dort Touristen empfängt und ihnen eloquent seine sortenreinen Weine kredenzt und – gibt es auf dem Weingut mal weniger zu tun – sich ins Auto setzt, um die Kunden in Bayern mit seinen soliden Eigengewächsen gleich persönlich zu beliefern.

Hans Gruber bewirtschaft 3,2 Hektar Reben und erzeugt jährlich um die 25 000 Flaschen Wein. Das Herzstück seines Weinguts liegt in Breitbach, im fruchtbaren Talgrund unterhalb von Kurtatsch. Hier erbte er von seinen Großeltern Vernatsch-Lagen und baute sich 1992 als 30-Jähriger einen kleinen Keller. Parallel dazu arbeitete er als Koch und Gastwirt in Restaurants in Kaltern, Tramin und Girlan. Das in der Gastronomie verdiente Geld investierte er in den Kauf von Rebbergen.

Was Gruber heute besitzt, hat er durch harte Arbeit erworben. Das sind über Breitbach hinaus Parzellen in Tramin, Auer und Entiklar, meist in Besitz, teilweise auch in Pacht. Goldmuskateller, Chardonnay und Gewürztraminer umfassen die weißen Sorten, Vernatsch, Lagrein und Blauburgunder teilen sich in die roten.

Das Jahr 2001 brachte für den anpassungsfähigen, flexiblen Unterländer eine zweite Zäsur. Gastwirt und Weinbauer ließen sich nur noch schlecht unter einen Hut bringen; die doppelte Belastung wurde immer unerträglicher. Hans Gruber entschied sich für den Weinbau und die Qualitätsoptimierung. Er senkte die Erträge, verfeinerte die Weine und baute sich allmählich ein florierendes Geschäft mit Bustouristen auf.

Die Leute schätzen es, im direkten Kontakt mit dem Winzer alles Wissenswerte über dessen Weine zu erfahren. Sie sitzen eng und behaglich im atmosphärenreichen Keller oder draußen unter Pergolen. Sie schlürfen den «Pfeffrigen», Grubers würzigen, rosenduftigen Goldmuskateller. Sie probieren den zitrusgeprägten, ausgewogenen Chardonnay und Grubers Zugpferd unter den Weißen, den aromatischen, stämmigen Gewürztraminer. Sie wechseln zum süffigen Vernatsch oder zum hintergründigen Blauburgunder. Und sie beenden das Programm, sofern sie das volle gebucht haben, mit dem kernig-kräftigen Lagrein. Sie unterhalten sich prächtig und wundern sich, wie der behäbig wirkende Weinbauer aus sich herauskommt, witzig wird und manch kurzweilige Geschichte zu seinen Weinen zu erzählen weiß. Und falls er zwischendurch mal gähnen sollte, so führen sie das auf sein arbeitsreiches Leben zurück und liegen gar nicht so falsch damit.

HANS GRUBER

Breitbach 1A
39040 Kurtatsch
Tel. und Fax +39 0471 880322
mobil +39 339 7214114

Info: Degustation und Verkauf ab Hof, telefonische Voranmeldung empfohlen
3,2 ha Rebfläche, 25 000

KURTATSCH

ANDREAS BARON WIDMANN

Der Natürliche

Ob Frühling, Sommer oder Spätherbst: jedes Mal, wenn ich Andreas Widmann in Kurtatsch besuche, geht es zunächst in die Weinberge. Wir fahren zum Auhof mit seinen östlich bis südöstlich geneigten Steillagen. Im Lauf der letzten 20 Jahre hat Andreas Widmann hier zwischen 230 und 320 Meter über Meer vor allem Cabernet Sauvignon, Merlot und schließlich Cabernet Franc gepflanzt. Danach zieht sich die Straße kurvenreich hoch bis zum Sulzhof, wo auf 600 Meter Sauvignon blanc und Weißburgunder wachsen. Zweierlei fällt dabei auch einem Laien auf: Der 1959 Geborene ist zum einen ein leidenschaftlicher Winzer. Seine Rebberge gleichen akkurat gepflegten Weingärten; nur wenige andere machen sich in Südtirol mit ähnlicher Behutsamkeit und Sensibilität in den Reben zu schaffen. Deshalb ist nur folgerichtig, dass er, wenn immer möglich, naturnah arbeitet – ohne dies aber an die große Glocke zu hängen.

Um jeder Rebsorte ihren optimalen Platz zuzuweisen, spielt Widmann zum andern geschickt die Trumpfkarte Südtirols aus und nützt die Höhen- und Bodenunterschiede, die das Weingebiet kennzeichnen. Die spätreifenden Bordelaiser Sorten pflanzte er deshalb eher in tieferen Lagen, Weißburgunder und Sauvignon blanc bis zu 600 Meter hoch und den Gewürztraminer dazwischen, auf 350 Meter und besonders lehmhaltigem Boden, der der aromatischen Sorte Kraft, Opulenz, aber auch Frische und Säure schenkt.

Behutsamkeit, Intelligenz, Bescheidenheit – das sind Eigenschaften, die einem zu Andreas Widmanns Person in den Sinn kommen. Sie fügen sich zum Bild

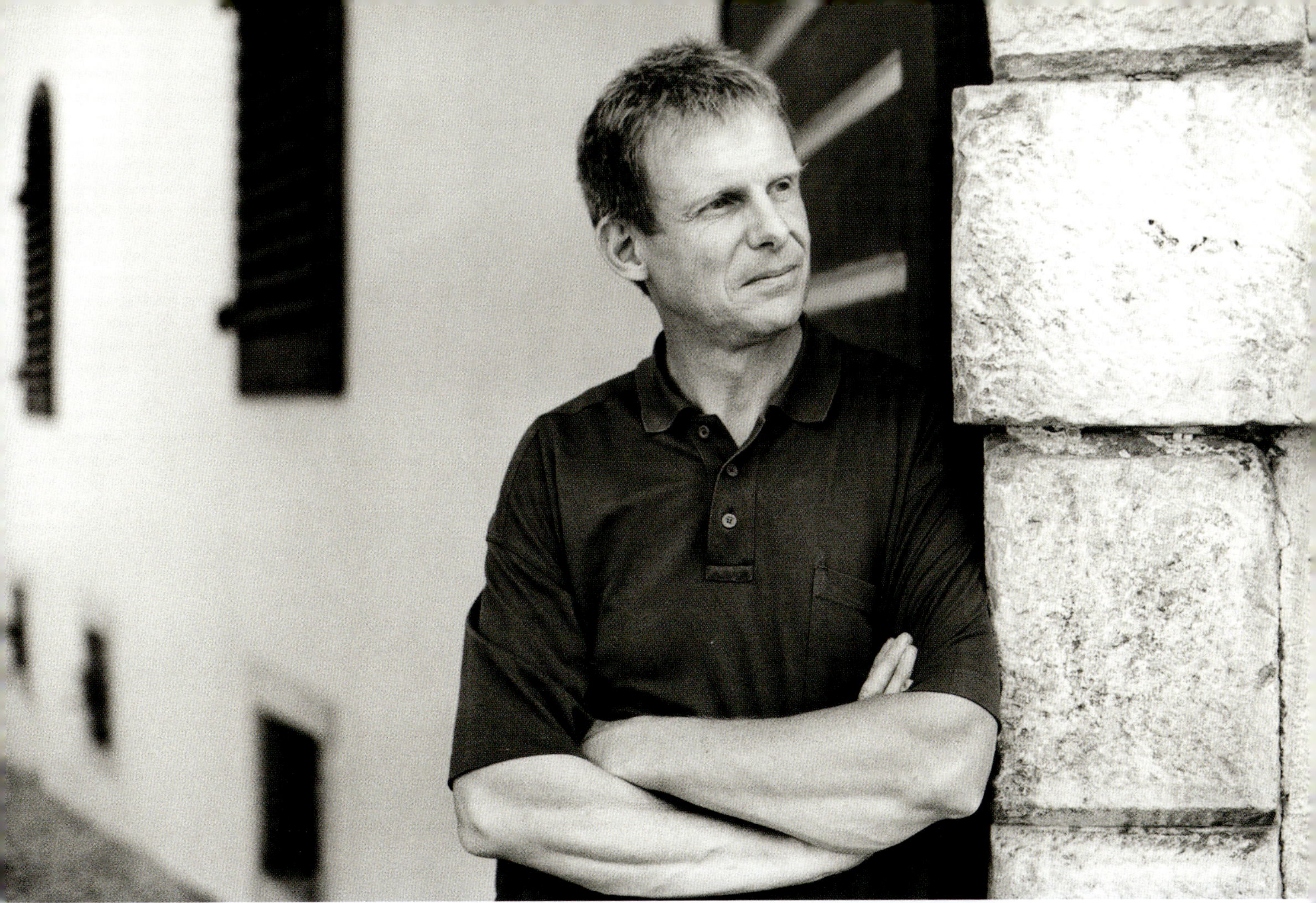

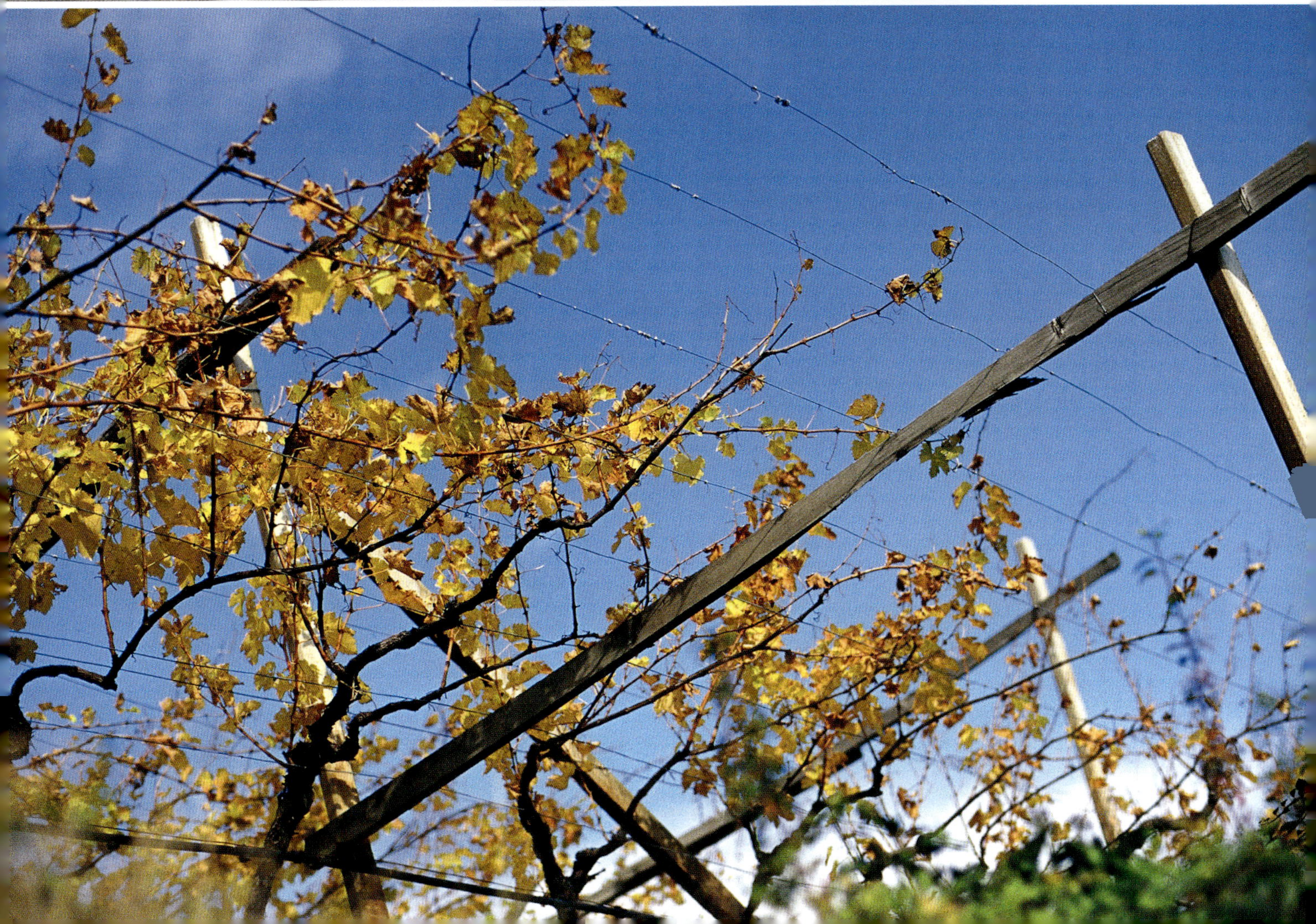

eines Menschen, der zwar die leisen, aber auch die klaren Töne liebt. Er stammt aus adligem Haus, doch Standesdünkel sind ihm fremd. Er bewegt sich lieber in der kleinen vertrauten Gruppe als im großen, geselligen Kreis. Vorsicht ist ihm eigen, Sparsamkeit eine Tugend. Eine Charakterskizze in Pastelltönen: Wer daraus auf eine farblose, trockene Person schließt, täuscht sich gehörig. Er rechnet nicht mit Andreas Widmanns verschmitztem Humor, dieser lebenserleichternden Fähigkeit, sich nicht ganz ernst zu nehmen und der Widrigkeit des Weltenlaufs mit Schalk zu begegnen.

Andreas Widmann trat 1981/1982 nach dem Studium an der Weinbauschule San Michele in den elterlichen Landwirtschaftsbetrieb ein, der stattliche 30 Hektar Anbaufläche (15 Hektar Reben, 15 Hektar Obst) umfasste und aufs entfernte Jahr 1824 zurückgeht. Die Trauben wurden bei seinem Eintritt hauptsächlich der Kellereigenossenschaft Girlan geliefert – größtenteils Vernatsch, doch auch schon Cabernet Sauvignon, gehörte doch Baron Widmann neben Hirschprunn in Margreid, Schwanburg in Nals und Lentsch in Branzoll seit jeher zu den Weingütern, die über größere Cabernet-Sauvignon-Pflanzungen verfügten.

Mit dem Segen seines Vaters Georg machte sich Andreas Schritt für Schritt an die Umstrukturierung des Betriebs. Er begann mit Selbstkelterung und Selbstvermarktung, anfänglich mit Vernatsch und Lagrein, später auch mit »Carmenère« (damals in Südtirol irrtümlich als Cabernet Franc bezeichnet, tatsächlich handelte es sich nur um dessen aus Oberitalien eingeführte rustikale Spielart), Cabernet Sauvignon und Merlot. Viele Vernatsch-Lagen wurden neu bepflanzt, mit Weißburgunder, Sauvignon blanc, Chardonnay, in den Steilhängen zur Talebene hin mit Cabernet Sauvignon, Merlot und zuletzt 1997 mit dem echten, »französischen« Cabernet Franc. Die Drahtrahmenerziehung ersetzte bei jeder Neubestockung das alte Pergelsystem.

Heute keltert Andreas Widmann in seinem praktischen, die exakt richtigen Dimensionen aufweisenden Keller im geräumigen, alten Familiensitz im Ortskern von Kurtatsch je nach Güte des Jahrgangs und Qualität der Trauben sechs bis sieben klar definierte und präzise gearbeitete Weine.

Bei den Weißen sind das ein feiner, aromatischer, ausgewogener Goldmuskateller. Die Cuvée »Weiß« aus Weißburgunder und Chardonnay, vergoren und ausgebaut im Akazienholzfass: ein plastischer, transparenter Wein mit dezenten Fruchtnoten und einer feinen Säure, mit Schmelz und einer zartbitteren Spitze im Finale. Der Sauvignon blanc, fermentiert und gelagert im Stahltank, um die knackige Fruchtfrische zu erhalten: sehr sortentypisch ohne vegetale Noten und getragen von der reifen, agrumen- und holunderduftigen, rauchigen Frucht. Schließlich krönt die Weißweinpalette der opulente, rosenartige Gewürztraminer aus dem Akazienholz, mit dem Andreas Widmann trotz winziger Produktion in Italien schon viele Lorbeeren holen konnte (dank Neupflanzungen gibt es mittlerweile wenigstens 5000 Flaschen). Das schmalere rote Spektrum eröffnet der köstliche Vernatsch, zartfruchtig, frisch und nachhaltig. Nachdem Andreas zum Verdruss seines Vaters viele Jahre von der Südtiroler »Brotsorte« Vernatsch nur wenig wissen wollte, scheint er sich jetzt mit ihr versöhnt zu haben. Der ungemein trinkige und bekömmliche Wein gärt an der Maische im Edelstahltank und reift im großen Eichenfass zur Harmonie aus. Seit je gehörte Widmanns Liebe freilich seinen Bordeaux-Sorten, die ja auch in Kurtatsch die vielleicht besten Anbaubedingungen von ganz Südtirol vorfinden. Nachdem er den Südtiroler Cabernet (Carmenère) durch den originalen Cabernet Franc ersetzen konnte, bietet er jedes Jahr eine Cuvée »Rot« an. Merlot sorgt darin für die Fülle, Cabernet Sauvignon für Struktur und Tiefe, Cabernet Franc für die Frische und Mineralität. Maischegärung und Säureabbau finden im Edelstahltank statt; der 15-monatige Ausbau vollzieht sich in zu einem kleinen Teil neuen französischen Eichenbarriques. Widmann verfügt über viel Erfahrung im Umgang mit den delikaten kleinen Fässchen. Bereits 1985 hatte er den ersten Barriquewein gekeltert. Die Cuvée »Rot« verschweigt die Holzprägung nicht, prahlt aber auch nicht damit. Dicht, kraftvoll, elegant und mit einer eher kühlen Stilistik spricht der Wein Französisch mit Südtiroler Akzent. In herausragenden Jahren wie 1997, 2000, 2002 und 2003 mutiert der »Rot« zum Zweitwein und öffnet die Hauptbühne dem »Auhof«. Reifebedürftiger, komplexer und tiefgründiger genießt dieser dann den Auftritt eines Grand Cru.

35 000 Flaschen Wein erzeugt Andreas Widmann durchschnittlich pro Jahr. (Daneben betätigt er sich, räumlich peinlichst getrennt, am Auhof in der Kurtatscher Fraktion Entiklar auch als Essigproduzent mit einer überzeugenden Palette von Frucht- und Weinessigen.) Mit seinen 15 Hektar Anbaufläche könnte Andreas Widmann leicht die doppelte Traubenmenge einkellern. Doch bewusst beschränkt er sich und liefert weiterhin auch an die Girlaner Genossenschaft. Denn nur so behält er die Kontrolle und kann die Kellerarbeit allein bewerkstelligen – um Selbstkritik nicht verlegen, für Verbesserungen immer zu begeistern.

ANDREAS BARON WIDMANN

Endergasse 3
39040 Kurtatsch
Tel. +39 0471 880092
Fax +39 0471 880468
info@baron-widmann.it
www.baron-widmann.it

Info: Verkauf ab Hof, Besichtigung nach Vereinbarung
15 ha Rebfläche, 35 000

MILLA, KURTATSCH

GERT POMELLA

Der Spezialist

Hinter dem vornehmen, schlösschenähnlichen Anwesen in der Lage »Milla« unterhalb von Kurtatsch steht ein kurioses Exemplar von einem Baum. Sein Stamm teilt sich wie von Geisterhand entzweit auf halber Höhe in einen Nussbaum und in eine Steinbuche. Für Gert Pomella, der das Weingut – um ein solches handelt es sich – 1996 nach eigenen Plänen und in eigener Regie gebaut hat, ist diese »Nussbuche« ein Sinnbild für seinen Wein, den gleichnamigen »Milla«. Denn der Wein besteht aus Cabernet (Franc und Sauvignon) sowie Merlot. Auf die Frage seiner Kunden, wie diese Sorten zusammenpassen würden, verweist er mit Vorliebe auf den besonderen Baum.

Die Assemblage von Cabernet und Merlot bringt nicht nur im Bordelais schon seit Jahrhunderten fabelhafte Weine hervor. Auch in Südtirol, gerade und vor allem im Unterland, arbeiten die Winzer höchst erfolgreich mit ihr. Das weiß Gert Pomella. Und er weiß um sein unschätzbares Kapital: Seine sechs Rebparzellen zwischen 220 und 350 Meter eignen sich bestens für rote Sorten. Ja, die 3,5 Hektar bilden ein ideales Terroir-Puzzle für Cabernet und Merlot: Von lehmig-schwer bis schottrig-leicht reicht das Spektrum der Böden. Pomella vermochte bei der Umstellung der alten Vernatsch-Anlagen die einzelnen neuen Sorten passend zu platzieren.

20 000 Flaschen Cabernet-Merlot erzeugt Pomella heute. Ein respektables Volumen. Der Verkauf sollte ihm aber nicht schwerfallen. Denn der geschmeidige Mann (Jahrgang 1966) mit der warmen, einschmeichelnden Stimme ist ein erfahrener Geschäftsmann. Zusammen mit seinem Bruder führt er auch das vorbildlich restaurierte »Schwarz-Adler-Turmhotel« im heimatlichen Kurtatsch. Er ist ein großer Napoleon-Kenner und

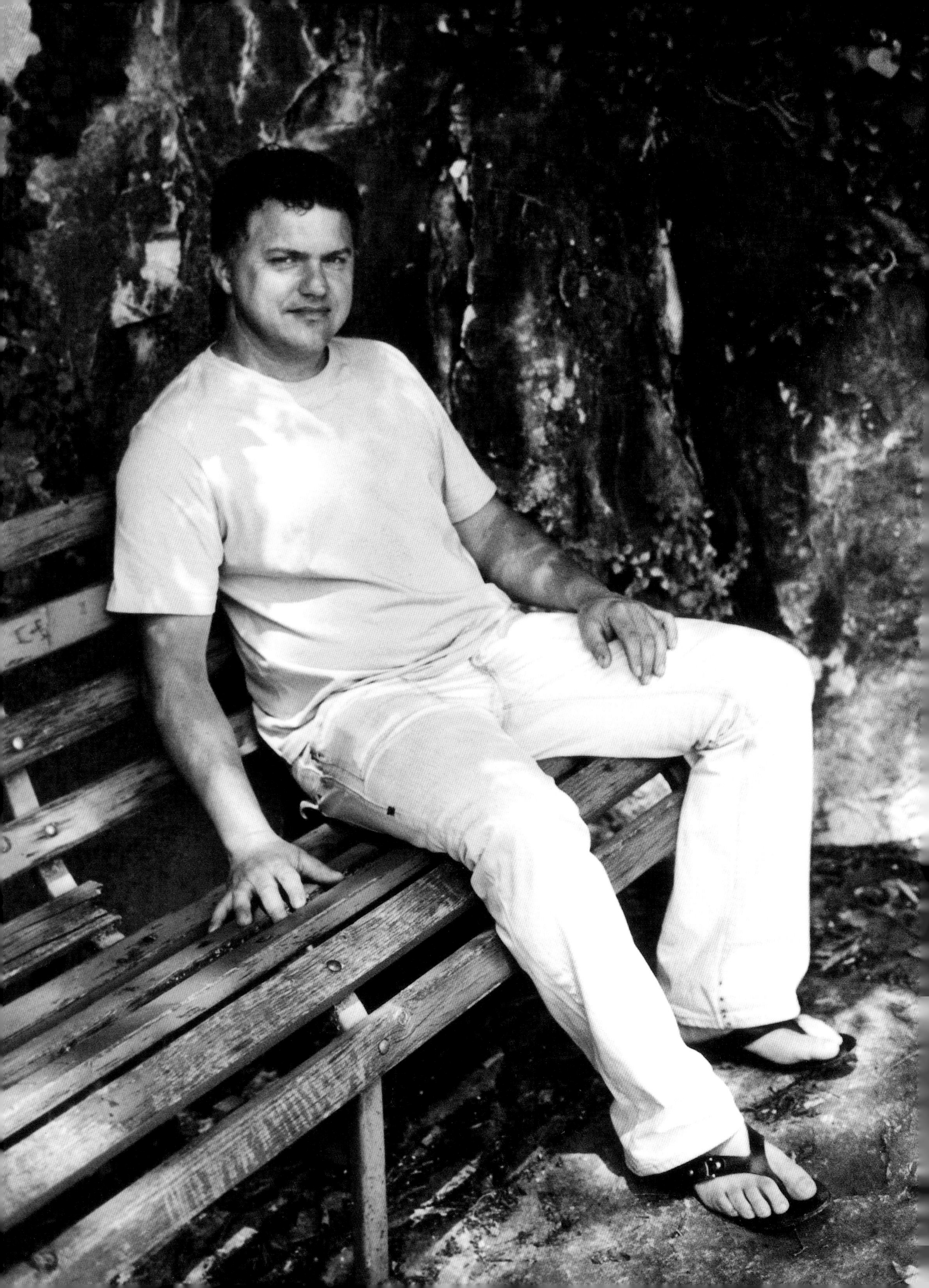

bewundert dessen strategisches Geschick. Klug wie er ist, hat er sich von Napoleons Talenten bestimmt einiges abgeschaut.

Pomella erzeugt den »Milla« mit Unterstützung des renommierten Önologen Hartmann Donà und mit einer immensen Batterie von Barriques von französischen und Südtiroler Fassbindern. Der Wein hat sich in kurzer Zeit einen verdienten und hervorragenden Ruf geschaffen. Seit dem Jahrgang 2004 stellt Pomella dem »Milla« den Zweitwein »Centa« zur Seite. Fruchtbetont, elegant, finessereich, überzeugt der »Centa« mit früher Zugänglichkeit, während der Grand Vin »Milla« seine 36-monatige Reifung in neuer Eiche jeweils noch verdauen muss. Doch gönnt man ihm genügend Flaschenreife, entschädigt er einen mit köstlichen Tabak- und Cassisaromen, mit einer geschmeidigen Fülle und einer einmaligen mineralischen Frische von hohem Genussfaktor. Bereitwillig stimmt man angesichts des »Milla« den mahnenden Worten von Luis Raifer, dem großen alten Mann der Genossenschaft Schreckbichl, zu, der einem beim letzten Gespräch gesagt hat: »Aus Merlot und Cabernet machen wir in Südtirol wunderschöne Weine. Das müsste man wieder einmal schreiben!«

MILLA

Milla 3
39040 Kurtatsch
Tel. +39 0471 880600
Fax +39 0471 880601
gert.pomella@yahoo.it
www.gertpomella.com

Info: Verkauf ab Hof, Besichtigung nach Vereinbarung
3,5 ha Rebfläche, 20 000

BRUNNENHOF, MAZON/NEUMARKT

KURT UND JOHANNA ROTTENSTEINER

Die Bodenständigen

Die Südtiroler sind ein schollenverbundenes Volk. Da kommt für viele ein Umzug in ein anderes Dorf schon einer Verpflanzung gleich. Kurt und Johanna Rottensteiner, beide in Bozen aufgewachsen – Kurt auf dem Reiterhof in St. Peter, Johanna in Rentsch –, hätten es sich in ihrer Jugend wohl nicht träumen lassen, dass sie dereinst im 80-Seelen-Dörfchen Mazon landen würden. Doch die Wege des Weins sind manchmal unergründlich.

Kurt Rottensteiner ist auf dem Reiterhof mit Vernatsch und Lagrein groß geworden. Die Trauben kelterte sein Onkel Toni von der gleichnamigen Weinkellerei Rottensteiner. 1987 ermöglichte Kurts Vater seinen zwei Söhnen den Schritt in die Selbstständigkeit. Für den 19-jährigen Kurt erwarb er günstig den Brunnenhof in Mazon oberhalb Neumarkt. Als der Vernatsch noch höher im Kurs stand, wurde der Boden dort zu tieferen Preisen gehandelt als heute. Denn Mazon galt mit seinen relativ hohen Lagen und der späten Morgensonne als schlechtes Vernatsch-Gebiet. Kurt, noch blutjung, musste bei der Überschreibung vertraglich zusichern, den Besitz bis zu seinem 25. Geburtstag nicht zu verkaufen. Die Unterschrift wäre rückblickend allerdings kaum nötig gewesen. Kurt Rottensteiner, eben der Weinbauschule entwachsen, lernte allmählich das wahre Potenzial von Mazon kennen. Es lag naturgemäß nicht im Vernatsch. Und auch nicht im Lagrein, den er von Haus aus ja bestens gekannt hätte. Die große Verheißung hieß Blauburgunder. Das kühlere Klima und die komplexen Böden von Mazon favorisieren die delikate Rebsorte. Hofstätter mit dem »Villa Barthenau, Weinberg St. Urban« und Bruno Gottardi mit seinem hochgepriesenen Wein hatten die Vorarbeit geleistet, auf der Kurt Rottensteiner mit seiner eigenen Blauburgunder Riserva aufbauen konnte.

Doch der Weg dahin war lang, kurvenreich und schweißtreibend. Zwischen 1987 und 1998 verkaufte Kurt Rottensteiner die Ernte dem Onkel Toni in Bozen. 1995 heiratete er Johanna. Seither wird der Brunnenhof nicht nur naturnah bewirtschaftet, sondern auch bewohnt. Als nächster Meilenstein gilt 1999 mit dem ersten selbstgekelterten Jahrgang. Parallel dazu wurden die

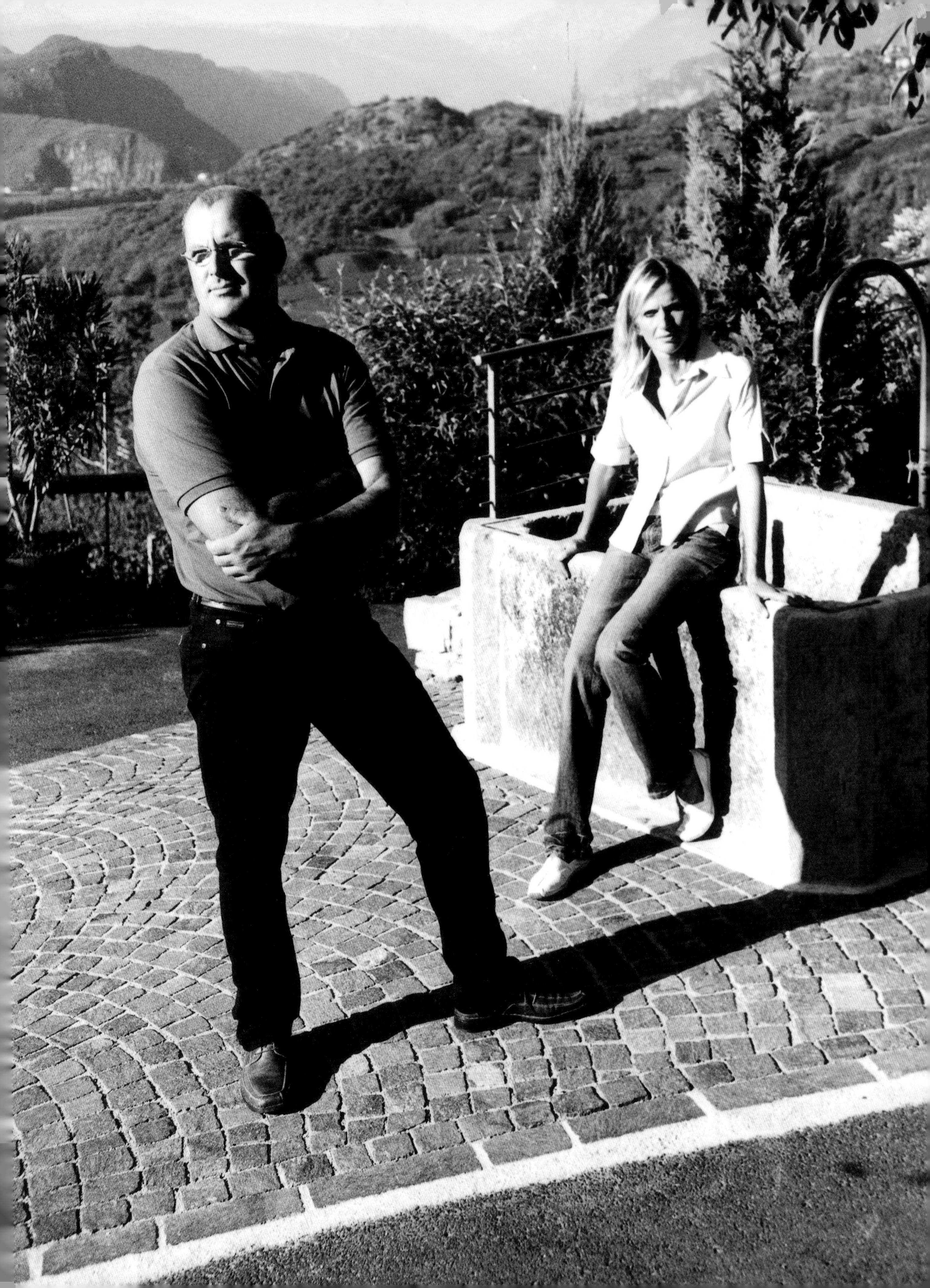

2,5 Hektar Blauburgunder und Gewürztraminer von der Pergel auf das Guyot umgestellt. Weitere 2,5 Hektar Blauburgunder kamen vom Nachbarn als Pacht dazu und wurden teilweise ebenfalls auf Guyot umgerüstet. Kurt Rottensteiner hat bezüglich der zwei Erziehungssysteme eine klare Meinung: »Guyot bringt dichtere, komplexere Weine. Jene von der Pergel besitzen vielleicht größere Mineralität und Länge.«

Heute sind die Rottensteiners an einem Ende des Weges angelangt. Sie denken momentan an keine weitere Vergrößerung. »So wie es ist, ist es gut«, sagt der bodenständige Kurt, und Johanna nickt zustimmend. Und diese grundsolide Realität heißt: vier Hektar Blauburgunder, ein Hektar Gewürztraminer und zwei zuverlässig gute, terroir- und sortentypische Weine, von denen es in normalen Jahren rund 25 000 Flaschen gibt. Der Gewürztraminer besitzt nicht die explosive Aromatik der besten Weine der gegenüberliegenden Talseite, glänzt aber mit zurückhaltenden Obstnoten und seiner Frische. Der Blauburgunder, auf den eigenen Hefen spontan vergoren, lange im kleinen und großen Holz ausgebaut und danach im Stahltank und auf der Flasche gelagert, ist von kräftig-stämmiger Natur, ohne die typischen Attribute eines Pinot noir von Mazon – die da sind: lebendige Frucht, präsente Säure, mineralisch-salzige Elemente – zu verdrängen.

Spätestens seit der Einschulung der zwei Kinder Johann und Eva in Neumarkt haben Johanna und Kurt Rottensteiner in Mazon Wurzeln geschlagen. Kurt spielt zwar noch, passend zu seiner stattlichen Figur, die Tuba in der Musikkapelle Bozen, doch darüber hinaus gehören die Stadt, der Vernatsch und der Lagrein zu einem früheren Leben, ist die Verpflanzung also gelungen.

BRUNNENHOF

Gebirgsjägerstraße 5
39040 Mazon/Neumarkt
Tel. und Fax +39 0471 820687
info@brunnenhof-mazzon.it
www.brunnenhof-mazzon.it

Info: Verkauf ab Hof, Besichtigung nach Vereinbarung
5 ha Rebfläche, 25 000

Südtirols Freie Weinbauern

MAZON/NEUMARKT

BRUNO GOTTARDI

Der Heimkehrer

Als sich dem Weinhändler Bruno Gottardi von der weit über die Grenzen hinaus bekannten Innsbrucker Weinhandlung Gottardi 1986 unverhofft die glückliche Gelegenheit eröffnete, in Mazon oberhalb Neumarkt einen Weinhof zu kaufen, war das für den besonnenen Mann ein Heimkommen und ein Ankommen zugleich: ein Heimkommen, weil sein Großvater väterlicherseits aus dem Trentino stammt und die Mutter eine Südtirolerin aus Meran ist; ein Ankommen, weil ihn der Traum vom eigenen Wein schon immer beschäftigt hatte.

Zwei starke Argumente bestärkten Bruno Gottardi in der Kaufentscheidung: Zum einen war das hübsche Anwesen, das 1890 vom damaligen Rektor der Universität Wien Professor August Vogel aus der Familie Freiherr Vogel von Fernheim erworben worden war, vergleichsweise günstig zu haben. Zum andern ist Mazon mit seinen schweren, steinigen Porphyr-Kalkböden, dem günstigen Mikroklima und der Westlage auf 300 bis 400 Meter als Südtiroler »Blauburgunderhimmel« bekannt. So wuchs 1986 in Mazon zusammen, was zusammengehört: Bruno Gottardi ist nicht erst seit seiner beruflichen Zusammenarbeit mit den Burgunder Spitzendomänen Comte de Vogüe und Armand Rousseau ein bekennender, leidenschaftlicher Pinot-noir-Liebhaber.

Nach dem Kauf ließ es der neue Besitzer zunächst behutsam angehen. Seine Tätigkeit im Weinhandel hatte ihn gelehrt, dass Weinbau ein langsames Geschäft ist, Geduld und auch Demut abverlangt. Die sechs Hektar Reben wurden gerodet und hauptsächlich mit Blauburgunder sowie Gewürztraminer und Chardonnay neu bepflanzt – im Guyotsystem und in relativ hoher Stockdichte. Parallel dazu beschäftigte sich Bruno Gottardi mit dem Neubau eines Weinkellers. Wie er da vorging, passt zum ruhig und bescheiden auftretenden Mann, dessen Zurückhaltung ihn freilich nicht hindert, auch scheinbar Plausibles genau zu hinterfragen. In unzähligen neuen Kellern schaute er auf Geschäftsreisen, öfters auch begleitet von einem Architekten, hinter die manchmal spektakuläre Kulisse und prüfte, wie praktisch, wie durchdacht und zwingend sich Geräte und Arbeitsabläufe präsentieren. Er verwarf den nur zu oft blendenden architektonischen Wurf, schielte nicht auf Lifestyle-Magazine, sondern konzipierte einen auf die Vorteile der Schwerkraft bauenden, funktionellen Keller in einem unauffälligen Wirtschaftsgebäude, maßgeschneidert auf die Bedürfnisse des so delikaten wie kapriziösen Pinot noir.

1995 wurde in Mazon der erste richtige Blauburgunder gekeltert und Bruno Gottardi umgehend mit dem Glück

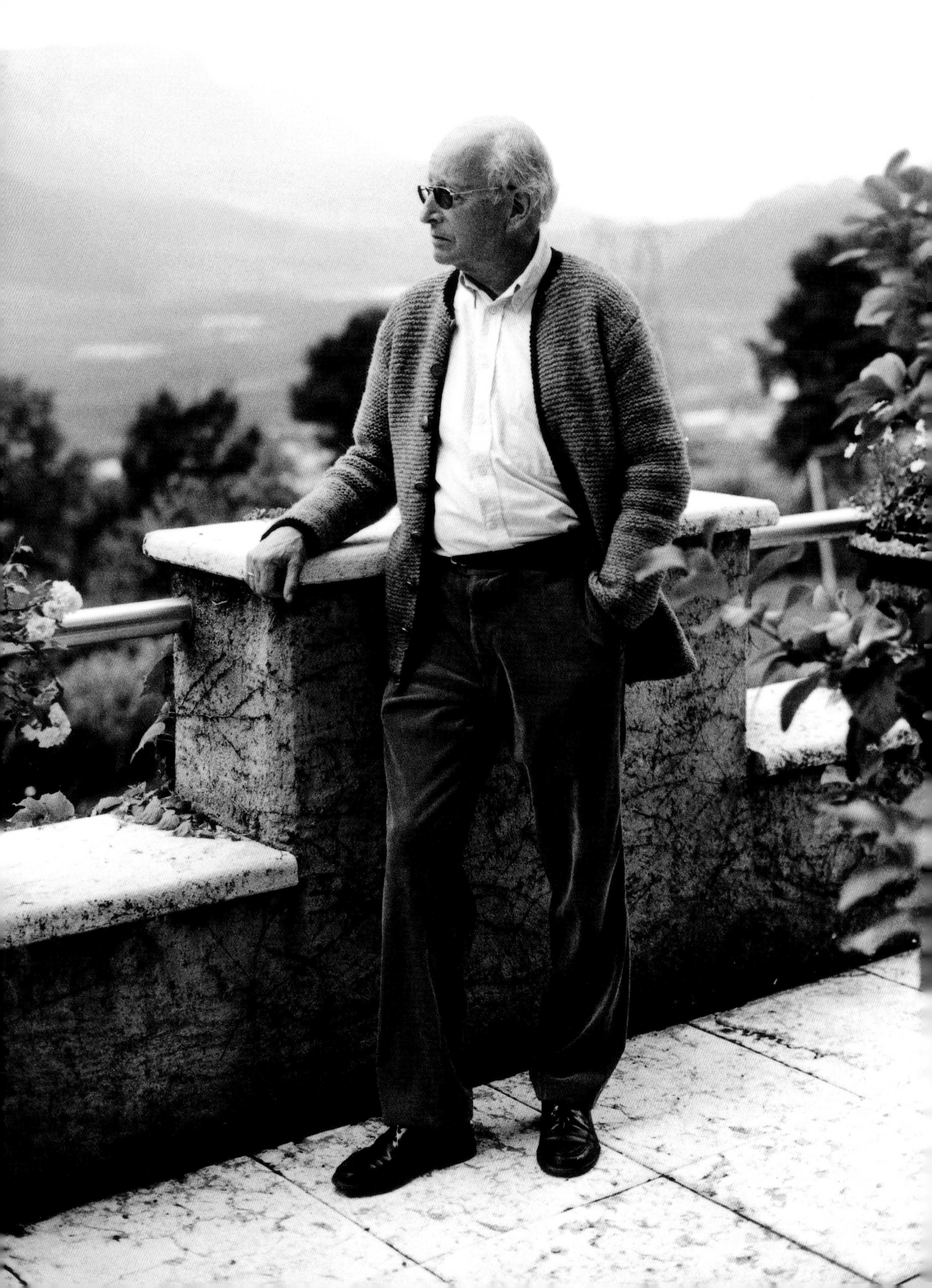

des Tüchtigen belohnt. Der Wein triumphierte 1997 als Sieger der ersten Südtiroler Blauburgundertage. Zur Verblüffung und Überraschung seines Erzeugers, der die Qualität einzelner Partien im Keller noch bemängelt hatte. Erst in der Summe der einzelnen Teile, in der Assemblage des gesamten Jahrgangs war der Wein aus damals noch jungen Reben zu dieser Güte verschmolzen.

Seither erfreut uns das Weingut Gottardi Jahr für Jahr mit terroirtypischen, in sich kohärenten, dynamischen Blauburgundern. Sie zeichnen sich durch eine würzige, strahlende Beeren- und Kirschenfrucht aus. Es sind mit ihrer Mazon-spezifischen Fruchtigkeit Prototypen eines Südtiroler Blauburgunders, stets erkennbar, keine Burgunderkopien, keine Holzkarikaturen. Sie stehen für sich in einfacher Selbstverständlichkeit, sind echt und authentisch wie ihr Erzeuger. Besonders guten Jahrgängen – 2000, 2003 und zuletzt 2004 – stellt Bruno Gottardi eine Riserva zur Seite, ohne damit freilich den »normalen« Blauburgunder diskreditieren zu wollen. Denn ein Blauburgunder von Gottardi müsse wie ein Chianti Annata immer gut sein, sagt er. Schwache Lose würden deshalb im Fass verkauft.

Worin liegt das Geheimnis dieser Weine? Auch wenn ihren Schöpfer eine Aura leiser Melancholie umgeben mag, so basiert sein Erfolgsrezept wohl darauf, dass es keine Geheimnisse gibt. Gesunder Menschenverstand. Kluges, überlegtes, genaues Arbeiten. Keine Übertreibungen. Kein Chichi. Ausgewogenheit in allem. So würde Bruno Gottardi wohl antworten. Die Erträge in den mitterweile auf 8 Hektar Fläche angewachsenen Rebbergen (davon 2,5 Hektar in Pacht) liegen mit 5000 Liter pro Hektar im durchschnittlichen Bereich. In der Kellerarbeit beruft sich Gottardi auf den großen Elsässer Winzer Jean Hugel, wenn er dezidiert sagt: »Guten Wein behandelt man am besten, indem man ihn nicht behandelt.« Von einer vorgängigen Kaltmazeration hält er nichts, Spontangärung findet er zu riskant, ausgeprägte Eichenholznoten mag er nicht. Die Weine reifen ein Jahr in bloß zu einem Fünftel neuen Barriques, anschließend lagern sie im großen Holzfass. Sie werden nicht geschönt, sehr wohl aber filtriert. Das klingt alles sehr einfach und ist es wohl auch.

Allein bewältigt Bruno Gottardi die Arbeit natürlich nicht, zumal ihn der Weinhandel in Innsbruck nach wie vor in Anspruch nimmt. Sein ebenfalls in der Familienfirma tätiger Sohn Alexander unterstützt ihn mit Begeisterung, wenn ihm die Zeit zur Verfügung steht. Die gute Seele in Mazon aber heißt Hansjörg Untersulzner. Praktisch seit der Gründung kümmert sich der aus Gries stammende Weinbauernsohn um die Arbeit auf dem Hof und in den Rebbergen. Seine letzte große Unternehmung war die Umstellung von Chardonnay auf Blauburgunder. 6000 Quadratmeter Chardonnaystöcke wurden 2007 mittels Umpfropfung durch Pinot noir ersetzt. Obwohl von tadelloser, mineralisch-feingliedriger Qualität, war Bruno Gottardi mit dem Chardonnay zunehmend unzufrieden geworden; zu schwer war der Chardonnay zu verkaufen, zu viel Unruhe brachte die Erzeugung von zwei Weißweinen in den Keller. An der durchschnittlichen Gesamtproduktion von rund 45000 Flaschen ändert die Aktion nichts. Die geringe Menge von hochfeinem Gewürztraminer bleibt stabil. Vom Blauburgunder gibt es indes ein paar tausend Flaschen mehr – zur großen Freude all jener, die den fruchtig-würzigen Wein aus Mazon so sehr lieben.

BRUNO GOTTARDI

Gebirgsjägerstraße 17
39044 Mazon/Neumarkt
Tel. und Fax +39 0471 812773
weingut@gottardi-mazzon.com
www.gottardi-mazzon.com

Info: Kein Verkauf ab Hof, Besichtigung nach Vereinbarung
8 ha Rebfläche, 45 000

Südtirols Freie Weinbauern

NEUMARKT

PETER DIPOLI

Der Visionär

Als ich Peter Dipoli vor vielen Jahren kennenlernte, war er noch Obstbauer. Wein war ihm eine Leidenschaft, aber kein Beruf. Aus Liebe zu Südtirol mischte er sich in die Weinszene ein, lobte, kritisierte, gab Ratschläge, manchmal auch ungebetene. Private Kellereien ohne eigenen Rebbesitz mochte er nicht; Kellereien, die fremde Weine zu- und unter eigenem Namen wiederverkauften, begleitete er mit ausdauernder Abneigung. Er galt als Hitzkopf, als Revolutionär, leicht entflammbar, doch hinter vorgehaltener Hand gestanden ihm auch Gegner zu, recht zu haben. Parallel dazu baute er mit der »Enoteca Johnson & Dipoli« und später mit »Fine Wines« in Neumarkt einen schwungvollen Weinhandel auf, belieferte die einheimische Gastronomie mit italienischen und ausländischen Spitzengewächsen, erweiterte auf regelmäßigen Reisen in alle Weingebiete der Welt, wo er verbindliche Kontakte zu den besten Winzern knüpfte, seinen önologischen Horizont, wirkte als unermüdlicher, quicklebendiger Vermittler zwischen der großen Welt der Weine und der kleinen Südtiroler Weinwelt. Eine Art Hefe im heimatlichen Gärteig.

Klar war ihm insgeheim immer, dass er einmal den Beweis antreten wollte, nicht nur kritisieren, sondern es auch besser machen zu können. Mit Intelligenz, Ausdauer und enormem Einsatz von Arbeitskraft und Disziplin ist ihm das mittlerweile weitgehend gelungen. Vielleicht erzeugt Peter Dipoli (Jahrgang 1954) nicht die bekanntesten Südtiroler Weine. Olympiaden – bei denen die Nase vorne hat, wer auf Kosten von Eleganz und Trinkigkeit mit regelrechten Kampfweinen am rabiatesten auf Kraft und Konzentration setzt – sind dem sensiblen Mann ohnehin suspekt. Doch Dipolis vier Gewächse sind unverwechselbar, spiegeln den Charakter von Sorte, Lage und Erzeuger, sind also Terroirweine im eigentlichen Sinn des Worts.

Gestartet ist Dipoli 1990 mit dem Sauvignon blanc »Voglar«. Die Trauben wachsen auf sandigen Böden mit hohem Anteil an Dolomitgestein in Penon oberhalb von Kurtatsch in Nordostexposition zwischen 500 und 600 Meter über Meer. 2,4 Hektar stehen mittlerweile im Ertrag. Die Höhenlage ermöglicht eine längere Stockreife und verhindert vegetale Noten, die Dipoli beim Sauvignon blanc entschieden ablehnt. In den Anfängen wurde die Ernte noch bei seinen Winzerfreunden Pojer und Sandri im nahen Trentiner Faedo vinifiziert. Der Erwerb eines alten Hofes in Vill, einem Ortsteil von Neumarkt, gestattete ihm ab 1998 die Kelterung im eigenen Keller. Dipoli arbeitet mit Reinzuchthefen, vergärt im Akazienholzfass, batonniert bis Februar, rührt also regelmäßig das Hefegeläger auf, und lässt den Wein bis Mai auf der Gärhefe liegen. Der »Voglar« ist ein knackig-frischer, säurebetonter Sauvignon blanc, mit Aromen von Agrumen, weißem Pfirsich sowie Holunderblüten und glücklicherweise ohne nennenswerte Restsüße.

Fünf Jahre nach dem »Voglar« folgte 1995 der erste »Iugum«, eine Rotweincuvée aus Merlot und je nach Jahrgangsqualität 20 bis 25 Prozent Cabernet Sauvi-

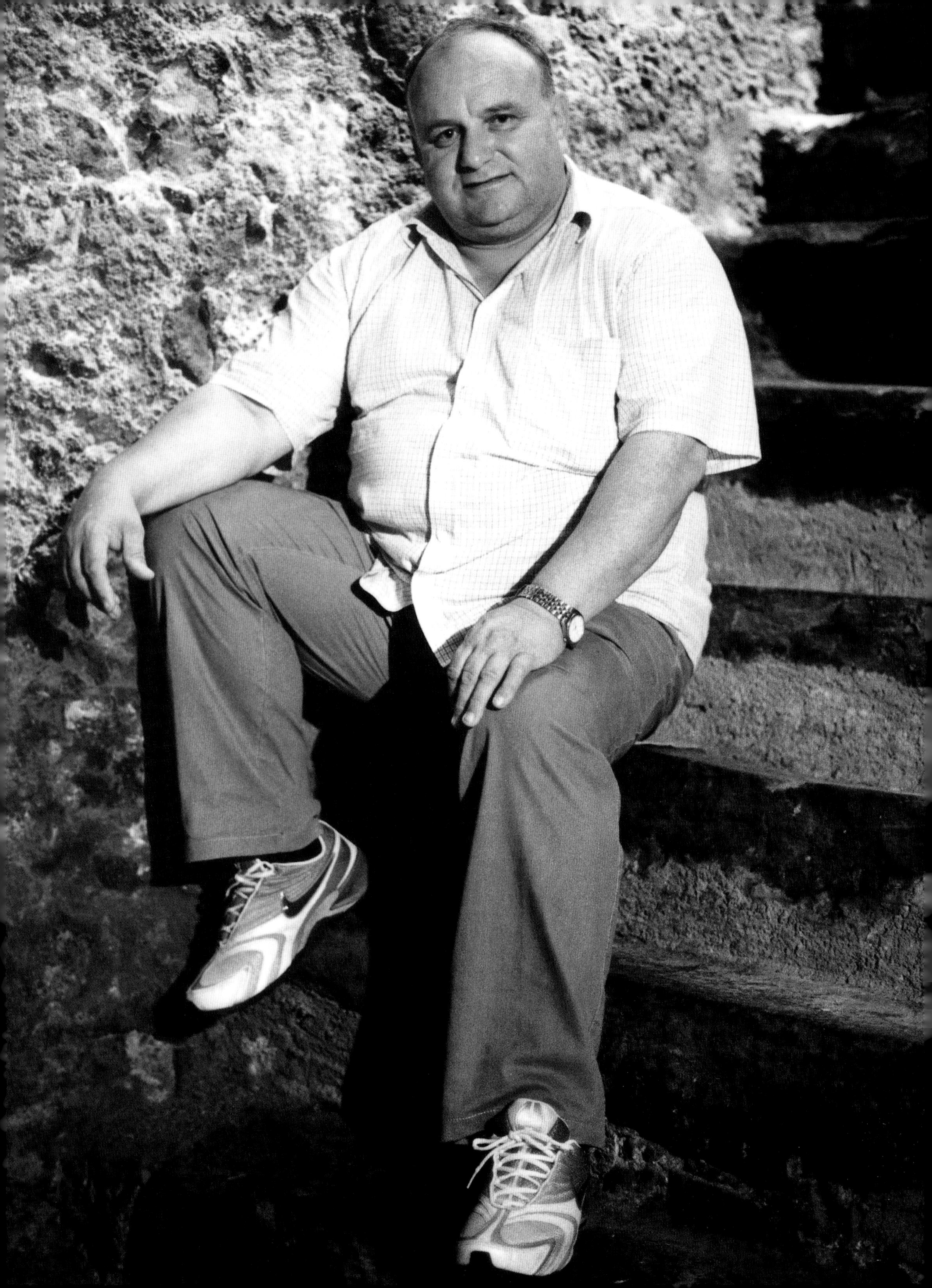

gnon. Der 1,1 Hektar große Rebberg steht in den Margreider Leiten auf kalkreichem Lehmboden. Peter Dipoli ist überzeugt, dass zwischen Margreid und Tramin hervorragende Merlotweine wachsen können. Dem Cabernet Sauvignon gegenüber hegt er Vorbehalte. Er glaubt nicht, dass die spätreifende Sorte in Südtirol die Voraussetzungen hat, jedes Jahr auszureifen. Deshalb sieht er entschiedene Vorteile für den in den letzten Jahren neu entdeckten, früher zur Maturität findenden Cabernet Franc. Den wahren Cabernet Franc, wohlgemerkt, nicht den fälschlicherweise jahrzehntelang dafür gehaltenen ordinären Carmenère.

Der »Iugum« ist bisher Dipolis Top-Rotwein. Barriquegereift – die Cabernet-Partie in neuem Holz –, nach einem Jahr assembliert. Ein dichter, strukturierter, aber nicht harter Wein im Bordeaux-Stil. 1995, 2002 und 2007 erachtet der gewissenhafte Winzer als die besten bisher erzeugten »Iugum«-Jahrgänge. 1999 schlug die Geburtsstunde des »Fihl«. Dieser würzige, elegant-saftige, reinsortige Merlot, ein trinkiger Tischwein höchster Güte, dessen Trauben aus dem Neumarkter Ortsteil Gries stammen, ist ein höchst eigenständiges Gewächs und dient gleichzeitig als Ventil für den »Iugum«. Oder wie es Peter Dipoli ausdrückt: »Um den ‹Iugum› gut zu machen, brauche ich den ‹Fihl›.« Merlot-Partien, die seinen Anforderungen für den Grand Vin nicht genügen, erhalten im »Fihl« Heimatrecht.

2006 debütierte Dipolis jüngster Wein mit dem schönen Namen »Frauenriegel«, welch gleichnamige Parzellenbezeichnung er dann auch sogleich schützen ließ. Die Produktionsmenge ist mit maximal 2500 Flaschen klein. Die sich abzeichnende Qualität höchst vielversprechend. 2003 gelang ihm der Kauf einer 3000 Quadratmeter großen Parzelle zwischen Tramin und Kurtatsch, im zweiten Pflanzjahr bestockt mit Merlot und Cabernet Franc. Die südliche Parzellengrenze markiert eine Quelle, die als 80 Meter lange Tuffsteinrinne verläuft, die nördliche wird durch eine alte Natursteintreppe gebildet. Die beiden Sorten, zur gleichen Zeit ausgereift, mischt Dipoli schon vor der Gärung und keltert sie als Cuvée.

Peter Dipoli hat inzwischen gemerkt, dass Bessermachen doch schwieriger ist als insgeheim vorgestellt. Unter vier Augen ist er selbst der strengste Kritiker der eigenen Weine. Auf allzu tiefe Erträge verzichtend – Dipoli arbeitet mit 7000 bis 9000 Kilogramm pro Hektar – und keine unanständig hohen Preise fordernd, beweist er zum einen, dass guter Wein nicht automatisch aus einem Mikroertrag entstehen und zum andern nicht zwangsläufig übermäßig teuer sein muss. Manch einer meint auch festgestellt zu haben, dass Peter Dipoli unter dem selbstauferlegten Druck ruhiger, milder, kompromissbereiter geworden sei. So hört man vom einstigen Vernatsch-Verächter schon lange wieder wohlwollende Worte über den Südtiroler Traditionswein. Seinem Qualitätsdenken hat er damit allerdings in keiner Weise abgeschworen. Die Tätigkeit als Produzent hat ihm einfach die Augen für eine neue Realität geöffnet; ohne dass er die alte Streitlust ganz abgelegt hätte. Noch immer engagiert er sich eloquent und scharfzüngig, in druckreifen Worten auf Deutsch und Italienisch, für seine Anliegen – für neue DOC-Bestimmungen etwa, die den verschiedenen Gebieten zwischen Schlanders, Brixen und Salurn die passenden Sorten zuweisen, die übergroße Sortenvielfalt auslichten und für einzelne historische Anbaugebiete wie den Lagrein in Bozen oder den St. Magdalener eine eigene DOCG schaffen. Sollte ihm dabei Erfolg beschieden sein, müsste Südtirol dem visionären Weinmenschen Dipoli auf dem Hauptplatz von Neumarkt vielleicht sogar einmal ein Denkmal errichten.

PETER DIPOLI

Villner Straße 5
39044 Neumarkt
Tel. +39 0471 813400
Fax +39 0471 813444
vino@finewines.it
www.peterdipoli.com

Info: Kein Verkauf ab Hof, Besichtigung nach Vereinbarung
4,6 ha Rebfläche, 35 000

Südtirols Freie Weinbauern

HADERBURG, SALURN

ALOIS OCHSENREITER

Der Vielseitige

Ungebührlich viel Zeit ist verstrichen seit meinem letzten Besuch bei Luis Ochsenreiter in Buchholz oberhalb Salurn. Wie Schuppen fällt mir diese Einsicht von den Augen angesichts der elementaren Veränderungen im Leben und Arbeiten der Familie Ochsenreiter: Luis hat sich von seinem Bruder Toni vom Stainhauserhof getrennt, er wohnt und arbeitet nun auf dem Hausmannhof. Stall und Scheune hat er in einen beeindruckenden Keller umgebaut mit kühnem und stilsicherem Einbezug der historischen Bausubstanz. Der Erwerb des Obermairlhofs oberhalb von Klausen schenkt ihm ein Standbein im Eisacktal. Die Bewirtschaftung der Reben wurde auf die biodynamische Methode umgestellt. Die Kinder sind erwachsen, die Weine präziser und eindringlicher geworden.

Nicht verändert hat sich der Mensch Luis Ochsenreiter. Auch das wird sofort klar, wenn er auf einen zukommt, als ob das letzte Zusammentreffen gestern gewesen wäre. Er hat sich seine umgängliche und offene Art bewahrt. Dennoch liebt er die Zurückgezogenheit. Die Arbeit auf dem Hof, in den Reben und im Keller zieht er dem Weinverkauf vor. Bei Ausstellungen und Präsentationen lässt er sich nicht ungern von seiner warmherzigen Frau Christine und der Tochter Erika vertreten.

Luis Ochsenreiters Weingut Haderburg – benannt nach der gleichnamigen Burgruine auf einem nahe gelegenen Felssporn – steht für zwei Dinge: zum einen für nach der klassischen Champagnermethode der Flaschenvergärung hergestellte Sekte, die zu den allerbesten Schaumweinen Südtirols, ja des ganzen Landes gehören – der Weinführer »Gambero Rosso« kürt die mächtige Haderburg Riserva »Hausmannhof« Brut 1997 in »Vini d'Italia 2009« zum besten Schäumer Italiens. Zum andern für ein Weingut, das unter der Produktlinie »Hausmannhof« und »Obermairlhof« eine Reihe von ausgesprochen sortentypischen, säurebetonten, gastronomischen Stillweinen anbietet: Sauvignon blanc, Chardonnay, Gewürztraminer, Riesling, Sylvaner, Blauburgunder und eine weiße und rote Cuvée.

Ochsenreiter bewirtschaftet im Unterland und im Eisacktal elf Hektar Reben und erzeugt rund 80 000 Flaschen. Wie die beiden anderen Mitgliederbetriebe der »Freien Weinbauern« Manincor und Loacker/Schwarhof arbeitet er nach den biodynamischen Richtlinien von Rudolf Steiner. »Wir tun das nicht aus Marketingüberlegungen. Sondern weil wir durch die Biodynamie lebendigere, mineralischere, terroirgeprägtere Weine erhalten«, sagt er. Viele Rebberge sind durch übermäßigen Einsatz von Dünger, synthetischen Fungiziden, Herbiziden und Insektiziden belastet. Die Biodynamie, die auf diese Mittel verzichtet, mit natürlichen Produkten sowie speziellen biologisch-dynamischen Präparaten arbeitet und auch den Einfluss der Gestirne in den Arbeitsablauf miteinbezieht, vermag die Böden zu revitalisieren und die Widerstandskraft der Pflanzen zu stärken.

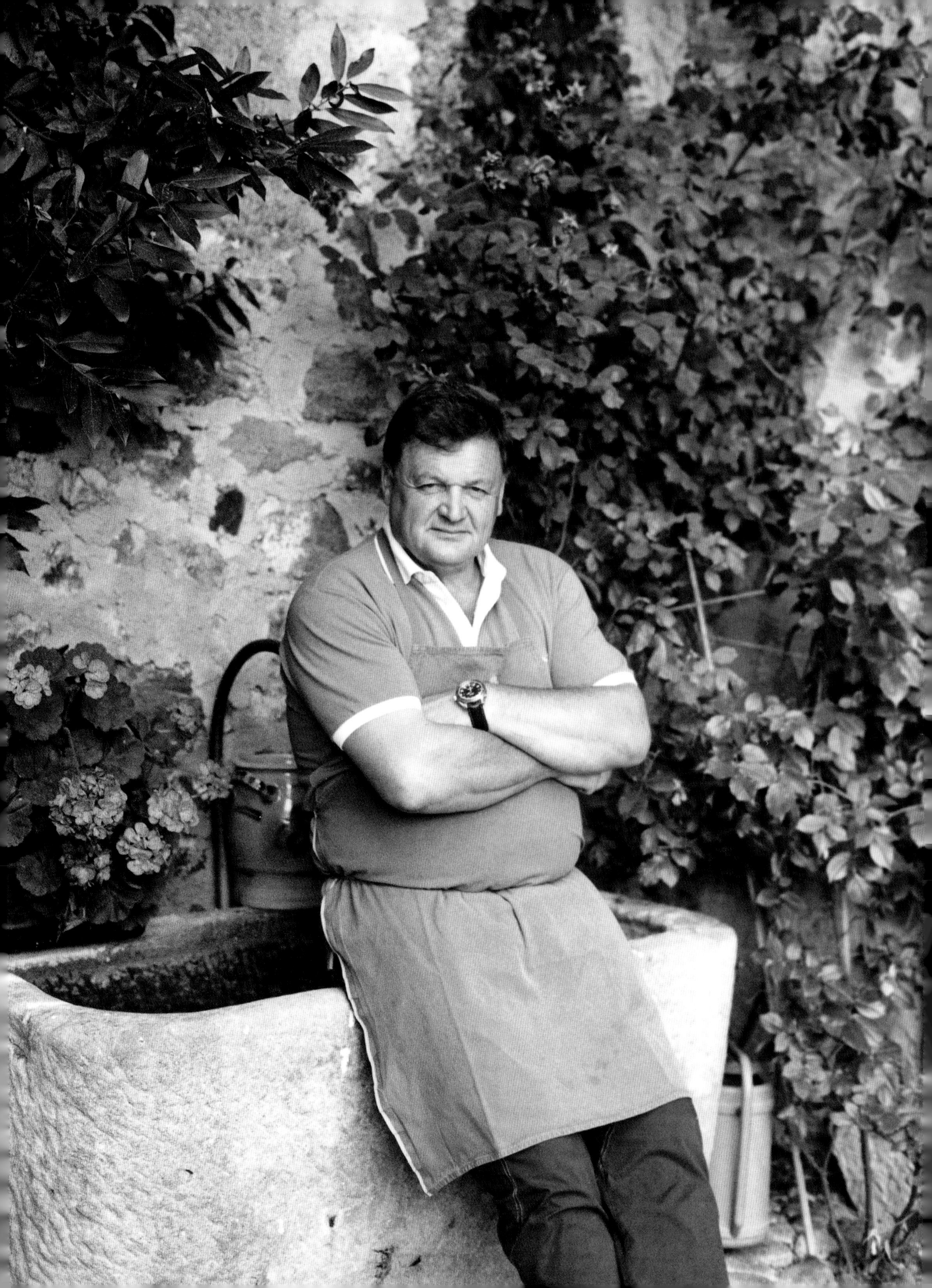

Eine Pionierrolle spielte der 1954 geborene Ochsenreiter schon früher einmal: Als junger Mann setzte er sich in den Kopf, Sekt zu produzieren. Gegen den Widerstand seines Vaters, der dem riskanten Unternehmen keinen Kredit gab, versektete er 1977 als Erster in Südtirol gewerbsmäßig Grundweine, die er damals noch zukaufen musste. 1985 gewann er die Kontrolle über den gesamten Herstellungsprozess, die Chardonnay- und Blauburgundertrauben kamen nun aus eigenem Besitz. Als einziger Südtiroler Sektproduzent kann er seither auf eigene Grundweine zurückgreifen.

Heute erzeugt Ochsenreiter drei bis vier Sektmarken in einer Menge von 45 000 Flaschen, die keine Absatzschwierigkeiten kennen: den Haderburg Brut ohne Jahrgang und den Haderburg »Pas Dosé« mit Jahrgang. Beide enthalten zirka 80 Prozent Chardonnay und 20 Prozent Blauburgunder und sechs bzw. drei Gramm Restzucker pro Liter. Ein Drittel der Grundweine des Jahrgangssekts vergären und lagern in gebrauchten Barriques. In Zukunft möchte Luis Ochsenreiter gar auf 100 Prozent Holz hochfahren. Ausschließlich in Holzfässchen und ausschließlich aus Chardonnay vinifiziert er die »Hausmannhof« Riserva. Zehn Jahre müssen sich die Flaschen bis zum Degorgement gedulden, entsprechend reif und komplex präsentiert sich ihr Inhalt. Bei meinem letzten Besuch im Spätherbst 2008 entkorkte der Sektspezialist stolz seine neueste Kreation: einen Haderburg 2005, der mit der Hälfte des Zuckers vergoren wurde, deshalb weniger Kohlensäure besitzt und milder und weiniger wirkt.

Neben dem Sekt traten in den letzten Jahren die weißen und roten Gewächse vom Hausmann- und Obermairlhof selbstbewusst in den Vordergrund. Sie zeichnen sich aus durch frische Frucht, einen nicht zu überladenen Körper und sind manchmal von einem deutlichen Barriqueton geprägt. Unter den verschiedenen Gewächsen des vielseitigen Luis Ochsenreiter stechen drei, vier besonders heraus. Da ist der Riesling vom Hof Obermairl bei Klausen. Die durchlässigen Moränenschuttböden mit Quarz-, Schiefer- und Granitanteil ergeben einen aromatischen, mineralischen, von einer schneidenden Säure getragenen Wein. Ein Solitär ist die Cuvée »Obermairl« aus den fünf Rebsorten des Hofs Müller-Thurgau, Gewürztraminer, Riesling, Sylvaner und

Grauburgunder. Der teilweise in offenen Fässern mit ganzen, ungepressten Trauben und ohne Schwefelzusatz vergorene Wein ist von ganz eigenem Zuschnitt – würzig, komplex und tiefgründig.

Die zwei Spitzenweine unter den Roten sind »Erah« und der Blauburgunder Riserva. »Erah« – eine Zusammenziehung der zwei Vornamen der Kinder Erika und Hannes – ist eine Assemblage von Merlot, Cabernet Sauvignon und Cabernet Franc. Die Trauben wachsen auf der anderen Talseite bei Kurtatsch. Der saftige, blaubeerige Wein mit einer deutlichen Cassisnote zeigt Eleganz und Frische – ein schöner Essensbegleiter. Spürbar und erfreulich verbessert hat sich mit den jüngsten Jahrgängen die Blauburgunder Riserva »Hausmannhof«. Früher häufig etwas hart und zu stark vom Barriqueholz gezeichnet, ist der Wein seit 2005 weicher, fruchtbetonter (Sauerkirsche) und trinkiger geworden. Luis Ochsenreiter hat die Maischegärung verkürzt und den Anteil von Neuholz verringert. Erstmals belegt er damit seine schon früher geäußerte Behauptung, dass der Blauburgunder von der linken Talseite zwischen Auer und Salurn jenem von der rechten Seite überlegen sei. Links würde der Wein die Pinotnoir-Melodie singen, rechts erinnere er allzu häufig an gekochte Marmelade. Die Diskussion darüber hat inzwischen epische Ausmaße erreicht. Mit dem gelungenen Wein von der Haderburg lässt sie sich trefflich fortsetzen.

HADERBURG

Buchholz 30
39040 Salurn
Tel. +39 0471 889097
Fax +39 0471 883892
info@haderburg.it
www.haderburg.it

Info: Verkauf ab Hof, Besichtigung nach Vereinbarung
11 ha Rebfläche, bio, 80 000

MASO THALER, MONTAN/GLEN

FILIPPO MOTTA

Der Autodidakt

Lang und kurvenreich windet sich die immer schmaler werdende Straße von Montan nach Glen zum Maso Thaler hinauf. Das alte Bauerngut ist schwer zu finden. Doch einmal oben angekommen, lohnt die atemberaubende Aussicht nach Südwesten übers untere Etschtal die Anfahrt. Wie ein Adlerhorst liegt das Gehöft mit dem charakteristischen Turm, dessen ältester Teil auf das entlegene Jahr 1414 zurückgeht, auf 630 Meter über Meer.

Filippo Motta empfängt einen und führt geradewegs in die rund um Haus und Weinkeller liegenden terrassierten Rebberge. Es ist ein kalter Spätherbsttag mit klarer Fernsicht. Die Ernte ist glücklich eingebracht. In einzelnen Rebzeilen wurde schon der Winterschnitt begonnen. Drei Hektar sind mit Sauvignon blanc, Weißburgunder, Chardonnay und hauptsächlich Blauburgunder bestockt. 2,5 Hektar stehen in Ertrag. Die jüngste Neupflanzung von einem halben Hektar Blauburgunder liegt noch nicht lange zurück.

Rebbau auf dieser Höhe, in dieser abgelegenen Lage verlangt einen ausdauernden Kampf gegen die Kräfte der Natur. Einzelne Parzellen mussten regelrecht aus dem Wald geschlagen werden, die schnell wachsenden Robinien bedrohen die Reben und die Rehe tun sich an den Trauben gütlich.

Mit 50 Jahren hat sein 1936 geborener Vater den Juristenberuf an den Nagel gehängt und ist aufs Familiengut seiner Frau nach Glen gezogen. Fortan widmete er sich mit Leidenschaft und stets wachsendem Können dem Rebbau. 1987 legte er den ersten aus Sauvignon blanc bestehenden Weinberg an. Lange Jahre über wurden die Trauben verkauft.

Filippo ließ sich zum Tierarzt ausbilden und arbeitete unter der Woche als Pharmavertreter. Allmählich entzündete sich auch in ihm der Weinfunke, und das Begehren wuchs, die Trauben eigenhändig zu vinifizieren. Wir besichtigen nun den Keller, der auf den Jahrgang 2004 hin gebaut wurde und Filippos Wunsch in Erfüllung gehen ließ. Vornehmlich übers Wochenende und mit Unterstützung des Weinbergspezialisten Marco Stefanini von der Weinbauschule San Michele erzeugt Filippo Motta hier seine Weine. Manchmal springt auch der ältere Bruder Francesco ein. Die Weißen, eben fertig vergoren, liegen im Stahltank und in Fässern aus Akazienholz. Eine Etage tiefer wird geheizt. Da vollzieht der Blauburgunder in Barriques den Säureabbau.

25 000 Flaschen soll die Produktion betragen, wenn dereinst einmal alle Rebstöcke den vollen Ertrag abwerfen werden. Filippo entkorkt die drei Weine des jüngst gefüllten Jahrgangs: Knackig-frisch, säurebetont und sortentypisch zeigt sich der Sauvignon blanc; verhalten, mit kräftigem Körper und ebenfalls lebendiger Säure der »Iuturna«, eine zum Teil im Holz ausgebaute Cuvée aus Weißburgunder und Chardonnay; grazil, eher leicht gestrickt und diskret nach roten Beeren duftend der zu Filippos Stolz von einem deutschen Weinführer gelobte 2006er Pinot nero.

Das Potenzial der Trauben in den Lagen des Maso Thaler ist hoch. Filippo und seine Familie versuchen es mit großem Einsatz und Fleiß auszuschöpfen, damit die Weine immer besser werden – die idyllische Umgebung, in der Vater und Söhne Motta arbeiten, verfehlt dabei ihre segensreiche Wirkung nicht.

MASO THALER

Glen 59
39040 Montan
Tel. +39 0471 819928
Fax +39 0471 819345
filippomotta@libero.it
www.masothaler.it

Info: Verkauf ab Hof, Besichtigung nach Vereinbarung
3 ha Rebfläche, 15 000

ZIRMERHOF, RADEIN

JOSEF PERWANGER

Der Gastgeber

Wenn den Gästen des Berghotels Zirmerhof auf der Sonnenterrasse von Radein im Herbst die Idylle zu beschaulich, die Ruhe zu einschläfernd, die Muße zu eintönig wird, offeriert ihnen Gastgeber Sepp Perwanger an einem besonders prächtigen Tag eine einmalige Abwechslung: Er lädt sie zur Weinlese. Fragen sie sich dann, wo um Himmels willen auf 1560 Meter über Meer, in diesem Paradies von Wiesen, Weiden und Wäldern, Trauben wachsen sollen, schmunzelt er und erklärt, dass dazu schon eine kleine Talfahrt nötig sei. Rasant geht es dann hinunter auf 400 Meter über Meer, wo die Perwangers in exklusiver Lage in Montan ein kleines Bauerngut bewirtschaften. Äpfel-, Birnen-, Aprikosen-, Nuss- und Quittenbäume wachsen in diesem Garten Eden, deren reife Früchte oben im Zirmerhof zu allerlei Delikatessen verarbeitet werden. Und auf 6000 Quadratmeter gedeiht auch der Gewürztraminer, dessen Ernte es nun einzubringen gilt.

Bevor die Wimmet mit einer zünftigen Marende gefeiert wird, werden die Trauben zum Keltern gebracht, hinunter nach Neumarkt, in den Keller von Peter Dipoli, wo dieser schon ungeduldig auf die 3000 bis 4000 Kilogramm Gewürztraminer seines Freundes Sepp Perwanger wartet. Dipoli lässt den Most im Stahltank kühl vergären und baut den jungen Wein dann im Akazienholzfass auf der Hefe langsam und geduldig aus. Vor der nächsten Ernte wird der fertige Wein abgefüllt, und was dann als Gewürztraminer »Pinus« aus der schönen Flasche ins Glas rinnt, duftet nach Rosen und Quitten, besitzt einen kräftigen, eleganten, von einer lebendigen Säure getragenen Körper und endet lang und aromatisch.

Die Geschichte des »Pinus« ist jung. Erst 2001 entschied sich Sepp Perwanger für die eigene Produktion. Vorher wurde die Maische stets an die Weinkellerei Tiefenbrunner in Entiklar verkauft. Die kluge Entscheidung ist nur zu plausibel. Denn der Zirmerhof mit seinen 32 stilvollen Zimmern, der hochstehenden Gastronomie, dem weitläufigen Besitztum von 150 Hektar blickt auf eine traditionsreiche, weit über 100-jährige Geschichte unter der Ägide der Perwangers zurück. Und stets hatte der Gedanke der Selbstversorgung entscheidenden Anteil an der weit über Südtirol hinausreichenden

Ausstrahlung des Berghotels. Noch heute werden Speck, Würste und Fleisch selbst hergestellt, werden die Gebäude mit dem Holz aus dem privaten Wald geheizt. Da ist der Weg zum eigenen Wein wahrlich kurz. Wer jetzt allerdings nicht zu den glücklichen Auserwählten gehört, die gleichsam schon bei der Geburt des »Pinus«, bei der Ernte der Gewürztraminertrauben, Pate stehen, muss sich nicht grämen. Denn der Wein lässt sich auf dem Zirmerhof kaufen. Noch besser trinkt man ihn aber in Radein mit Blick auf das spektakuläre Alpenpanorama. Der Genuss ist garantiert. Der süffige Tropfen schmeckt den Gästen wunderbar. Denn wie anders wäre zu erklären, dass rund 1300 Flaschen jährlich in den heimeligen, getäfelten Gaststuben und auf den Sonnenterrassen des Zirmerhofs ausgeschenkt werden?

ZIRMERHOF

Oberradein 59
39040 Radein/Aldein
Tel. +39 0471 887215
Fax +39 0471 887225
info@zirmerhof.com
www.zirmerhof.com

Info: Weinverkauf im Hotel, Besichtigung des Rebbergs für Hotelgäste nach Vereinbarung
0,6 ha Rebfläche, 3000

Südtirols Freie Weinbauern

AUER

FERRUCCIO UND MICHELA CARLOTTO

Die Subtilen

Die Geschichten über Weingüter spielen in einer männlichen Welt. Wir begegnen darin Vätern und Söhnen; die Frauen kommen nur am Rande vor. Dabei würden viele weinbäuerliche Familienbetriebe ohne die Schaffenskraft ihrer weiblichen Mitglieder rasch die Segel streichen. Die Ehefrauen unserer Winzer kümmern sich nicht nur um die Kinder und den Haushalt. Sie besorgen die Buchhaltung, sie betreuen den Verkauf, sie springen im Rebberg ein, wenn sich die Arbeiten häufen, und sie besitzen oftmals größere schöpferische Fantasie und Kühnheit, wenn es um die Gestaltung von Etiketten, Prospekten oder neuen Degustationsräumen geht.
Noch weniger liest man von den Töchtern. Auch das ist ungerecht. Denn immer mehr zieht es auch Mädchen in die Weinberge und Weinkeller. Zusammen mit dem Vater bilden sie dann ein ganz patentes Winzerpaar. Ein Beispiel gefällig? Vater Ferruccio und Tochter Michela Carlotto harmonieren prächtig und haben im Unterland ihrem kleinen Weingut F. Carlotto in wenigen Jahren verdientes Renommee verschafft.

Die Carlottos sind 1939 aus Vicenza nach Südtirol eingewandert. Ferruccio kam 1952 im Schlosshof in Mazon neben der Ruine von Schloss Caldiff zur Welt. Später zog die Familie ins Tal nach Auer hinunter. Das Aufwachsen in Mazon, im «Blauburgunderhimmel», wie Bruno Gottardi das von den natürlichen Bedingungen verwöhnte Anbaugebiet mit seinen 50 Hektar Pinot-noir-Reben nennt, hat Ferruccio Carlotto nachhaltig geprägt. 1994 quittierte er die Anstellung als Fernschreibmechaniker bei der Post und konzentrierte sich auf die Landwirtschaft, der die an Entbehrungen gewohnte Familie nie ganz den Rücken gekehrt hatte. Heute bewirtschaften die Carlottos 2,7 Hektar Reben und 1,7 Hektar Obstwiesen. Zur stillen Freude von Ferruccio ist sein einziges Kind, die 1982 geborene Tochter Michela, nach einer Ausbildung zur Kellermeisterin an der Weinbauschule San Michele inzwischen an seine Seite getreten. Die beiden bilden ein unschlagbares Doppel. Bei offiziellen Weinpräsentationen wirken sie zwar etwas verloren. Der öffentliche Auftritt verträgt

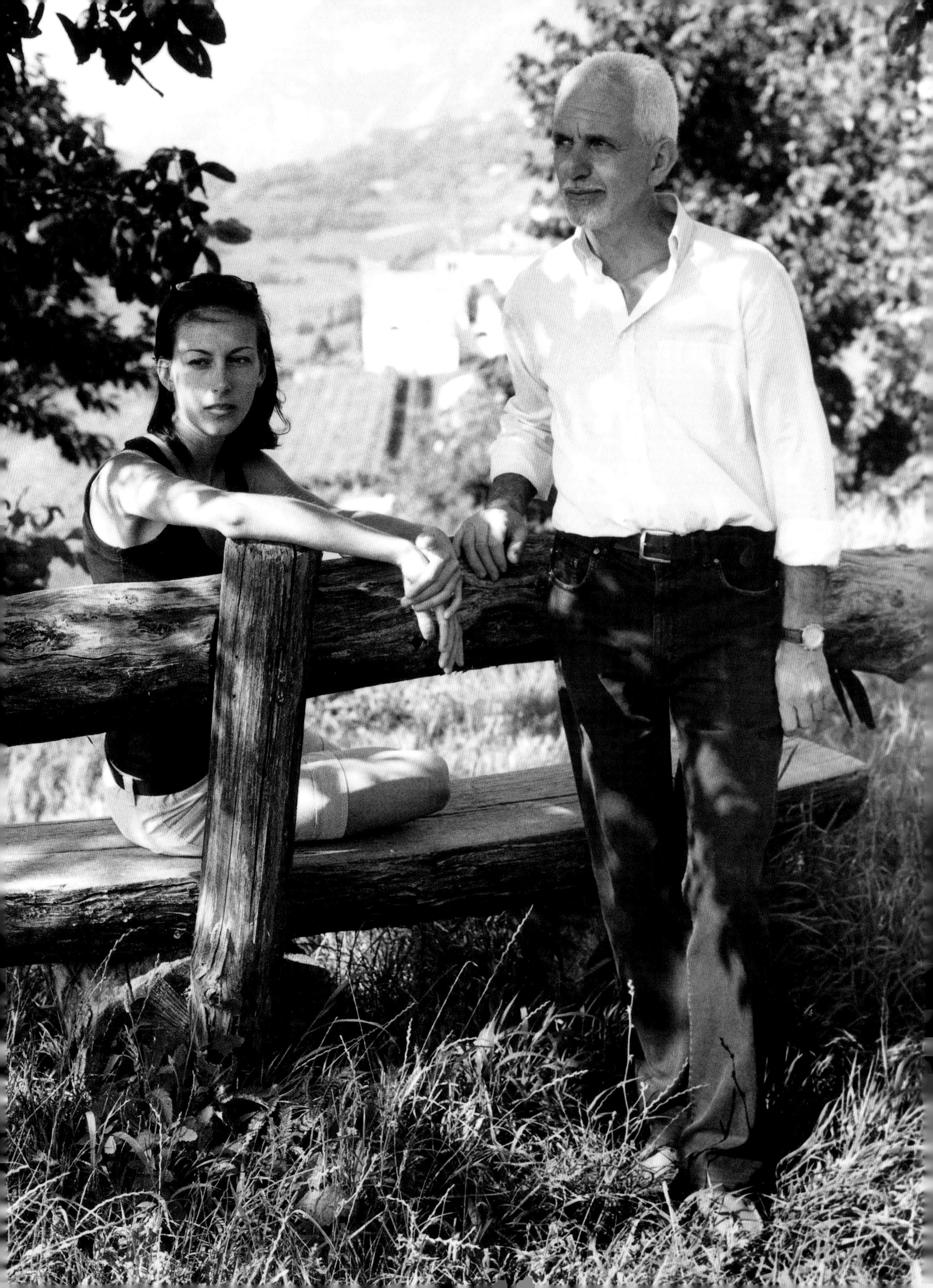

sich schlecht mit ihrer scheinbar angeborenen Schüchternheit. Sie bewegen sich lieber zwischen den Rebstöcken oder im Weinkeller als im Getöse der Welt. Denn mit ihrer bescheidenen, redlichen Art schöpfen sie Kraft aus der Größe, der Ruhe, aber auch der Unberechenbarkeit der Natur. Dieses fast archaisch zu nennende Grundvertrauen drückt ihren feingliedrigen, fruchtbetonten, eleganten Weinen den Stempel auf.

Als vorbildliche Winzer sind Ferruccio wie Michela im Rebberg in ihrem Element. In den mit Blauburgunder bepflanzten Lagen «Kreuzel» und «Paggen» oben in Mazon oder im Lagrein-Weingarten unten in Auer kennen sie jeden Stock, jedes Blatt. Sie debütierten mit dem Jahrgang 2000 und steigerten seither sukzessive die Qualität ihrer zwei Gewächse: Pinot nero «Filari di Mazzòn» und Lagrein «di ora in ora». Einen dritten Wein, die wenig zwingend wirkende Cuvée «Nero di Montecorno» aus Blauburgunder und Lagrein, stellten sie klugerweise 2005 ein. Eine Entscheidung für reinsortigen Pinot nero und Lagrein, die mit 15 000 Flaschen ohnehin schmal dotiert sind.

Michela Carlotto bezeichnet das Burgund als ihre weingeistige Heimat. 2008 absolvierte sie auf der erstklassigen Domaine de l'Arlot in Nuits-Saint-Georges ein befruchtendes Praktikum. Sie konnte dort keltertechnische Methoden wie das auch von ihr praktizierte Verfahren der offenen Vergärung in Holzfässern mit regelmäßigem manuellem Unterstoßen des Tresterhuts vertiefend studieren. Im schönen, neu erbauten und den hilfreichen Dienst der Schwerkraft miteinbeziehenden Keller in Auer greift Michela auf burgundische Arbeitsweisen zurück, sofern sich diese sinnvoll auch auf die unterschiedlichen Südtiroler Verhältnisse übertragen lassen. Eine lange Mazeration, wie im Burgund üblich, lehnt sie allerdings ab. Die Trauben aus Mazon hätten dazu nicht die Voraussetzung. Sie würden nicht dieselbe physiologische Reife erreichen wie jene an der Côte d'Or. Gut gedacht: Blauburgunder aus Mazon trumpft nicht mit dichter Struktur und Konzentration, sondern mit aparter Frucht, Eleganz und Finesse. Auch wenn die Carlottos noch am Sammeln von Erfahrungen sind, ihr Pinot nero wäre dafür ein Schulbeispiel.

FERRUCCIO CARLOTTO

Clauserweg 19
39040 Auer
Tel. +39 0471 810407
Fax +39 0471 810981
michelacarlotto@gmail.com

Info: Degustation und Verkauf
auf Voranmeldung
2,7 ha Rebfläche, 15 000

H. LENTSCH, BRANZOLL

KLAUS LENTSCH

Der Kämpfer

»Südtirol, das gelobte Land«. Als Slogan der heimischen Tourismusindustrie würde die Hommage wohl auf breite Zustimmung stoßen. »Branzoll, das Herzstück dieser gesegneten Landschaft«: Derart zugespitzt, würde die Werbung wohl Widerspruch erwecken. Zu unscheinbar präsentiert sich dem Besucher das Dorf südlich von Bozen auf der linken Seite der Etsch. Der Gast ließe sich auch nicht eines Besseren belehren, wenn er wüsste, dass in Branzoll ein ausgezeichneter Rebberg namens »Palestina« liegt und dass aus seinen reifen, extraktreichen Cabernet- und Merlottrauben alljährlich ein tiefgründiger Wein gekeltert wird.

Klaus Lentsch erzählt, wie der Rebberg zu seinem verheißungsvollen Namen gekommen ist. Wir stehen in seinem weitläufigen, stimmungsvollen Weinkeller mit den großen Holzfässern und dem Porphyr-Kopfsteinpflaster und ziehen ein Probe des jüngsten Jahrgangs. Ein früherer, geheimnisumwitterter Besitzer, Thomas von Ferrari, Corvettenkapitän im Dienst der Donaumonarchie, sei Ende des 19. Jahrhunderts während der Rodung und Bepflanzung des Weinbergs häufig in politischer Mission unterwegs gewesen. Auf die Frage der Dorfbevölkerung, wo der Gutsherr nun wieder stecke, hätten die Arbeiter jeweils geantwortet, »in Palästina«. Klaus Lentsch, groß und kräftig gewachsen, besitzt einen forschenden, eindringlichen Blick. Er steht wie unter Strom, wirkt rastlos, immer unterwegs in Sachen Weingut H. Lentsch. Früh holte ihn sein Onkel Hartmann von der Weinbauschule San Michele nach Hause, weil in der traditionsreichen Kellerei Not am Mann war. Klaus legte sich von Anfang an mächtig ins Zeug. Denn »Lentsch« ist ein klangvoller Name in Branzoll. Der Familie gehörte einst ein florierender Porphyrsteinbruch mit Geschäftsstelle in Innsbruck und Export nach Sarajevo, Wien oder Moskau. Seit 1880 wird Rebbau betrieben; der Wein wurde im familienzugehörenden Gasthof »Schwarzer Adler« ausgeschenkt. Bis in die sechziger Jahre des letzten Jahrhunderts gelangte er auch als »Südtiroler Cabernet« in die Schweiz.

Klaus Lentsch startete mit großen, idealistischen Zielen: Topqualität wollte er erzeugen, ansehnlich sollte die Menge sein, zahlbar der Preis. »Cuvée Palestina« nannte er seinen 1997 erstmals erzeugten Wein aus 60 Prozent Cabernet Sauvignon und Cabernet Franc sowie 40 Prozent Merlot. Gekeltert aus alten Weinstöcken, gewachsen auf warmem, steinigem, sand- und lehmhaltigem Porphyrboden. Der Wein war gut, der Markt allerdings nicht auf ihn vorbereitet. Der Lagerkeller füllte sich. Klaus musste neben dem Weinmachen auch das Einmaleins des Verkaufs lernen.

Zum Glück ist Klaus Lentsch ein Kämpfer und lässt den Kopf nicht so schnell hängen. Über die Jahre stellte er den stattlichen Betrieb, zu dem 14 Hektar Weinberge und 22 Hektar biologisch bewirtschaftete Obstwiesen

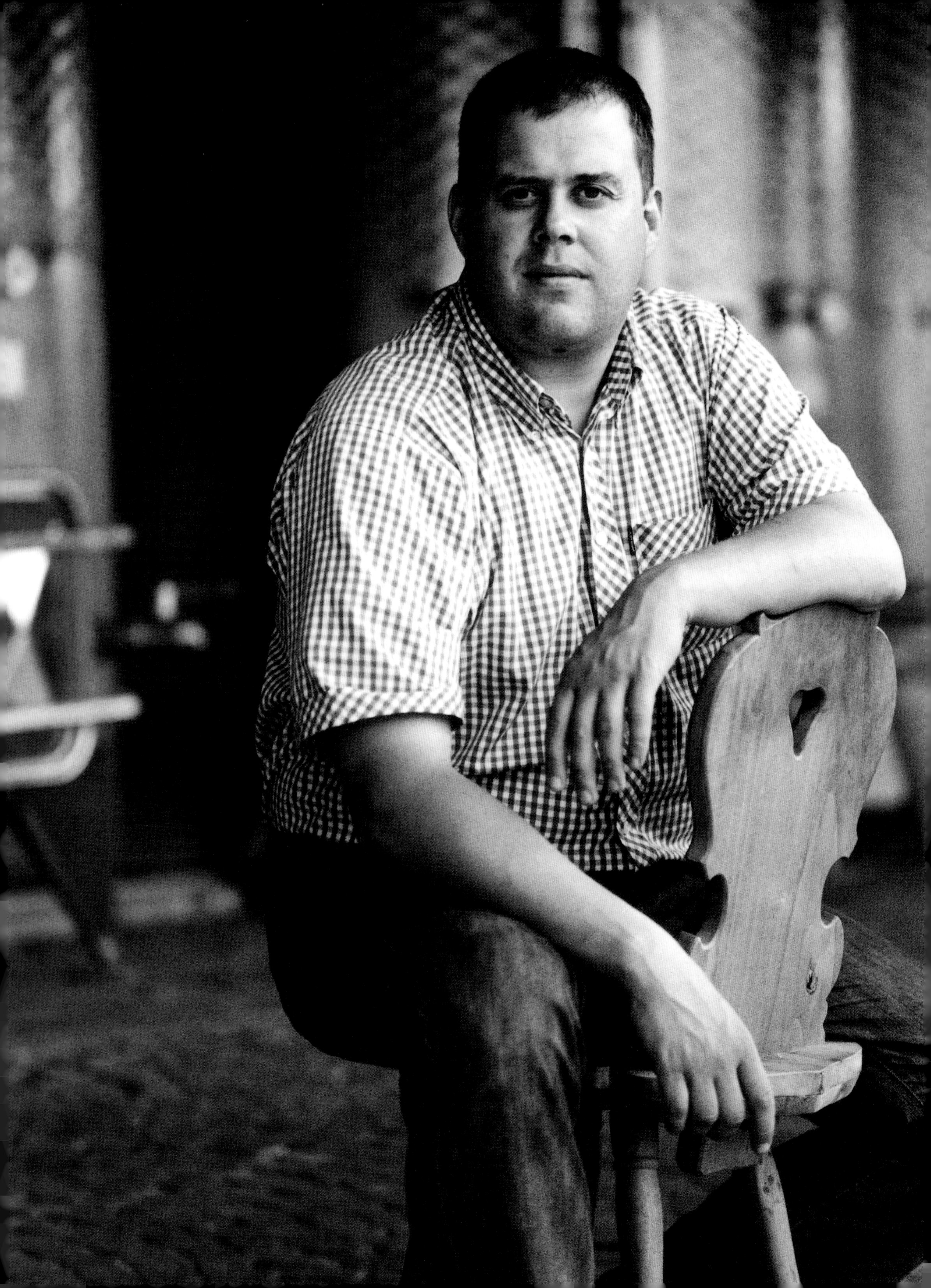

gehören, auf feste Füße. Für die knapp 90 000 Flaschen umfassende Weinproduktion schuf er zwei Linien: Zum einen erzeugt er typische, kräftige Sortenweine – herausragend der frische, trockene Goldmuskateller mit seiner salzigen Note; vollfruchtig der Merlot; kräuterwürzig der Cabernet. Zum anderen begeistert er mit den beiden Topweinen, dem komplexen »Palestina«, der erst bei Erreichen der ersten Reife freigegeben wird; oder dem Lagrein »Morus«. »Morus« heißt der Maulbeerbaum. Ein seltenes Exemplar steht am Fuß einer alten Lagrein-Lage. Lagrein besitzt in Südtirol zwei herausragende Anbaugebiete, den warmen Bozner Talkessel und die humusarmen Porphyrschutthänge zwischen Leifers, Branzoll, Auer und Neumarkt. Klaus Lentschs Lagrein »Morus« ist ein archetypischer Vertreter des Unterlands: ein ausgesprochen mineralischer, eleganter Wein mit seidigem Tannin und geschickt gemeistertem Holzeinsatz.

2006 starb Onkel Hartmann. Seither teilt sich Klaus den Besitz mit einem Bruder und drei Cousins, die allesamt nicht in der Produktion mitarbeiten und ihm die verantwortliche Geschäftsführung überlassen. Diese etwas komplizierten Eigentumsverhältnisse bewogen den 1975 geborenen Winzer zum Bau von unterschiedlichen Schienen in die Zukunft. Kurz vor der Ernte 2008 gelang ihm ein Coup: In Atzwang am Eingang des Eisacktals kaufte er den 20 Hektar großen Hemberger Hof. In heißer, steiler Südlage sind drei Hektar mit Reben bepflanzt. Die Anlage muss restauriert und teilweise neu bepflanzt werden. Lentsch will sich auf Blauburgunder, Veltliner und Gewürztraminer konzentrieren. Das erfordert viel Arbeit und Ausdauer. Keine Abschreckung für einen Kämpfer wie Klaus Lentsch. Im Gegenteil: Die neue Herausforderung ist Motivation pur.

H. LENTSCH

Reichsstraße 71
39051 Branzoll
Tel. +39 0471 596017
Fax +39 0471 596542
info@lentsch.it
www.lentsch.it

Info: Degustation und Verkauf ab Hof, telefonische Voranmeldung empfohlen
14 ha Rebfläche, 85 000

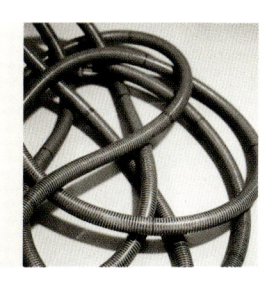

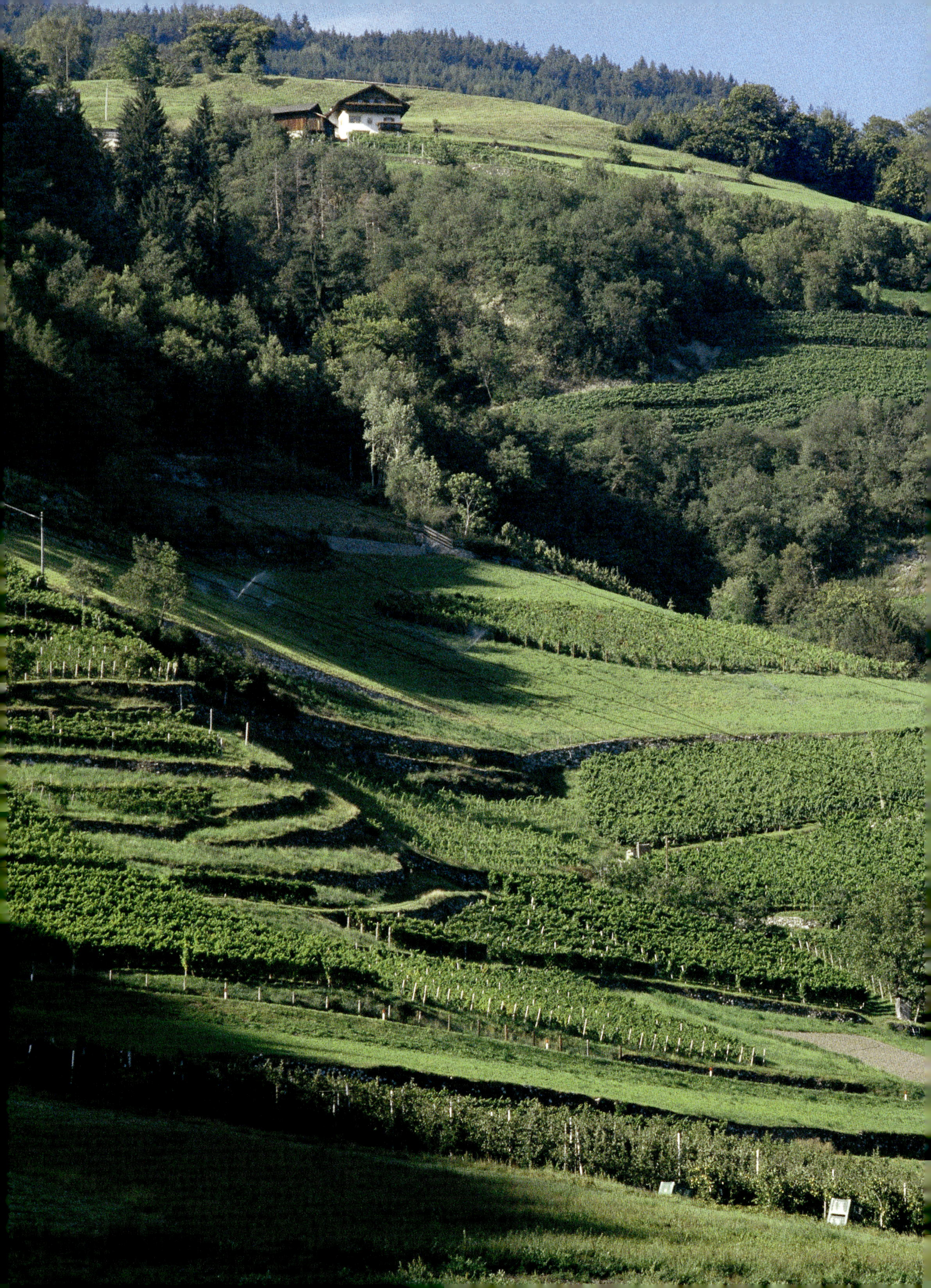

Eisacktal

So vergleichsweise kurz die Distanzen zwischen den einzelnen Südtiroler Anbaugebieten sind, so rasch ändert sich doch plötzlich das Landschaftsbild. Nördlich von Bozen betritt der Besucher das Eisacktal und wechselt unversehens in die wilde alpine Szenerie. Die Hänge fallen steil zum engen Talboden ab, die Dörfer, umzingelt von Reben, kleben wie Adlerhorste in den Hügeln; bergaufwärts weitet sich dann um Brixen das Tal allmählich zum Kessel, und bald schon beschließen die nördlichsten Rebberge Italiens das 360 Hektar große Anbaugebiet. Seine Geschichte teilt sich gleichsam in ein Altes Testament mit einer Dominanz von harmlosen, zum Törggelen getrunkenen Rotweinen, vor allem der Provenienz Blauer Portugieser, und seit Mitte der neunziger Jahre in ein Neues Testament, geprägt durch den beispiellosen Siegeszug der Eisacktaler Weißweine. Die raueren klimatischen Bedingungen mit kühlen Nächten und warmen Tagen, mit einer eher geringen, aber meist ausreichenden Niederschlagsmenge und die idealen Böden (verwittertes Urgestein aus Quarz und Glimmerschiefer sowie sandiger Schotter) entlang der steilen, sonnenbeschienenen Bergflanken begünstigen die Erzeugung von mineralischen Weißweinen mit strammer Säure und feiner, herber Aromatik, die von den Italienern trotz eines in den letzten Jahren in die Höhe gesprungenen Alkoholgehalts geradezu vergöttert werden. Für die Rotweine dagegen fehlen die guten, tiefgründigen Lehmböden. Bis auf die Stiftskellerei Neustift und die Eisacktaler Kellerei sind die Weingüter jüngeren Zuschnitts und in der Hand der Selbstkelterer, von denen die meisten Mitglieder der »Freien Weinbauern« sind. Der Eisacktaler Sylvaner ist der bedeutendste Wein des Bergtals. In geschützten Lagen angebaut, entwickelt er mineralisch-erdigen Duft, Obst- und Heunoten, gestützt von einer würzigen Frische. Doch auch Riesling, Veltliner (der Grüne eher als der Frührote), Müller-Thurgau und Kerner werden im Eisacktal zu ausdrucksvollen Weinen mit alpinem Fingerabdruck verarbeitet.

GUMPHOF, VÖLS AM SCHLERN

MARKUS PRACKWIESER

Der Grenzgänger

Für Lepidopterologen besitzt das Gebiet um Völs am Schlern eine außerordentliche Magie. Sie treffen da auf Schmetterlinge aus Nord- und Südeuropa. Denn am Eingang des Eisacktals vermischt sich alpines mit mediterranem zu einem speziellen Klima. Es zieht Schmetterlingsforscher an, stellt aber auch für den Weinbauern eine Verheißung dar. »Von 23 Uhr bis elf Uhr morgens kühlt uns der Alpenwind vom Eisacktal. Dann dreht er auf Süd und die Ora streicht vom Gardasee her übers Bozner Becken und wärmt die Rebberge«, schwärmt Markus Prackwieser. Ist es Einbildung, dass man diese Besonderheit aus seinen Weiß- und Rotweinen herauszuschmecken meint? Etwa, wenn die schöne Fülle auffällt, diese aber engmaschig gebündelt und von einer präzisen Aromatik und einer filigranen Eleganz unterlegt ist, die der nächtlichen Alpenluft geschuldet ist?

Zweifellos stempelt die lokale Eigenart Markus Prackwiesers Gumphof zu einem weingeografischen Solitär: Das fünf Hektar große Weingut an der Peripherie des Eisacktals kann nicht mehr dem Anbaugebiet Bozen zugeordnet werden. Andererseits gehört es mit seinen höheren Durchschnittstemperaturen und dem daraus resultierenden verschiedenartigen Sortenspiegel noch nicht richtig zum Eisacktal. Nur, derartige Definitionsfinessen fechten Markus Prackwieser nicht an, und er macht auch keineswegs den Eindruck, also ob ihm unwohl wäre in der Haut eines Grenzgängers. Im Gegenteil: Er scheint sich darin ausgeprochen wohlzufühlen und zieht kräftig und lustvoll Nutzen daraus.

Schwungvoll und mit vor verhaltener Begeisterung blitzenden Augen erzählt er die noch kurze Geschichte der Weine vom Gumphof. Unser Blick geht dabei über ein wogendes Rebenmeer, das schwindelerregend steil zum Schlund der Talenge abfällt, durch die sich der Verkehr und der Fluss wälzen, akustisch als stetes monotones Rauschen wahrnehmbar. 1980 habe der Vater, der als Obst- und Weinbauer tätig gewesen sei und die Trauben nach Gries geliefert habe, als Reaktion auf die für weiße Sorten günstigen Bedingungen erstmals eine Parzelle Vernatsch durch Weißburgunder ersetzt. Er, Markus, hätte schon während seiner Ausbildung an der

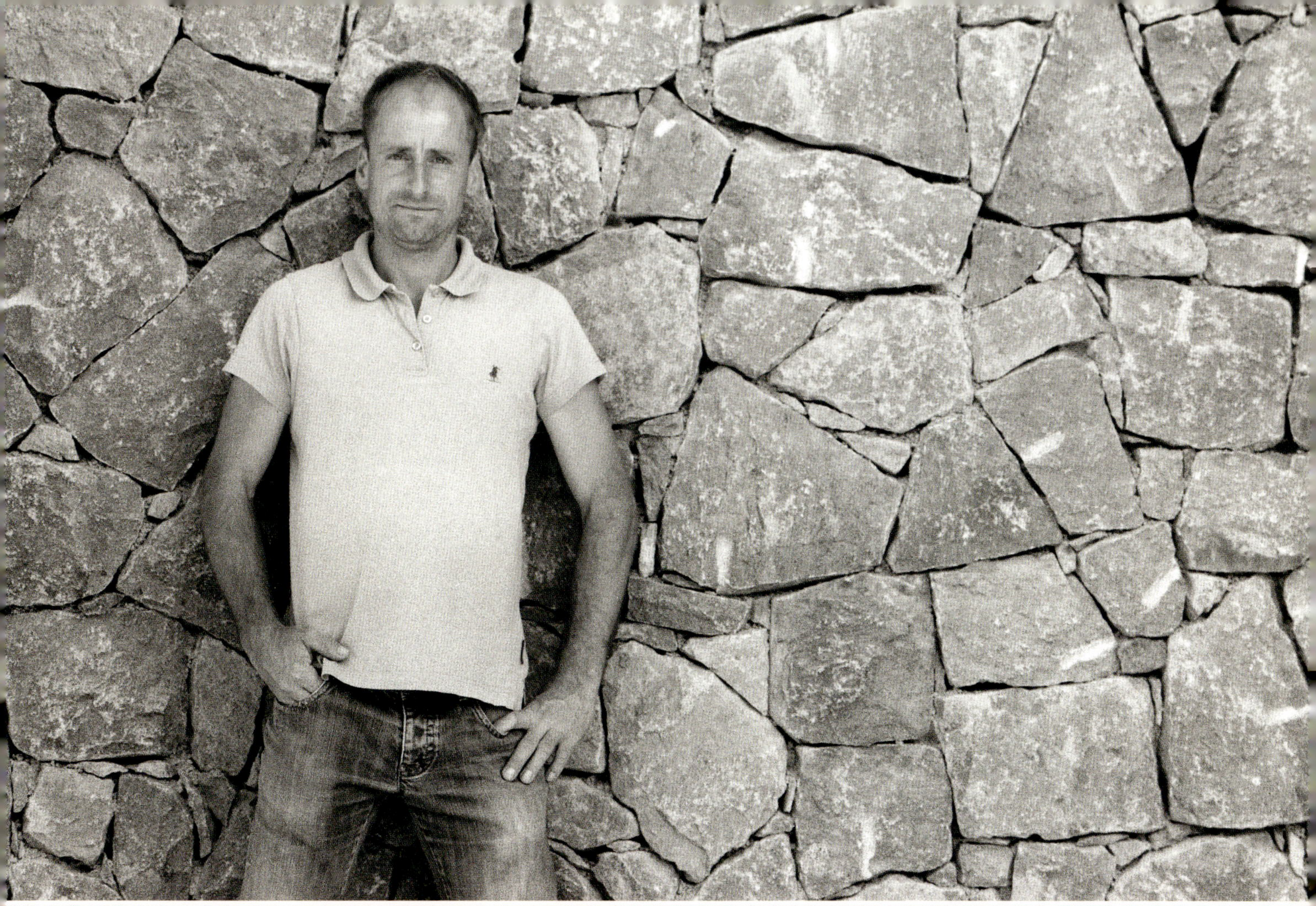
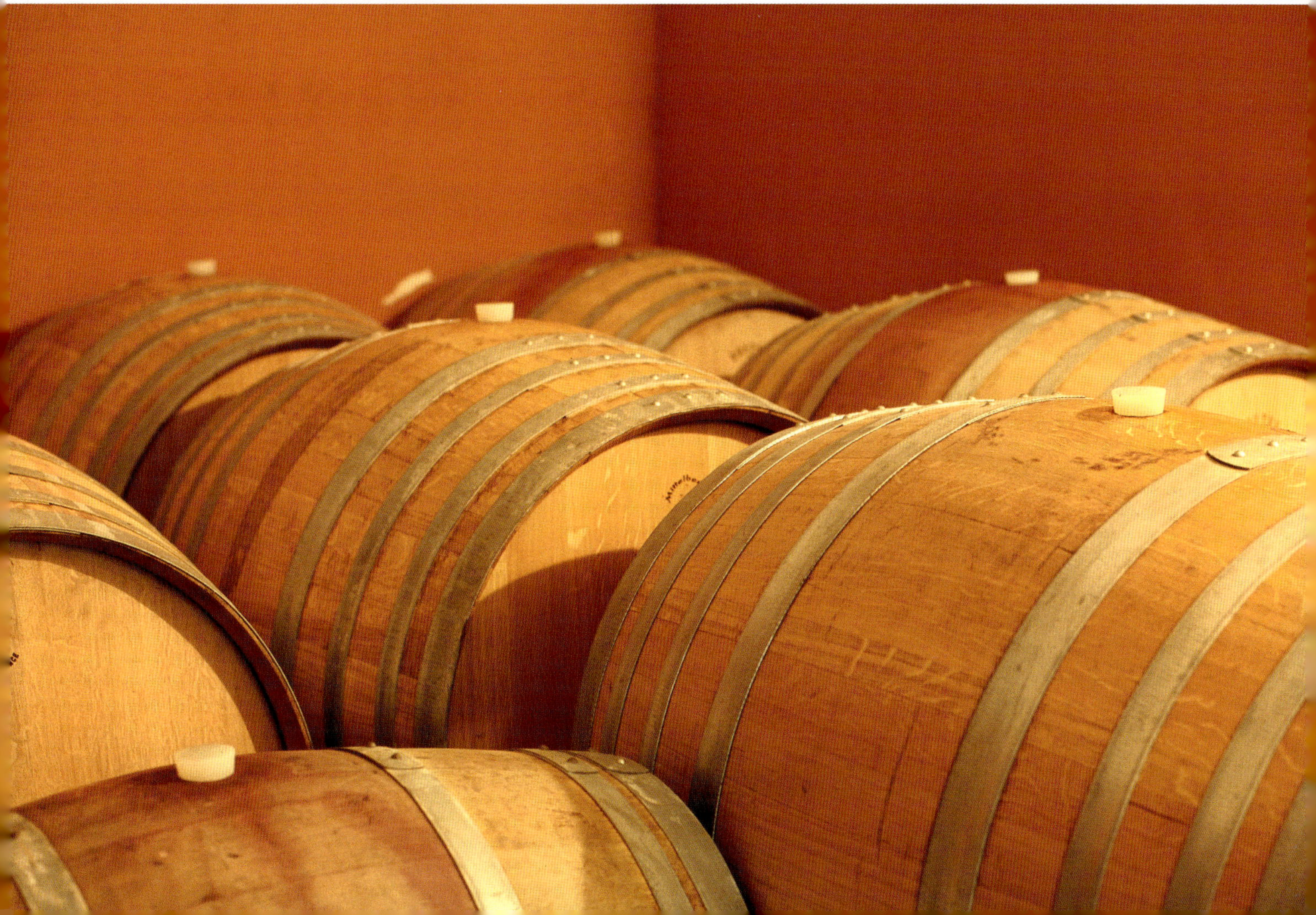

Laimburg gewusst, dass er nicht nur Trauben produzieren, sondern den ganzen Weg bis zum Ende gehen wolle. 1996 sei dann die erste Flasche mit eigenem Etikett gefüllt worden.

Markus Prackwieser war 28-jährig, als sein Vater ihm im Jahr 2000 den Betrieb überschrieb und sich als unverzichtbare Kraft ins zweite Glied zurückzog. Markus gab nun vollends Gas, nahm Maß an den tiefgründigen sandigen, teilweise schottrigen Lehmböden mit Porphyruntergrund, die von 350 bis 550 Meter hochklettern, und schneiderte sich mit Weißburgunder, Sauvignon blanc, Gewürztraminer, Vernatsch und Blauburgunder das akkurat passende Sortenkleid zurecht. Er stellte die letzten Obstwiesen auf Weinbau um und baute einen neuen Keller. Energienachschub und Inspiration holt sich der zähe, sehnige Kerl im »Weingespann« mit seinen Freunden Christian Plattner vom Waldgries- und Günther Kerschbaumer vom Köfererhof, die sich im regen Weindiskurs gegenseitig antreiben, dabei aber auch Spaß und Abenteuer nicht verschmähen.

Prackwieser erzeugt heute sechs unterschiedliche, präzise gedrechselte Weine in einer Größenordnung von rund 40 000 Flaschen. So wie er sie herstellt, erläutert er sie auch: klar, ohne Phrasen, sachlich, selbstkritisch. Der einfache Weißburgunder gefällt durch Frische und Gradlinigkeit; ihm eigen ist wie allen anderen Gewächsen eine herrliche (Frucht-)Säure. Der energische, mineralische Weißburgunder »Praesulis«, teilweise im Holz vergoren und im großen Akazien- und Eichenfass ausgebaut, besitzt mehr Tiefe und Schmelz, braucht aber etwas Lagerzeit, um die Alkoholdominanz zu verdauen. In die »Praesulis«-Linie – Name und Etikett beziehen sich auf das nahe Renaissanceschloss Prösels – fallen auch Sauvignon blanc und Gewürztraminer. Der Sauvignon blanc ist mit seinen Fruchtaromen (Grapefruit, Stachelbeeren, Holunder, rote Johannisbeeren) und seiner kristallinen, nachhaltigen Art vielleicht Prackwiesers komplettester Wein. Markus praktiziert dabei – wie auch beim opulenten, tanninbetonten (!) Gewürztraminer – eine Kaltmazeration und lässt ihn im Stahltank reifen. Im Gegensatz zu den anderen Eisacktaler Weingütern talaufwärts wird auf dem Gumphof auch respektabler Rotwein erzeugt. Der Vernatsch stellt mit seiner Kirschen-, Veilchen und Himbeerfrucht und einem tänzerisch-beschwingten Auftritt die Frage, ob ein Wein aus dieser unprätentiösen Sorte noch köstlicher sein kann. In eine stilistisch ähnliche Richtung, versehen mit mehr Tiefgang, zielt der noch junge Blauburgunder. Hier hat allerdings der findige Weinbauer das Rätsel noch nicht zur Zufriedenheit lösen können, wie man am Eingang des Eisacktals auf 550 Meter Höhe einen Blauburgunder mit schöner physiologischer und aromatischer Reife erhält, ohne dass als Hypothek zu viel Alkohol mitgeschleppt wird. Markus Prackwieser mag seinen raschen Aufstieg dem gewaltigen Eisacktaler Schwung verdanken, der ihn auf der letzten Welle noch mitgetragen hat, oder der hilfreichen Prämierung durch die Weinführer, die keinen Sauvignon blanc oder Weißburgunder von solcher Güte in diesem Teil von Südtirol vermutet hätten. Ohne seinen Qualitätswillen, die Fähigkeit zur Selbstkritik und seine analytisch-degustative Gabe wäre er freilich nicht so schnell so weit gekommen.

GUMPHOF

Prösler Ried 8
39050 Völs am Schlern
Tel. und Fax +39 0471 601190
info@gumphof.it
www.gumphof.it

Info: Weinverkauf ab Hof, Voranmeldung empfohlen
5 ha Rebfläche, 40 000

RÖCKHOF, VILLANDERS
KONRAD AUGSCHÖLL

Der Urige

Der Röckhof ist eine in sich ruhende, kleine, fast autarke Welt. Eine Welt, wie sie so authentisch in Südtirols Weingebieten nur noch im Eisacktal zu finden ist. Zwischen Klausen und Villanders auf 650 Meter an einem sonnigen Südosthang gelegen, umgeben von Weinbergen und Kastanienwäldern, wird der Erbhof seit über 400 Jahren von der Familie Augschöll bewohnt und bewirtschaftet. Ehemals ein klassischer Mischbetrieb mit nomadenhaften Zügen – den Sommer verbrachte die Familie jeweils mit den Tieren auf der 2000 Meter hohen Alm –, konzentrieren sich die heutigen Besitzer, Frieda und Konrad Augschöll, auf die Wein- und Schnapserzeugung, den weitum bekannten, qualitativ hochstehenden Buschenschank, wo im Spätherbst getörggelet wird, dass sich die Balken biegen, sowie auf das Vermieten von vier Gästezimmern und einer Ferienwohnung.

Konrad Augschöll führt durch den Betrieb. Er ist ein freundlicher, eher zurückhaltender, asketisch wirkender Mann, kräftig, sehnig und ans Zupacken gewohnt. Vom 1988 erbauten neuen Haus geht ein unterirdischer Gang zum alten Bauernhof aus dem 16. Jahrhundert, den seine Eltern noch bis vor wenigen Jahren bewohnt haben. Durch den alten Keller, in dem ganze Speckseiten, Würste, Kartoffeln und Sauerkraut gelagert werden, leitet er treppabwärts zur Küche mit der offenen Feuerstelle und den rauchschwarzen Wänden, wo die grünen Wacholdersträucher verbrannt werden, um den Speck zu räuchern. Daneben liegt die schön erhaltene, niedere Bauernstube und erzählt aus vergilbter Zeit.

Konrad Augschöll übernahm den Röckhof 1988 mit 27 Jahren und forcierte von Beginn an den Weinbau. Er erweiterte das Sortenspektrum und stellte teilweise von der Pergel auf Drahtrahmen um. 1990 heiratete er Frieda, eine Bauerntochter aus Kastelruth. Die beiden bilden ein tatkräftiges, patentes Paar, unterstützt mittlerweile von ihren zwei motivierten Kindern Carmen und Hannes sowie der noch rüstigen Mutter Maria Augschöll. 1998 stellte Konrad die Lieferungen an die Eisacktaler Kellerei ein und entschied sich mit großem Erfolg für die Selbstkelterung.

Die Weinanbaufläche beträgt heute 2,5 Hektar, 0,6 Hektar davon sind gepachtet. Sie umfasst die ganze Eisacktaler Sortenpalette. Der mit 30 bis 40 Prozent atypisch hohe Rotweinanteil ist der florierenden Törggelewirtschaft geschuldet. Konrad Augschöll ringt den sandigen Schieferböden charaktervolle, ausdrucksstarke Weine

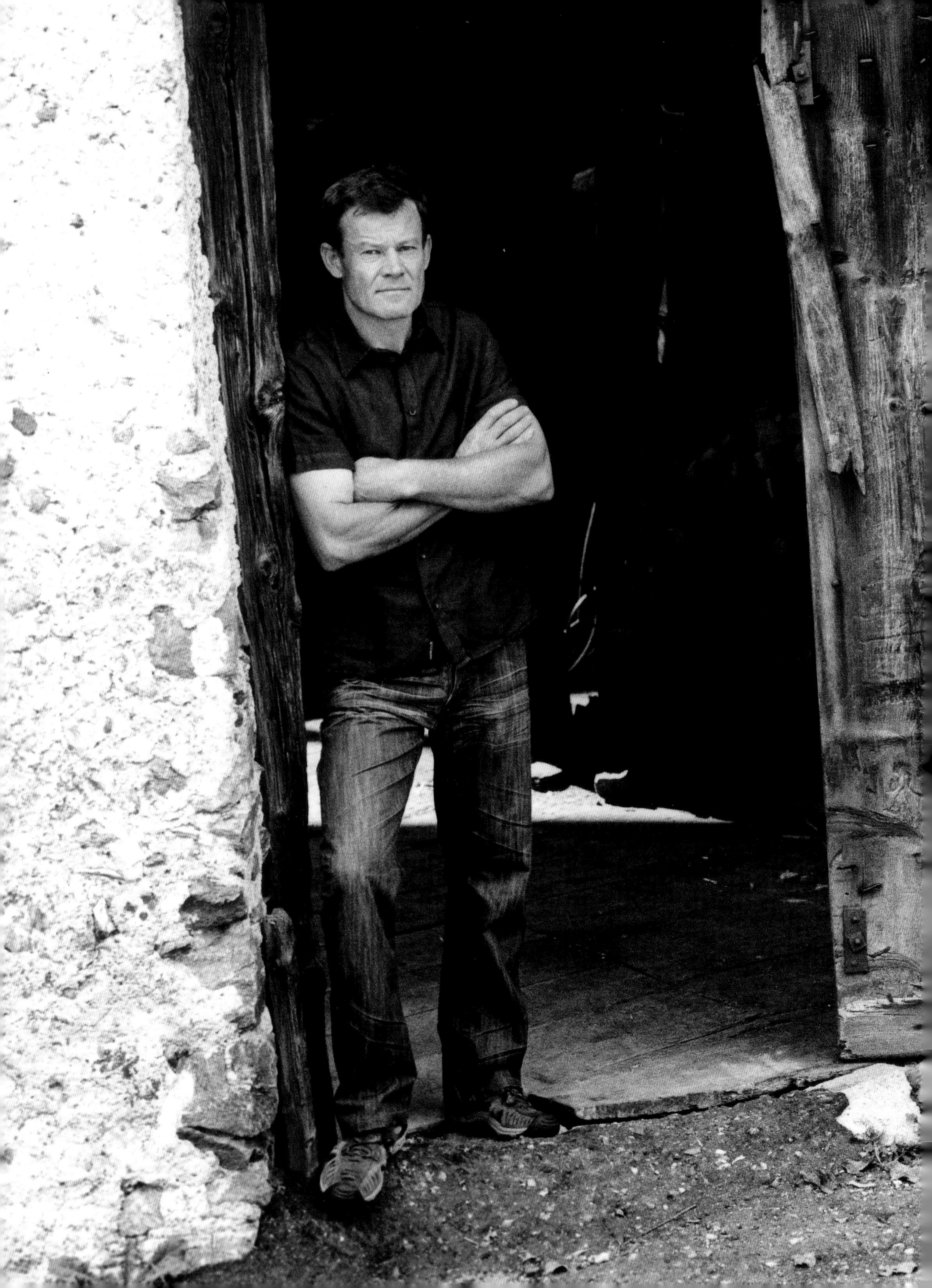

ab, die er im Stahltank vergärt und teilweise in Akazienholzfässern und Eichenbarriques ausbaut. Lebhaft und würzig zeigt sich der Müller-Thurgau. Intensiv fruchtig und kraftvoll der Riesling. Originell der süffig-rustikale rote Furner Hottler aus der gleichnamigen lokalen Rebsorte, von der Augschöll dankenswerterweise noch rund 450 Stöcke pflegt und die Sorte damit vor dem Verschwinden gerettet hat.

Ganz besonders stolz ist der sympathische Weinbauer auf seine zwei Spezialitäten, die beiden Cuvées »Caruess« weiß und »Caruess« rot. Erstere besteht zu fast gleichen Teilen aus Gewürztraminer, Sylvaner und Grauburgunder. Ihre tiefgründige Aromatik und ihr kräftiger Körper werden durch eine würzige Mineralik gestützt und verlängert. Letzere – kirschenduftig, ausgewogen, geschmeidig, mit samtigem Tannin und gut gemeisterter Holzprägung – enthält neben Zweigelt rund 20 Prozent Sankt Laurent. Konrad Augschöll entscheidet sich damit bewusst gegen die im Eisacktal verbreitete Tradition der klassischen Sortenweine und versucht durch die Assemblierung die Terroirnote zu betonen. Und er macht mit den beiden extravaganten Weinen schlagartig klar, dass der Röckhof bei aller Traditionsliebe keiner gestrigen Welt nachhängt.

RÖCKHOF

St. Valentin 22
39040 Villanders
Tel. und Fax +39 0472 847130
roeck@rolmail.net

Info: Weinverkauf ab Hof, Besichtigung auf Voranmeldung, Buschenschank (Törggelen): September bis Ende November, 20. Januar bis Ende März
2,5 ha Rebfläche, 15 000

ZÖHLHOF, FELDTHURNS

JOSEF MICHAEL UNTERFRAUNER

Der Ganzheitliche

Der Zöhlhof unterhalb von Feldthurns, liebevoll auf 600 Meter Seehöhe an der Westseite des Eisacktals hingetupft, ist ein ganz eigentümlicher Ort. Eine Art Kraftquelle für Körper und Geist, seit jeher angebunden an die Welt – schon die alten Römer bauten da eine Zollstation –, und doch durch eine besinnliche, zeitlose Stimmung von ihr getrennt. Es wird lustvoll gelebt und gearbeitet hier. Im paradiesischen Garten verstreut sind Sitzplätze und Kunstwerke der unerschiedlichsten Form. Oberhalb des Hofs ruht sich das Auge im satten, kräftigen Grün der Weinberge aus, unterhalb bannen gesunde rotapflige Obstgärten seinen Blick. Es wird aber auch gerne gefeiert von der fünfköpfigen Familie der Unterfrauners und ihren Freunden, sei es in der künstlerisch gestalteten Scheune oder im spätmittelalterlichen Turm mit den großformatigen Bildern des Meraner Künstlers Peter Tribus.

Solche Gedanken und Impressionen suchen mich heim, als mich der großgewachsene, hagere Josef Unterfrauner (geboren 1963) über den Betrieb führt. Halb werden sie stimuliert durch seine eloquenten Erläuterungen, halb führt mich die erfüllte Stimmung zu ihnen. Hätte ich das Motto, das die Broschüre des Zöhlhofs einrahmt, vor dem Besuch gelesen, wäre es mir gestelzt vorgekommen. Später allerdings, beim Verfassen dieser Zeilen erst entdeckt, stimmt es ziemlich mit meinen Erinnerungen überein. Es stammt von Epikur und lautet: »Freund, das ist ein guter Ort. Hier werden Glück und Genuss verehrt.«

Josef Unterfrauner bewirtschaftet die 1,8 Hektar Reben und die zwei Hektar Obstwiesen organisch-biologisch und ist Bioland-zertifiziert. Ein Schlüsselerlebnis hat ihn zur Umstellung bewogen: 1993, von der Arbeit heimkommend – Unterfrauner war damals Betriebsleiter der Stiftskellerei Neustift –, sah er seine schwangere Frau im Licht des Sonnenuntergangs warten. Wie ein trügerischer Schein umflorte sie ein Sprühnebel von dem chemischen Spritzmittel, das gerade ausgebracht wurde. Das vordergündig schöne, hintergründig aber heimtückische Bild brachte ihn ins Grübeln und letztlich auf den biologischen Weg, geistig genährt zusätzlich durch die natürliche (Anbau-)Philosophie des österreichischen

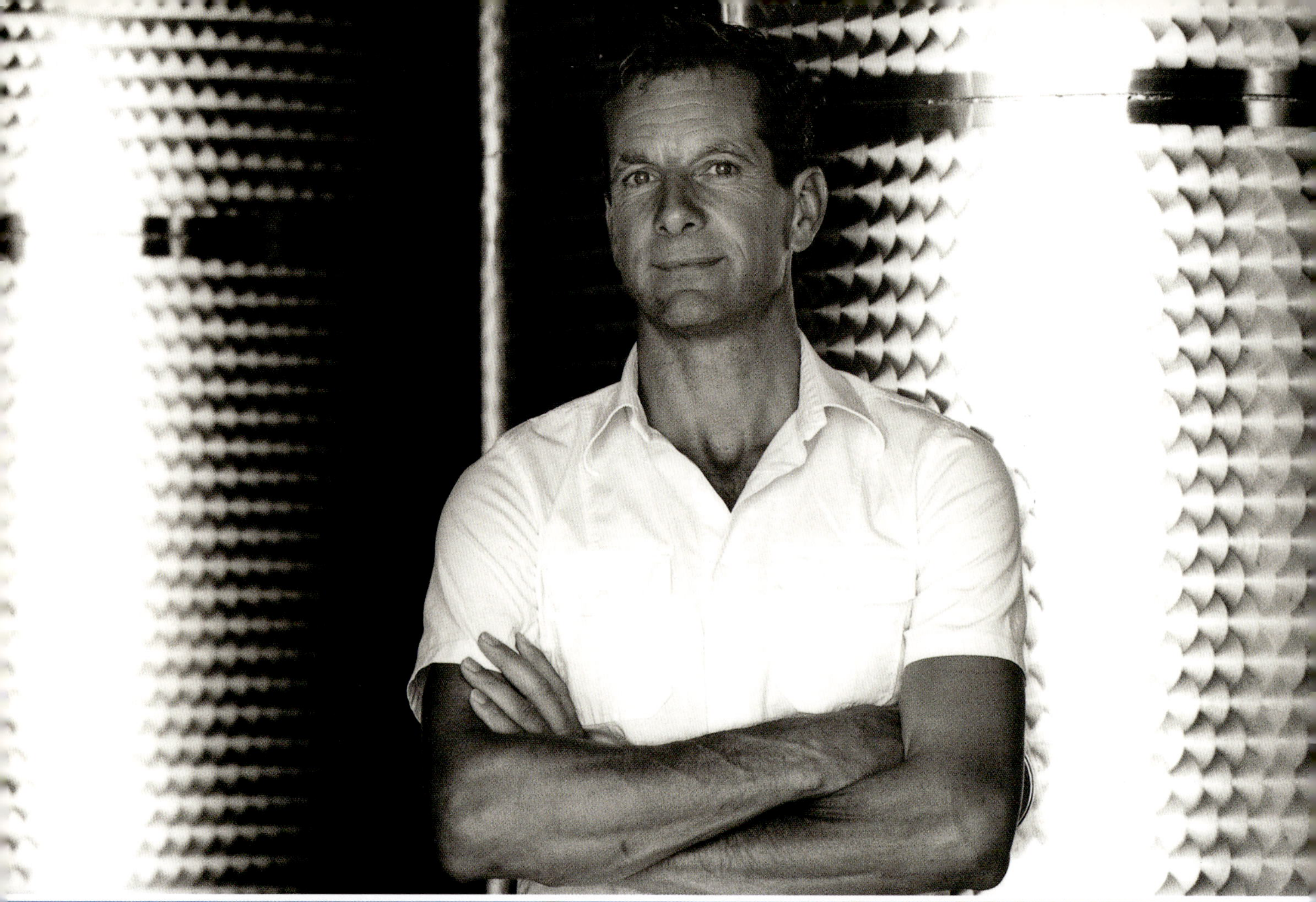

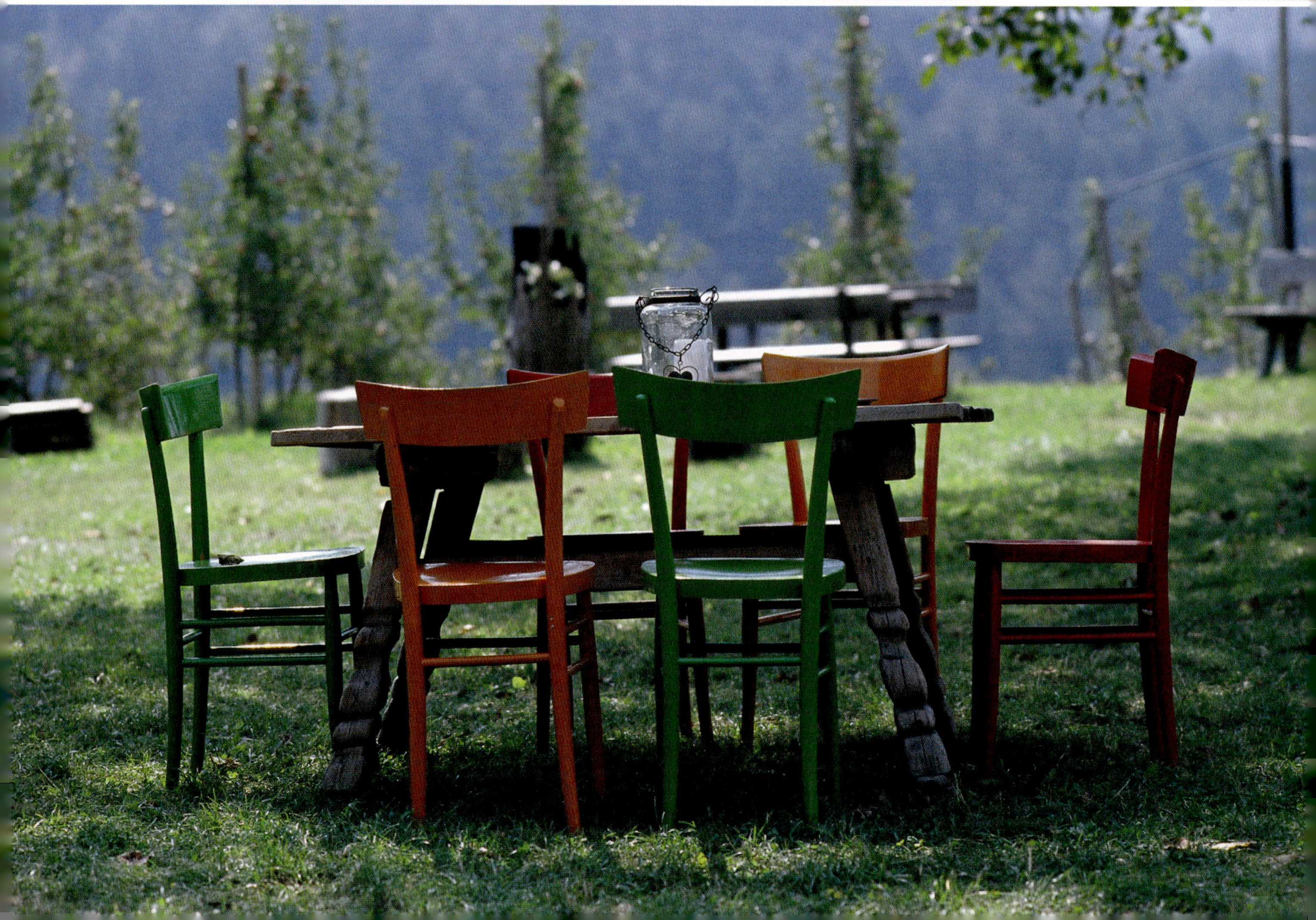

Agrarrebellen Sepp Holzer. Auf dem Zöhlhof werden heute Sylvaner, Gewürztraminer, Müller-Thurgau sowie roter Portugieser kultiviert. Josef Unterfrauner verkaufte die Ernte zunächst der Eisacktaler Kellerei, zu deren Gründungsmitgliedern sein Vater gehörte, konnte sich aber je länger, desto weniger damit abfinden, dass die gewissenhaft biologisch gepflegten Trauben im Mahlstrom der konventionell erzeugten Früchte verschwanden. Er begann mit der Selbstkelterung, anfänglich bei Hayo Loacker auf dem Schwarhof, danach beim befreundeten Nachbarn Christian Kerschbaumer vom Hof Garlider. 2007 schließlich vinifizierte er erstmals, etwas nervös noch und keltertechnisch auf Nummer sicher gehend, im neuen, einfach gehaltenen Keller des Zöhlhofs.

Vier Weine offeriert Josef vorerst, 10 000 Flaschen erzeugt er insgesamt. Der rassige, säurebetonte, stämmige Sylvaner ist ihm sehr sortentypisch geraten. Die Cuvée »Aurum« aus Müller-Thurgau, Sylvaner und Gewürztraminer zeigt sich verhalten im Bouquet, aber aromatisch und saftig im Geschmack. Der fruchtige Gewürztraminer besitzt einen Hauch von Restsüße, die durch die salzige Säure aufgehoben wird. Einzig der rote »Regius« kommt etwas gar brav und harmlos daher. Alles in allem ist Josef Unterfrauner das Debüt ausgezeichnet gelungen.

ZÖHLHOF

Untrum 5
39040 Feldthurns
Tel. und Fax +39 0472 847400
info@zoehlhof.it
www.zoehlhof.it

Info: Weinkauf ab Hof, Besichtigung auf Voranmeldung
1,8 ha Rebfläche, bio, 10 000 🍾🍾

Südtirols Freie Weinbauern

GARLIDER, FELDTHURNS

CHRISTIAN KERSCHBAUMER

Der Schnellstarter

Im Winter 2003 fährt Christian Kerschbaumer zu einem Outdoortraining nach Ägypten. Die Reise soll ihm auch Klarheit über seine Zukunft bringen. Er ist 29 Jahre alt, verheiratet mit Veronika, Vater von zwei Töchtern. Er hat die Landwirtschaftsschule in Auer besucht, danach an der Laimburg eine Landwirtschaftslehre mit Schwerpunkt Obstbau absolviert. Als Motorradfan arbeitet er in einer Harley-Davidson-Werkstatt, ist ein bekannter Snowboarder. Zu Hause bewirtschaftet er auf dem Hof Garlider in Feldthurns zusammen mit Vater Alois Kerschbaumer Äpfel und Reben. Mit der Arbeit auf dem Hof ist die Lust am Wein gewachsen. Vater Kerschbaumer hat schon immer für den Eigengebrauch gekeltert. 2002 vinifiziert auch der Junior erstmals probehalber ein Barrique Veltliner. Der Versuch gelingt und lässt eine seriösere Fortsetzung Thema werden. Am Vorabend der Reise stellt sich deshalb die Frage: Soll Garlider seine qualitativ hochstehenden Trauben weiterhin der Eisacktaler Kellerei liefern, wie das schon Opa und Vater getan haben? Oder wagt er, Christian, den Sprung ins kalte Wasser und stellt auf Selbstkelterung und Selbstvermarktung um?

In Ägypten notiert er sich Argumente dafür und dagegen. Er überlegt sich, welche Ziele er anpeilen will, falls er den Neustart wagt; schreibt unter anderen die Stichworte »Weltklassewein« und »Wunderwinzer« nieder. Das beflügelt ihn. Er kehrt heim und macht sich, unterstützt von der Familie, mit Ehrgeiz und Elan an die Arbeit. 2003 debütiert er mit 8000 Flaschen Eisacktaler Wein.

Sechs Jahre später besitzt der Name »Garlider« einen hervorragenden Klang. Vor allem in Italien zählt Christian Kerschbaumer zu den jungen Winzerhoffnungen. Der »Gambero Rosso« hält große Stücke auf ihn und zeichnet seinen würzigen Eisacktaler Veltliner – ein Grüner und kein Frühroter – mehr als einmal mit den drei Gläsern aus. Natürlich ist Christian Kerschbaumer (noch) kein »Wunderwinzer« und erzeugt (noch) keine »Weltklasseweine«. Die beiden Superlative sollen ohnehin bloß verdeutlichen, wie hoch die Ansprüche sind, die da einer an sich selbst stellt. Und dass es sich lohnt, sich kühne Ziele zu setzen. Kein Zweifel kann aber bestehen, dass er sich auf einem vielversprechenden Weg befindet.

Profitiert hat Christian Kerschbaumer freilich von den guten Garlider-Lagen – steile süd-, südost- und südwestwärts exponierte Parzellen auf leichten und warmen Verwitterungsböden zwischen 550 und 850 Meter Höhe. Die Sorten Müller-Thurgau, Sylvaner, Veltliner, Grauburgunder, Gewürztraminer und Blauburgunder sind klug gesetzt, just da, wo es ihnen am meisten behagt. Die Bewirtschaftung ist seit 2003 biologisch, wenngleich nicht zertifiziert. Die Anbaufläche beträgt mittlerweile vier Hektar, 2,5 Hektar sind 2008 in Ertrag.

Im Keller arbeitet Christian Kerschbaumer geduldig und behutsam, wenn immer möglich mit Spontangärung und Holzfässern – Eiche beim Veltliner, beim Gewürztraminer und beim Ruländer; Akazie beim Sylvaner –, einzig den Müller-Thurgau erzeugt er mit Reinzuchthefen und im Stahltank. Auf den biologischen Säureabbau wird bei den Weißen verzichtet. Die Füllung erfolgt später als anderswo, die Weine von Garlider sind Spätzünder und brauchen Reifezeit, um ihren ganzen Facettenreichtum zu entfalten. Müsste der junge Winzer unter seinen finessereichen, kristallinen Weinen zwei Lieblingsgewächse nennen, so wären es der Sylvaner und der Veltliner. Beide repräsentieren mit ihrer Klarheit und Sortentypizität das einzigartige Eisacktaler Terroir südlich von Brixen aufs trefflichste. Mit ihnen, so hat Christian Kerschbaumer vielleicht in Ägypten auch noch notiert, könnte er sich auf dem internationalen Parkett am besten als wegweisender Eisacktaler Weinbauer profilieren.

GARLIDER

Untrum 20
39040 Feldthurns
Tel. und Fax +39 0472 847296
info@garlider.it
www.garlider.it

Info: Weinverkauf und Besichtigung
auf Voranmeldung
4 ha Rebfläche, 40 000

KUENHOF, BRIXEN

PETER UND BRIGITTE PLIGER

Der Feinfühlige

Zu den meistgehörten Sätzen im Berufsalltag eines Weinjournalisten zählt jener, dass der Wein im Rebberg gemacht und im Keller nur vollendet werde, was in der gesunden Traube angelegt sei. Man mag dieses Diktum angesichts der weltweit praktizierten industriellen Weinerzeugung für verlogen, schönfärberisch oder naiv halten. Unversehens läuft einem dann aber wieder ein Winzerexemplar über den Weg, das sich seinen Pflanzen mit so viel Empathie widmet, dass man den Satz nur allzu gerne unterschreibt.

Peter Pliger ist dafür ein inspirierendes Beispiel. Nicht dass der bescheidene, feinfühlige Weinbauer mit solchen oder ähnlichen Bekenntnissen um sich werfen würde. Die Brennerautobahn, die unterhalb seines Kuenhofs in Brixen vorbeiführt, produziert genug Lärm, als dass er sich auch noch lautstark profilieren müsste. Doch sein stilles, zähes Schaffen, im schönen Einvernehmen mit seiner Frau Brigitte, beglückt uns regelmäßig mit exemplarischen Eisacktaler Weißweinen, die weniger die Frage aufwerfen, wie sie gemacht werden, sondern wo sie entstehen.

Beim letzten Besuch auf dem Kuenhof fährt mich Peter Pliger ungefragt in seinen neuen Rebberg. Der schwindelregend steile Hang liegt nur wenige Meter talabwärts an sonnigster Südostlage und war komplett verwildert, als Pliger vor einigen Jahren ein 1,6 Hektar großes Teilstück erwerben konnte. Zusammen mit Peter Wachtler vom angrenzenden Taschlerhof, der sich das andere Teilstück sicherte, baute er eine Straße, um die Steillage, die vor vielen Jahrzehnten als »Lahner« für die Güte ihrer Trauben bekannt, dann aber verlassen worden war, wieder urbar zu machen. Drei alte Maurer, wahre Meister ihres Handwerks, errichteten 3000 Quadratmeter Trockensteinmauern, teilweise in Mannshöhe, um die Querterrassen auf dem verwitterten Schieferboden zu sichern. Zwischen 500 und 700 Meter Höhe pflanzte Peter Pliger Riesling und ganz zuoberst auf etwas lehmigerem Boden Sylvaner. Die Reben bewirtschaftet er ohne Einsatz von Chemie nach einer stark auf der Biodynamie fußenden Methode, die er feinsinnig mit anderen versponnenen, stets die Selbstregulierungskraft und Vitalität der Pflanze im Auge behaltenden Verfahren verstrickt. Eine wahre Herkulesarbeit, die jetzt langsam kostbare Früchte trägt, und ein weiterer Abschnitt im Kapitel »Heroischer Weinbau« aus dem Buch der schönsten Weinberge dieser Welt. Mit der Rekultivierung des »Lahner« setzt Pliger eine Pionierarbeit fort, die er vor bald 25 Jahren begonnen hat.

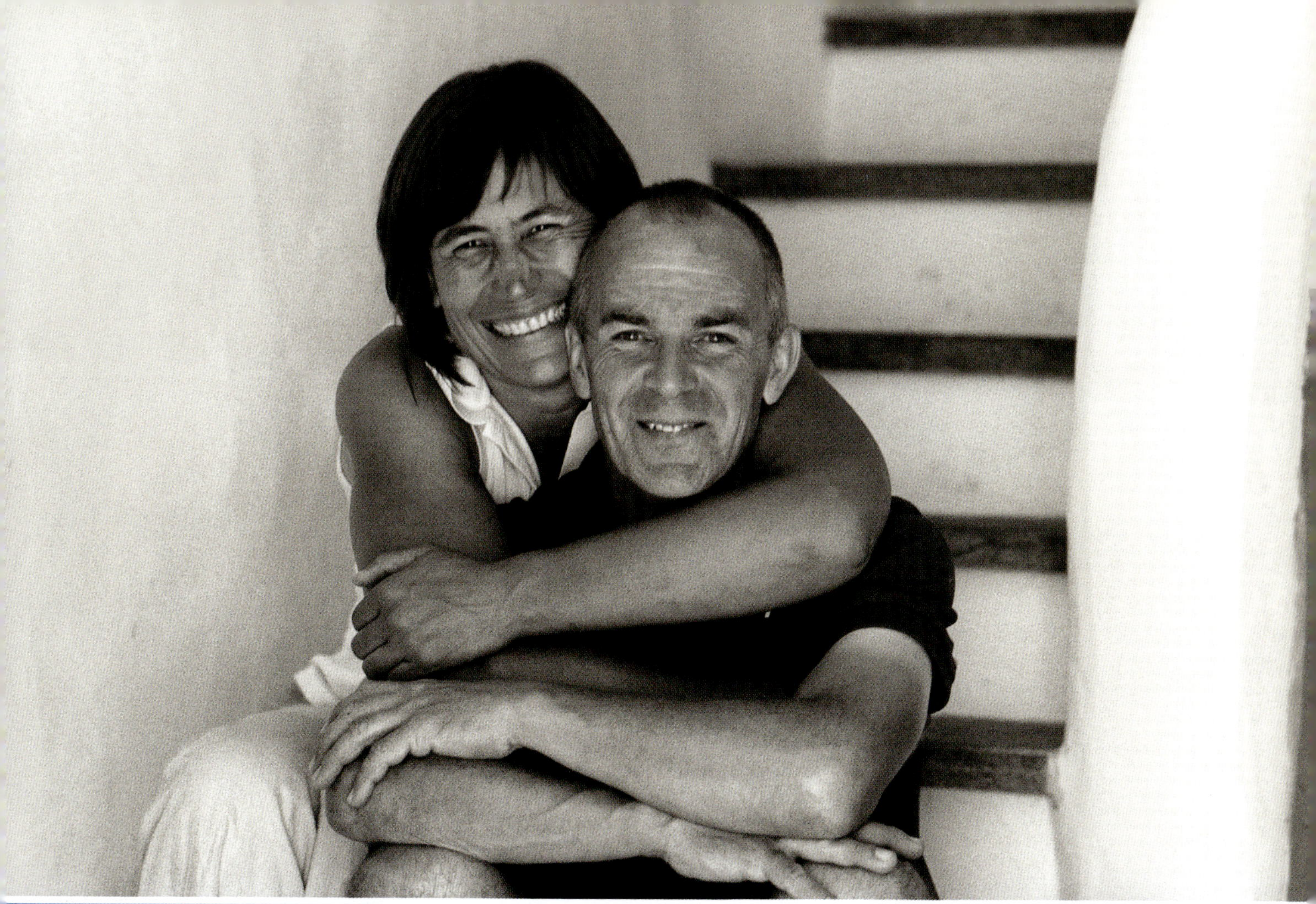

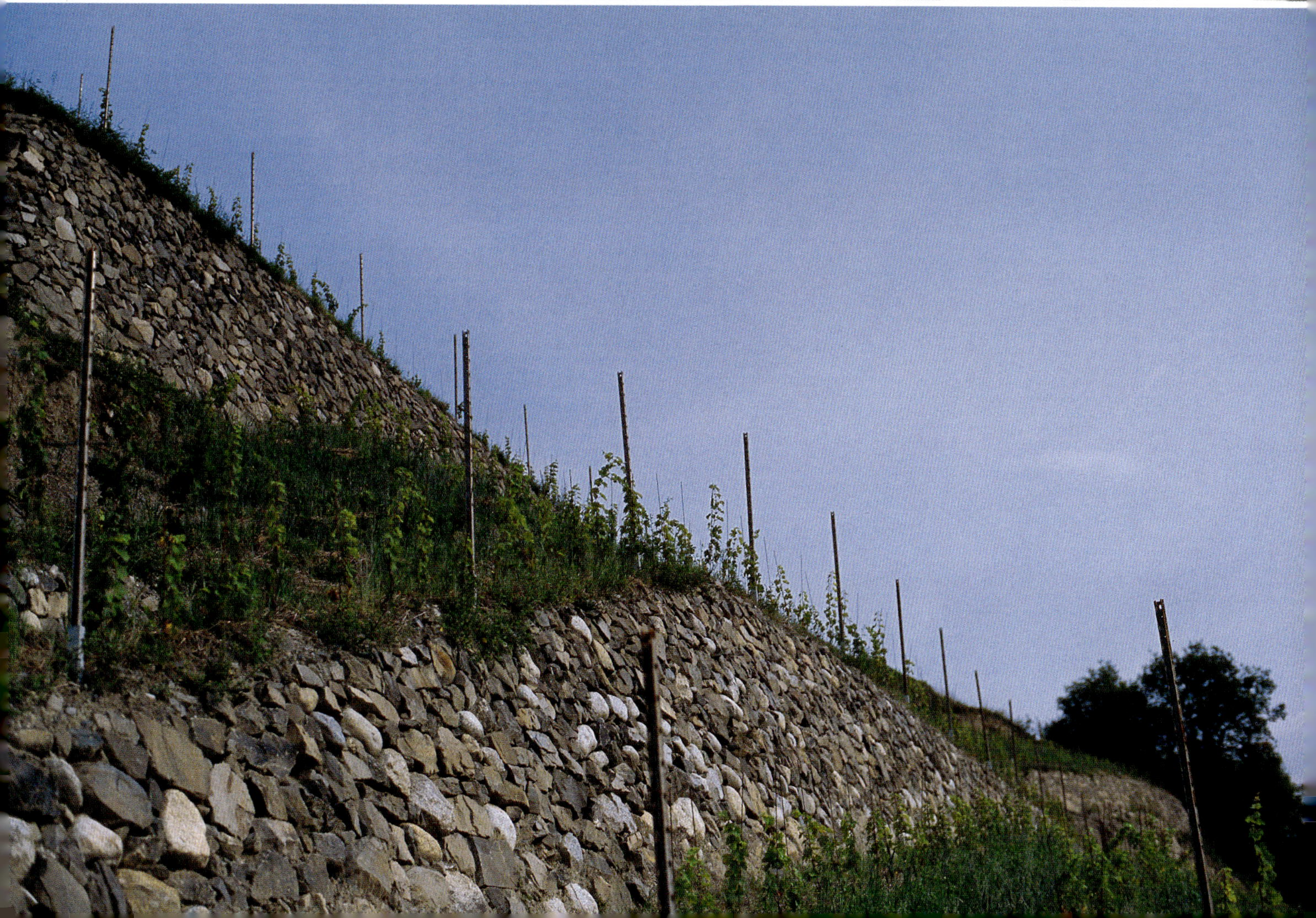

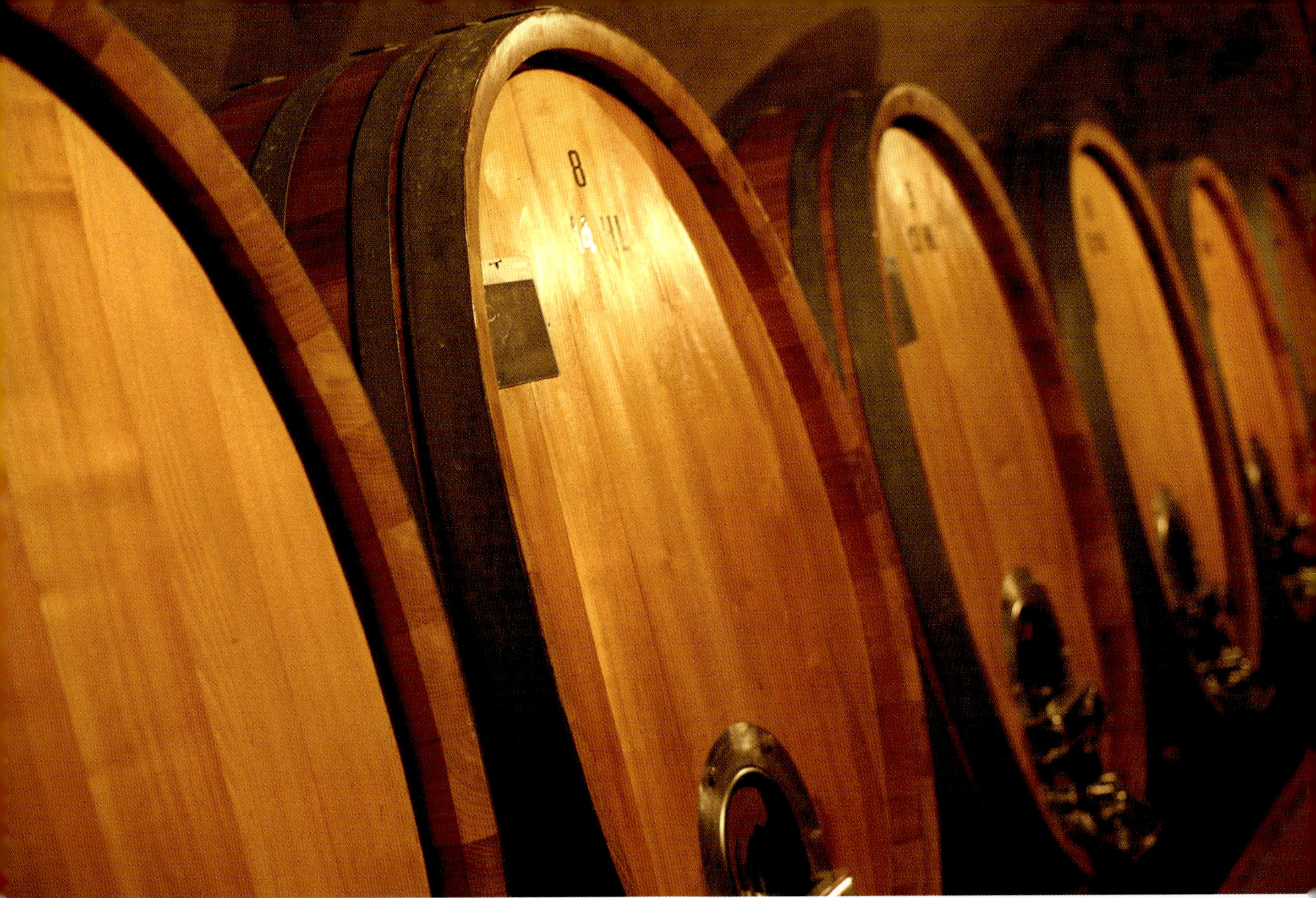

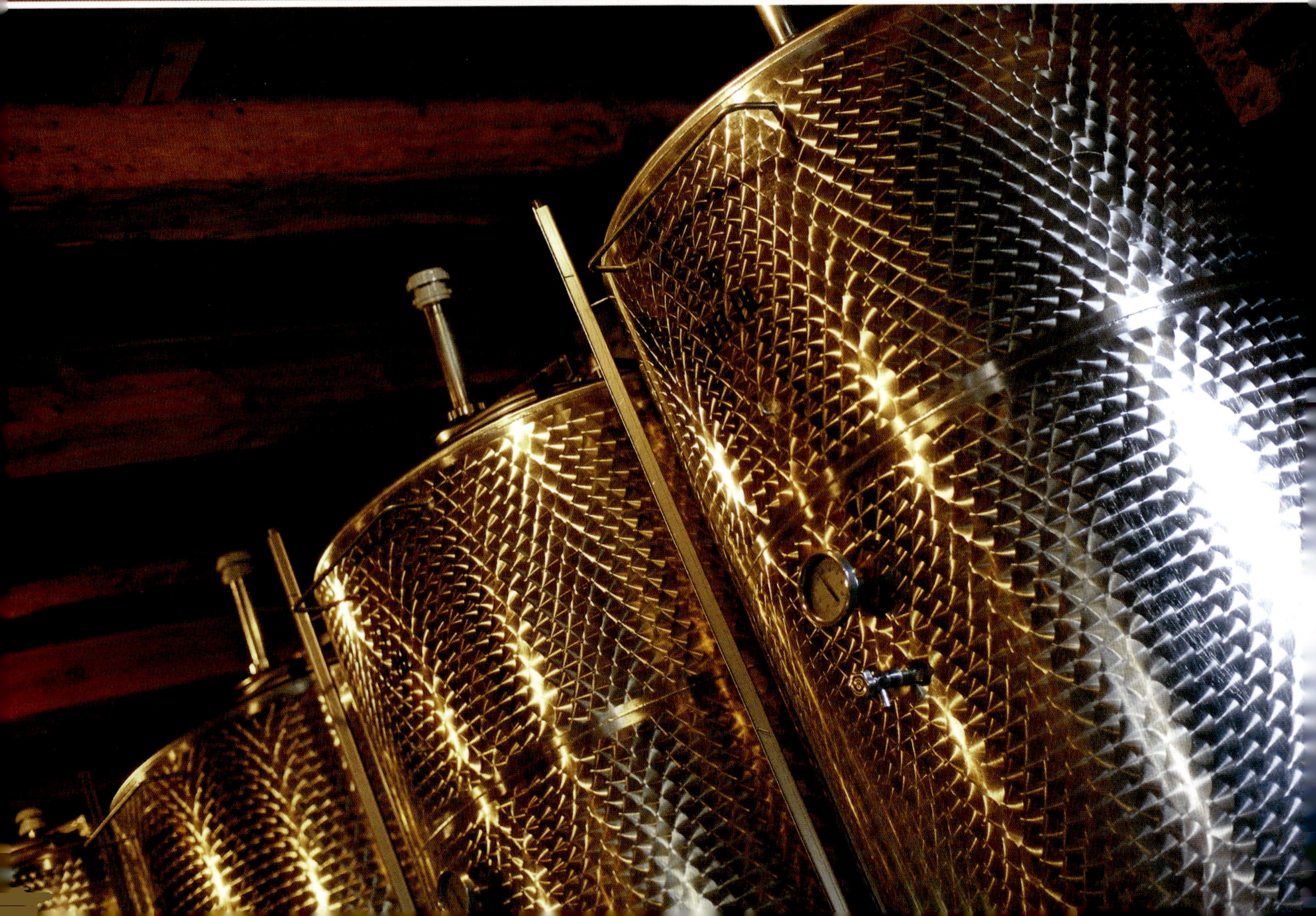

Der 1959 geborene Winzer ist gelernter Tischler. Seine Vorfahren vermieteten auf dem traditionsreichen, 800 Jahre alten Kuenhof, der einst zum Brixner Domkapitel gehörte und auf dem er aufgewachsen ist, den Reise- und Handelskarawanen die zusätzlichen frischen Pferde, die es brauchte, um die Frachten das letzte Wegstück zum Brenner hochzuziehen. Später wurde Obst- und auch etwas Weinbau betrieben, die Trauben gingen an die lokale Genossenschaft. Pligers Entschluss, den elterlichen Betrieb zu übernehmen, bedeutete ein Votum für den Weinbau und die Selbstvermarktung. Ab 1985 begann er mit Neupflanzungen von Sylvaner, Traminer und Riesling an den Steilhängen um den Kuenhof auf einer Höhe von 500 bis 600 Meter. Parallel dazu renovierte er den Hof und baute im ehemaligen Stall einen Keller. In allen drei Tätigkeitsbereichen drückt sich in frappierendem Maß sein Sinn für Qualität aus. Gespeist aus einem ganzheitlichen Denken, schließt dies Harmonie mit der Natur, Gesundheit und Schönheit mit ein. Die Rebberge werden nach streng ökologischen Grundsätzen bewirtschaftet, das Haus wurde mit natürlichen Materialien gemäß baubiologischen Gesetzen erneuert, der Keller mit den sieben Akazienholzfässern vereint Praktikabilität mit Ästhetik.

1990 kam der erste Jahrgang in den Verkauf. Im miserablen Herbst 1991 erreichte er dank rigoroser Mengenbeschränkung – 7000 bis 8000 Kilogramm statt den erlaubten 12 000 bis 13 000 Kilogramm pro Hektar – als einziger Erzeuger des Tals bei der ganzen Produktion die DOC-Mindestwerte, was die Lästermäuler stopfte und ihm den Respekt verschaffte, der ihn zum unbestrittenen Zugpferd des Eisacktaler Weinbaus prädestiniert. 1999 erhielt er für den »Kaiton« als erster Eisacktaler die begehrten drei Gläser des »Gambero Rosso«. »Kaiton« – keltisch »Wald«, denn Wald war früher, wo jetzt Reben stehen – war ein Riesling, durfte aber die Sorte nicht nennen, da sie nicht zugelassen war. Erst 2003 wurde Riesling offiziell ins DOC-Verzeichnis aufgenommen, wohl ein weiteres Pliger'sches Verdienst, und der »Kaiton« mutierte zum Riesling »Kaiton«.

Heute werden auf dem Kuenhof aus der Ernte von 5,5 Hektar (ein Hektar befindet sich noch nicht in Ertrag) rund 26 000 höchst begehrte Flaschen erzeugt, vollumfänglich Weißwein, denn das Eisacktal mit seinen höheren Lagen und tieferen Durchschnittstemperaturen eignet sich bekanntlich weniger für den Anbau roter Sorten, begünstigt mit seinen kühlen Nächten und der daraus resultierenden Aromenkonzentration jedoch für die Erzeugung von weißen Gewächsen. Die Reben haben dank der behutsamen Pflege ihr natürliches Gleichgewicht gefunden und müssen nicht mehr ausgedünnt werden. Im Keller »passiert fast nichts«, bestätigt Peter Pliger die Eingangsthese. Die Weine – Veltliner, Sylvaner, Riesling und Gewürztraminer – gären zum Großteil mit ihren eigenen Hefen, liegen im Stahltank oder im Akazienfass bis zur Abfüllung im Frühling nach einer sanften Filtration auf der Feinhefe. Müßig wäre es jetzt, Favoriten zu nennen, auch wenn die Weinführer den Riesling und den Sylvaner immer leicht vorne sehen. Alle Weine sind geprägt von einer tiefen, inneren Konzentration und einer finessereichen mineralischen, vom Schieferboden herrührenden Würze. Sie sind saftig und haben nichts Lautes, Aufgesetztes. Einzig der in den letzten Jahren klimabedingt gestiegene Alkoholgehalt schiebt sich manchmal etwas störend vor die Frucht. Hier wird in Zukunft einmal mehr Peter Pligers Intuition und Nachdenklichkeit gefragt sein. Doch wie sagt er im Gespräch: »Man kann nur beeinflussen, was in Disharmonie ist.« Und einen Augenblick später mit leisem, fast entschuldigendem Lächeln: »Weinbau ist ein ewiges Lernen. Ein Weg kommt nie an ein Ziel.«

KUENHOF

Mahr 110
39042 Brixen
Tel. +39 0472 850546
Fax +39 0472 209175
pliger.kuenhof@rolmail.net

Info: *Weinverkauf ab Hof, Besichtigung auf Voranmeldung*
5,5 ha Rebfläche, 26 000

TASCHLERHOF, BRIXEN
PETER WACHTLER

Der Clevere

Der Taschlerhof liegt von der Straße zurückversetzt zwischen Brixen und Klausen. Sein moderner, zweigeschossiger Keller setzt ein starkes Zeichen. Er zeugt von Selbstbewusstsein, erzählt vom fabelhaften Aufstieg, den der Weinbau des Eisacktals in jüngster Vergangenheit erlebt hat. Die Fassade des gelungenen Baus aus Holz, Sichtbeton und Glas ist zur Straße hin mit Schieferplatten verkleidet und stellt symbolisch die Verbindung zum Schieferboden des steil aufragenden Rebbergs »Lahner« hinter dem Gebäude her. Im Innern des Kellers hängt zwischen Stahltanks und Akazienholzfässern eine verblichene Schwarzweißfotografie: Sie zeigt den gleichen imposanten Weinberg anno 1864! Der Taschlerhof befindet sich also an historischer Lage mit alter wertvoller Weinbautradition.

Peter Wachtler, der Weinbauer, der hier lebt und arbeitet, kann sich allerdings auf keine derart erdenschwere Tradition berufen. Vermutlich zu seinem Glück nicht, ist man geneigt anzufügen. Denn es fragt sich, ob der 20-Jährige als Stafettenläufer in einem langen Generationenmarsch die Aufgabe ähnlich unbeschwert und locker angepackt hätte, wie er das 1991 getan hat, als ihm der Taschlerhof vom Vater, der als Förster den Obst- und Weinhof hobbymäßig betrieben hatte, überschrieben wurde. Mit einer Ausbildung an der Laimburg im Gepäck, machte sich der junge Kerl an die Terrassierung des anfänglich 1,8 Hektar großen Rebbergs. Er setzte Sylvaner und Gewürztraminer auf den lehmhaltigen Schieferboden. Eine Pacht erweiterte das Weingut auf drei Hektar. Kerner und Riesling kamen dazu. 1999 entschied er sich für die Selbstkelterung und lieferte Kloster Neustift seine letzten Trauben. Zusammen mit seiner Frau Margit vom Hotel Gnollhof in Gufidaun baute er sich am Fuße des »Lahner« ein Wohnhaus, das die Familie, zu der mittlerweile zwei quicklebendige Töchter gestoßen sind, heute bewohnt. Im Keller dieses Neubaus kelterte er die ersten Jahrgänge. Dann entschloss er sich für einen eigenen Kellerbau. Parallel dazu rodete und bepflanzte er weitere 1,2 Hektar im »Lahner«. Die Straße, die zur Erschließung notwendig war, errichtete er gemeinsam mit dem Winzerkollegen Peter Pliger. Vier Hektar bewirtschaftet er mittlerweile; drei Hektar sind derzeit im Ertrag; 22 000 Flaschen werden jeweils im Spätfrühling gefüllt, 30 000 könnten es maximal sein. Auf diese Größe hin hat er, wie er sagt, »sein Weingut vor zehn Jahren geplant«. Nun will er bei diesem Volumen bleiben.

Die Geschichte des Taschlerhofs scheint im Zeitraffer der letzten 18 Jahre eine Naturnotwendigkeit zu besitzen. Alles ist so herangereift, wie es heranreifen musste. Nichts wurde überstürzt; das eine hat sich zum anderen gefügt, weil es anders nicht konnte. Die gleiche Plausibilität und Selbstverständlichkeit haften auch Peter Wachtlers Weinen an. Es sind trinkfreundliche,

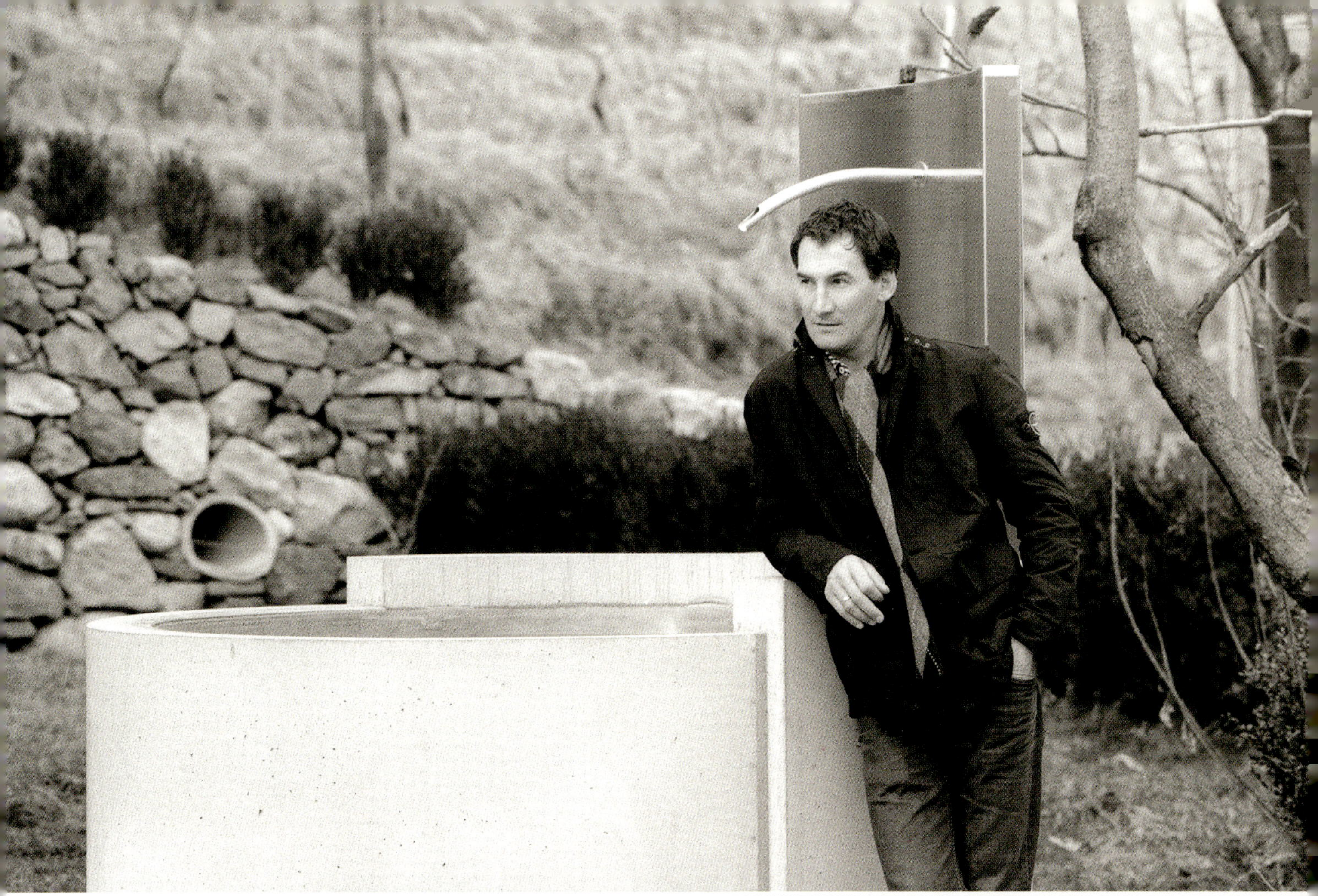

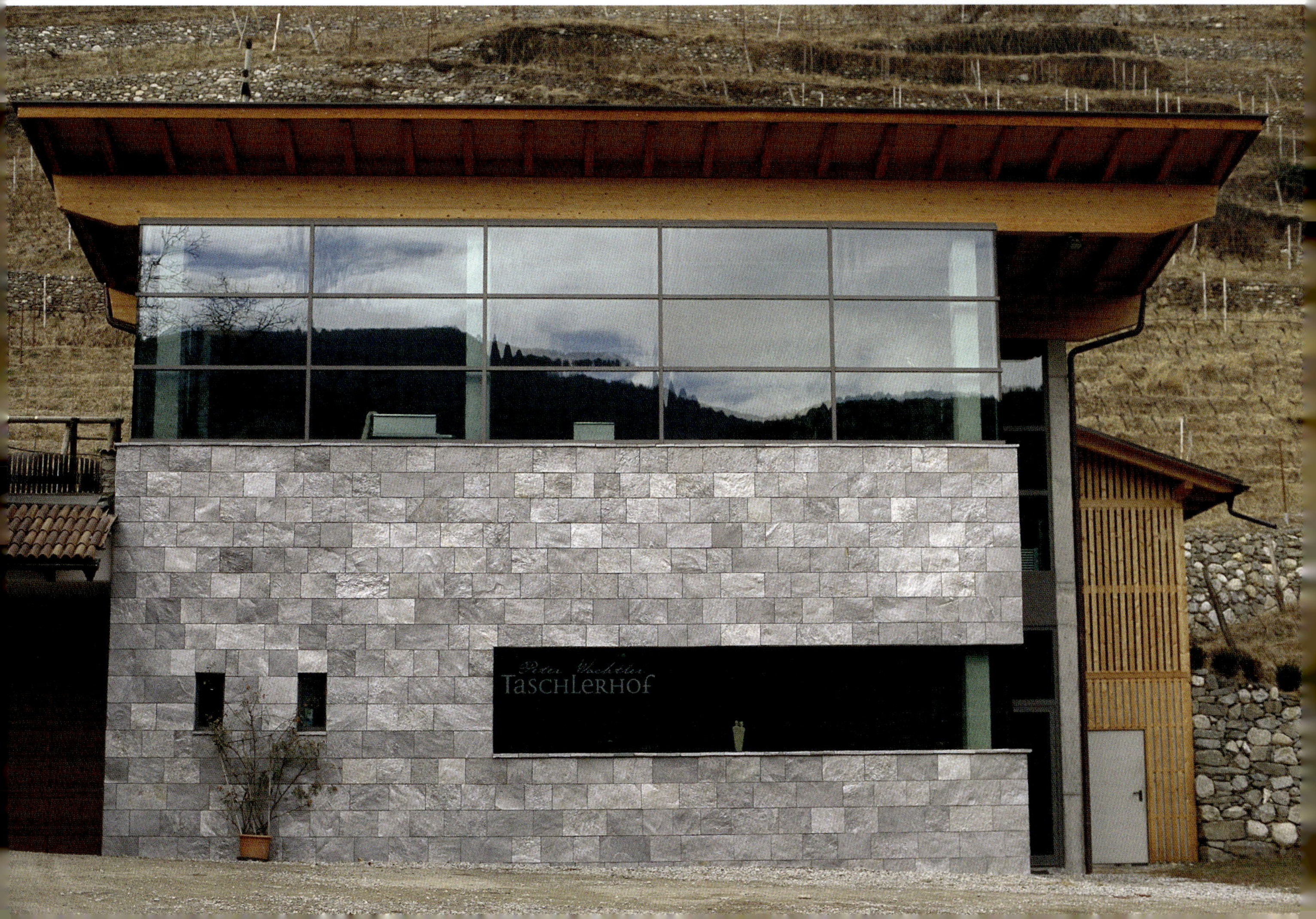
TASCHLERHOF

elegante Gewächse, vom steinig-mineralischen Boden und dem günstigen Mesoklima mit seinen charakteristischen, aromenbildenden Temperaturunterschieden zwischen Tag und Nacht geprägt. An der Spitze steht der konzentrierte Sylvaner »Lahner«, wie alle Weine teilweise im Akazienholz und lange auf der Feinhefe ausgebaut. 50 Prozent der Trauben wurden leicht angetrocknet, eine Beigabe von Riesling schenkt dem stämmigen Wein zusätzliche Frische. Der Basissylvaner besitzt sortentypische Würze und den Duft von Obst und Heu. Die Rebsorte altert vorteilhaft: Ein 2002er Sylvaner zeigt sich frisch, straff und mineralisch. Den Gewürztraminer mit schönen Litschi- und Rosennoten kriegt Wachtler trockener und trinkiger hin als anderswo. Der Kerner ist kräftig, voll, aromatisch; er zeigt herrliche Pfirsichfrucht, endet aber alkoholbetont und vielleicht auch etwas eindimensional. Die unterdessen chronisch hohen Alkoholgrade der Eisacktaler Weißen lassen Peter Wachtler nicht unberührt. Er will ihnen mit einer eigenen Strategie ein Schnippchen schlagen. Sie baut auf höhere Erträge sowie eine präzisere Bestimmung und Staffelung des Erntezeitpunkts und könnte angesichts von Wachtlers Cleverness durchaus zum Erfolg führen.

TASCHLERHOF

Mahr 107
39042 Brixen
Tel. +39 0472 851091
mobil +39 335 6914480
Fax +39 0472 251007
info@taschlerhof.com
www.taschlerhof.com

Info: Weinverkauf ab Hof, Besichtigung auf Voranmeldung
3,8 ha Rebfläche, 22 000

STRASSERHOF, VAHRN/NEUSTIFT

HANNES BAUMGARTNER

Der Gesellige

Das Eisacktal kann sich nicht über mangelnde Superlative beklagen: Es ist das nördlichste Anbaugebiet der Republik. Seine Gewächse besitzen in Italien einen Ruf wie Donnerhall. Die Italiener sind ganz vernarrt in die frischen, säurebetonten, mineralischen Weißweine. Ragten in den neunziger Jahren ganze zwei Betriebe aus dem engen Südalpental heraus – der Selbstkelterer Peter Pliger und die Stiftskellerei Neustift –, reichen heute zum Abzählen die Finger von zwei Händen nicht mehr. Und besonders erfreulich: Fast alle Weingüter sind familienbetriebene Eigenbaukellereien und selbstbewusste Mitglieder der »Freien Weinbauern Südtirol«.

Viele Weingüter haben erst jüngst mit der Selbstkelterung begonnen. Sie suchen noch ihren Weg, schaffen sich ihren Namen. Einer davon ist der Strasserhof in Vahrn von Hannes Baumgartner. Der 30-jährige Winzer kann sich vermutlich mit einem weiteren Superlativ schmücken: Er bewirtschaftet das nördlichste Weingut Italiens – sollte es jemanden geben, der noch nördlicher Trauben keltert, so ist er zumindest kein Mitglied der »Freien Weinbauern«.

Hannes Baumgartner wächst in einem blühenden Mischbetrieb oberhalb von Neustift mit prachtvollem Ausblick über das Brixner Becken auf. Sein Vater widmet sich der Milchwirtschaft, später einzig dem Obst- und Weinbau. Als Traubenproduzent ist der fleißige Mann Mitglied der Neustifter Genossenschaft, die ihre Ernte dem Kloster verkauft. Seine Mutter führt im geschichtsträchtigen, auf das 11. Jahrhundert zurückgehenden Hof eine Pension mit sechs Zimmern und ist verantwortlich für den glänzenden Ruf, den der Strasserhof als authentische Törggeladresse weit über Brixen hinaus besitzt.

Der junge Hannes besucht die Landwirtschaftsschule Laimburg und vertieft sein Wissen über zahlreiche Weinkurse. Seine Ausbildung fällt in den Aufschwung des Eisacktaler Weins, was den unternehmungslustigen und geselligen Kerl darin bestärkt, seines Glücks eigener Schmied zu werden. Er kann den Vater gewinnen, ihm einen Teil der 4,5 Hektar Reben auf sanft geneigten, leichten, durchlässigen Urgesteinsböden zwischen 650 und 700 Meter zur Bewirtschaftung und Kelterung zu überlassen. Er erweitert den Sortenspiegel und

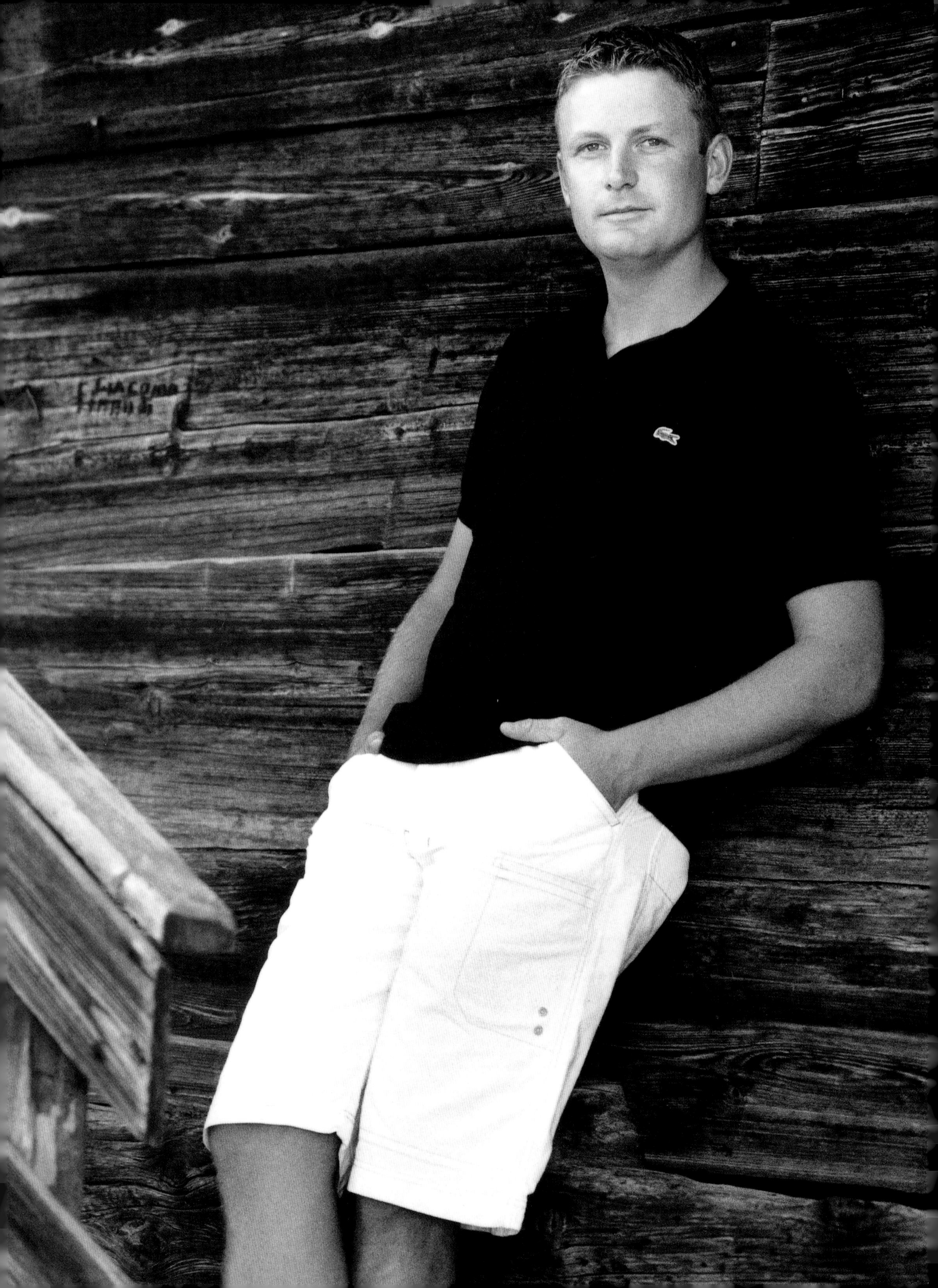

kultiviert mittlerweile nicht weniger als neun Rebsorten: die weißen Müller-Thurgau, Sylvaner, Kerner, Grauburgunder, Gewürztraminer, Riesling, Grüner Veltliner und die roten Zweigelt und Blauer Portugieser. Im alten Gemäuer richtet er sich einen praktischen Keller ein. 2003 keltert Hannes Baumgartner den ersten Jahrgang. Es werden mehr Weine, die Produktion gewinnt an Schwung. Die Weißen werden allesamt ohne biologischen Säureabbau erzeugt. Den kräftigen Sylvaner baut er in einem neuen großen Holzfass aus. Der Tropfen besitzt Lagerpotenzial. Bei Riesling und Kerner übt er das Spiel von Süße und Säure, indem er die markante Säure mit Süßreserve aus eigenem Most puffert. Die Rotweine – sie decken 20 Prozent der Produktion – stillen vor allem den fast unversiegbaren Durst des Buschenschanks. Zum barriqueausgebauten Zweigelt gehören Kirschenfrucht und eine etwas derbe Tanninstruktur. Hannes Baumgartners Weine werden von Jahr zu Jahr aussagekräftiger und präziser. Sylvaner, Kerner, vielleicht auch Riesling und Grüner Veltliner scheinen mir für die Zukunft am meisten zu versprechen. Bis zum Ziel von 45000 bis 50000 Flaschen wird er Erfahrung, Stilsicherheit und Risikofreude gewonnen und vielleicht auch das Sortenspektrum wieder begrenzt haben. Der Strasserhof ist im Moment ein »work in progress«. Man darf sich auf die Resultate der Konsolidierung freuen.

STRASSERHOF

Unterrain 8
39040 Vahrn/Neustift
Tel. und Fax +39 0472 830804
info@strasserhof.info
www.strasserhof.info

Info: *Weinverkauf ab Hof,*
Besichtigung auf Voranmeldung,
Buschenschank (Törggelen):
September bis Dezember
4,5 ha Rebfläche, 35 000

Südtirols Freie Weinbauern

HOANDLHOF, BRIXEN

MANNI NÖSSING

Der Dynamische

So jung die Erfolgsgeschichte des Weinbaus im Eisacktal ist, so zahlreich sind bereits seine Darsteller. Würde darüber ein Stück geschrieben oder ein Film gedreht, spielten zwei Namen indes die Hauptrolle: Peter Pliger, der das Eisacktal als Erster auf die italienische Wein-Landkarte gebracht, und sein Kollege Manni Nössing, der es engagiert im Gespräch gehalten hat.

Im heterogenen Verein der »Freien Weinbauern«, dieser bunten Truppe von Individualisten, gehört Manni Nössing zu den auffälligen Figuren. Zunächst sticht er durch sein Auftreten und Aussehen heraus: Lebenslustig und ausgehfreudig wie er ist, legt er in Frisur und Kleidung Wert auf einen jugendlich-modischen Stil. Müssten die Südtirolerinnen, zumindest jene, die in der Weinszene verkehren, einen Mister Weinbauer wählen, hätte der coole Winzer aus Brixen intakte Siegchancen. »Innerlich«, in seiner und des Hoandlhofs persönlichen Geschichte, sind dagegen die Gemeinsamkeiten vorerst augenfälliger als die Unterschiede: Der Hoandlhof war ursprünglich ein Mischbetrieb mit Milchwirtschaft, Obst- und Weinbau wie so manches Eisacktaler Bauerngut. Die Trauben gingen an Neustift. Der junge Manni, der immer am liebsten in den Reben gearbeitet hat, liebäugelte mit der Selbstkelterung. Sein Vater ließ sich nur sehr widerstrebend davon überzeugen. Manni spricht heute drastisch von einem fünf Jahre dauernden »Kalten Krieg«. Nachdem er aber 1997 mit einem für Eisacktaler Verhältnisse neuartigen, barriquegereiften Rotwein aus Zweigelt und St. Laurent namens Cuvée »Espan« einen aufsehenerregenden Coup landete, ließ ihm der Vater freie Hand und überschrieb dem 26-Jährigen den Hof. Manni wagte sich an Weißweine – Müller-Thurgau und Kerner –, begann mit der Umwandlung von Obstwiesen in Weingärten und wurde 2000 von der Stiftskellerei vor die Alternative gestellt: Rückkehr in den Schoß des Klosters oder Austritt.

Der Jahrgang 2000 wurde damit zum eigentlichen Geburtsjahr des Weinguts Hoandlhof. Plötzlich hatte der Jungwinzer 15 000 Flaschen zu verkaufen – er, der kokett von sich sagt, »nicht verkaufen zu können«. Zum Glück machte er die Bekanntschaft von Peter Dipoli, der, von Nössings Weinen angetan und großes Verbesserungspotenzial witternd, ihn unter die Fittiche seiner Weinhandlung »Fine Wines« nahm und in die Südtiroler Gastronomie einführte. Nach Dipoli wurde auch der Weinführer »Gambero Rosso« auf den selbstbewussten Kerl und seinen mächtigen Kerner aufmerksam. 2003 erhielt der 2002er Kerner erstmals die »Tre Bicchieri« und wiederholte den Erfolg im Jahr darauf. Der Wein – aromatisch, säurebetont, alkoholreich, aber insgesamt doch eher eindimensional und wenig aufregend – wurde in Italien zur Ikone des Eisacktaler Weinwunders und zu einem der begehrtesten Gewächse des nach den frischen, mineralischen, aromatischen Weißen aus Südtirol lechzenden Landes.

Erinnert sich Manni Nössing an die prägenden Erlebnisse in dieser Aufbauphase, so nennt er nicht das Drei-Gläser-Abonnement des »Gambero Rosso«. Marktdominanz und Stildiktat der Weinbibel sind ihm zuwider. Er hat sich schon mehrfach öffentlich gegen sie ausgesprochen und schickt seit einigen Jahren auch seine Weine nicht mehr zur Prämierung – woraufsich die Leute vom »Gambero« die Flaschen halt anderswo besorgen. Nein, zentral für Manni Nössing ist ein Tag im Jahr 1999, als Peter Dipoli erstmals in seinem Keller auftaucht, den Roten lobt und die Weißen kritisiert. Das Datum markiert den Beginn einer fruchtbaren Freundschaft. Dipoli nimmt den Lernbegierigen mit auf Weinreisen über die ganze Welt. Der junge Eisacktaler gewinnt Distanz zum heimischen Bergtal und durch die kapitale Horizonterweiterung die Fähigkeit zur Selbstkritik. Nach der Rebkultur, in der die Südtiroler Spitze sind, lernt er durch den Kontakt mit den großen Weinen der Welt Weinkultur, mit der es in Südtirol vielfach noch hapert.

Heute sind die beiden Weinbauern immer noch befreundet und häufig zusammen anzutreffen. Doch Manni Nössing hat mittlerweile seinen eigenen Weg eingeschlagen, den er freimütig und manchmal auch nicht frei von Polemik kommuniziert. Die 5,5 Hektar Rebfläche bewirtschaftet er mit konventionellen Methoden. »Ich bin dynamisch, nicht biologisch-dynamisch«, sagt er salopp. Für den biologischen Weg eines Peter Pliger würde ihm das Einfühlungsvermögen und die Geduld fehlen, er sei dafür zu impulsiv und ungestüm, ergänzt er schon etwas ernsthafter. Im neu erbauten Keller arbeitet er mit Reinzuchthefen und ausschließlich mit Stahltanks. Holz würde die kristallin-filigrane Eisacktaler Frucht überdecken. Den Roten hat er trotz Erfolgs aus dem Sortiment geschmissen. Er brachte nicht die konstant überdurchschnittliche Qualität, die seine Erzeugung auf Kosten der Weißweine legitimiert hätte.

Manni Nössing will trinkige, elegante, bekömmliche Essweine erzeugen. Nachdem viele seiner Reben im Jahr 2003 unter Stress gelitten hätten, modifizierte er die Kultivierungsart: Er hält die Laubwände höher, schneidet weniger herunter, gönnt den Trauben mehr Schatten und entblättert weniger. Von den Maßnahmen erhofft er sich auch eine Senkung der unbekömmlich hohen Alkoholgradationen. Im Keller schwört er auf das Fingerspitzengefühl seines sizilianischen Önologen Vincenzo Bambina. »Zwischen Tank und Flasche sorgt er für den Kick«, schwärmt er, und bringt mehr Souplesse in den Wein. 35 000 Flaschen überwacht Bambina. 50 000 Flaschen setzt sich Nössing als finales Produktionsziel. Der Kerner ist mit seiner Alkoholwucht immer noch ein Sorgenkind. Mittels Zugabe von Riesling will er ihn »herunterholen, ihm Trinkigkeit verleihen«. Den Gewürztraminer, kräftig, mit schöner Säure und mitnichten überladen, verlangt der Markt, obwohl er im Eisacktal nicht gerade seine Wunschheimat hat. Begeistert zeigt sich Manni dagegen von seinem kristallklaren, mineralischen Müller-Thurgau »Sass Rigais«, gewachsen in Teis, 800 Meter über Meer: ein Bergwein par excellence. Den Sylvaner vergleicht er in seiner sortentypisch diskreten Art mit dem Weißburgunder. »Beiden Weinen geben wir in Südtirol zu wenig Chancen.« Dabei zeigt Nössings Wein mit seiner Gradlinigkeit, Tiefe und seinem Schmelz das Potenzial der Sorte. Für unterschätzt hält Manni Nössing schließlich den Veltliner, der im Eisacktal nie ein wirklich bedeutender Wein werden wird, aber »als kleiner Wein mehr Größe besitzt als ein kleiner Sylvaner«. Er hat ihn in besonders warme Lagen gepflanzt. Salziger, dichter und dynamischer als der Sylvaner ist der

Eisacktaler Veltliner, nicht zu vergleichen mit dem österreichischen Grünen Veltliner. Nössing (und Bambina) wollen ihn knochentrocken und säurebetont – ohne Bratapfelnote, ohne Brotkruste, ohne Pfefferl wie im Nachbarland. Er soll gebirglerische Strenge mit südlicher Leichtigkeit verbinden. Dann wird der Veltliner zum aufgeweckten Botschafter des Eisacktaler Weins – ganz wie Manni Nössing selbst.

HOANDLHOF

Weinbergstraße 66
39042 Brixen
Tel. und Fax +39 0472 835993
manni.vino@tiscali.it
www.manni-noessing.com

Info: Weinverkauf und Besichtigung
auf Voranmeldung
5,5 ha Rebfläche, 40 000

WEIN UND KÜCHE

Südtiroler Wein und Südtiroler Küche verbinden viele Gemeinsamkeiten: Beide erfreuen Leib und Seele und tragen zu unserem Wohlbefinden bei. Beide sind Sinnbild unserer Traditionen, unserer Geschichte und unserer Kultur, welche geprägt ist von österreichischen und norditalienischen Einflüssen.

Wie auch der Wein, entstammen die Produkte unserer Speisekammer einem natürlichen, regionalen Umfeld. Dieses Umfeld wird geprägt von den ureigenen Böden, aber auch vom einzigartigen Südtiroler Klima, welches von heißen Tagen und kühlen Nächten geprägt ist. Dazu gesellt sich die tüchtige Hand unserer Produzenten, unserer Bauern und unserer Köche und Köchinnen, welche es verstehen, diese wertvollen Produkte zu veredeln und ihnen ihren Stempel aufzudrücken.

Wein und Küche sollten sich gegenseitig ergänzen und eine harmonische Einheit bilden. So sollten grundsätzlich aggressive Nuancen in Speisen und Wein mit angenehmen, schmeichelnden Komponenten ausgeglichen werden. Auch machen es manche Speisen einfach notwendig, etwas sensorische Lebhaftigkeit durch den Wein ins Spiel zu bringen, sei es in Form von Frische oder Mineralität. Das eine oder andere Mal werden wir in der Anpassung auch die Konkordanz suchen. Etwa bei Desserts, die nach einem Süßwein verlangen, oder bei sehr strukturierten oder intensiven Speisen, welche als Partner Körper und Intensität im Wein suchen ...

Das Experimentieren mit verschiedenen Kombinationsmöglichkeiten macht dabei viel Spaß und hilft, die nötige Sicherheit in der Speisen-Wein-Anpassung zu erlangen. Wie in einer glücklichen Partnerschaft, sollte kein Element das andere unterdrücken, auch wenn grundsätzlich erlaubt ist, was gefällt!

Uns, der Sommeliervereinigung Südtirol, ist es ein Anliegen, diese »Partnerschaften« aus Wein und Speisen zu fördern. Es ist unsere Überzeugung, dass gutes Essen und guter Wein unser Leben enorm bereichern.

Wir gratulieren den Freien Weinbauern Südtirol zu ihrer Überzeugung, ihre Weine im Zusammenhang mit unserer traditionellen Küche zu sehen und dies auch in dem vorliegenden Buch so zu präsentieren. Möge der Leser dieses Werkes viel Spaß am Lesen, aber vor allem am Probieren haben!

Christine Mayr, Präsidentin
Sommeliervereinigung Südtirol

	WEINE	PRODUZENTEN
Suppen		
Brennsuppe	»*Panigl*«, Kalterersee Auslese	Oskar Andergassen, Klosterhof
Fleischsuppe	Kalterersee Auslese klassisch	Michael Graf Goëss-Enzenberg, Manincor
	Ruländer	Georg und Margareth Mumelter, Griesbauerhof
Frittatensuppe	»*Strahler*«, Weißburgunder	Rosi und Andreas Nicolussi-Leck, Stroblhof
Gemüsesuppe	Kerner	Hannes Baumgartner, Strasserhof
Gerstsuppe mit Selchfleisch	»*Caruess*«, Cuvée weiß	Konrad Augschöll, Röckhof
Graukassuppe	»*Helios*«, Weißburgunder Riserva	Franz Graf Pfeil, Ansitz Kränzel
Gulaschsuppe	St. Magdalener klassisch	Georg Ramoser, Untermoserhof
	Lagrein Kretzer »*späte Lese*«	Barbara und Josephus Mayr, Erbhof Unterganzner
Kartoffelsuppe	Veltliner	Klaus Lentsch, H. Lentsch
Kastaniensuppe	Riesling	Peter Wachtler, Taschlerhof
	Südtiroler Weiß	Andreas Baron Widmann
Kraftbrühe	»*Praesulis*«, Weißburgunder	Markus Prackwieser, Gumphof
Kürbissuppe	»*Sophie*«, Chardonnay – Sauvignon Blanc – Viognier	Michael Graf Goëss-Enzenberg, Manincor
	»*Ateyon*«, Chardonnay	Hayo und Franz Josef Loacker, Loacker Schwarhof
Leberknödelsuppe	Lagrein Kretzer	Heinrich Mayr, Nusserhof
	Chardonnay	Alois Ochsenreiter, Haderburg
Milzschnittensuppe	Müller Thurgau	Josef Michael Unterfrauner, Zöhlhof
Ochsenschwanzsuppe, klar	»*Iuturna*«, weiß	Filippo Motta, Maso Thaler
	St. Magdalener klassisch	Stefan Ramoser, Fliederhof
Saure Suppe	Edelvernatsch	Heinrich und Thomas Rottensteiner, Obermoser
Speckknödelsuppe	Vernatsch	Christian Bellutti, Weinberghof
Weinsuppe	Sylvaner	Manni Nössing, Hoandlhof
	Sylvaner	Peter und Brigitte Pliger, Kuenhof
Nudelgerichte		
Graukasschlutzer	Gewürztraminer	Hannes Baumgartner, Strasserhof
	Gewürztraminer	Hans Gruber
Kartoffelschlutzer mit Graukas	»*Voglar*«, Sauvignon	Peter Dipoli
Kartoffelschlutzer mit Spinat	Weißburgunder	Fritz Dellago, Schloss Hotel Korb
Kartoffelschlutzer mit Topfen	Veltliner	Christian Kerschbaumer, Garlider
	Blaterle	Heinrich Mayr, Nusserhof
Schlutzer	St. Magdalener klassisch	Franz Gojer, Glögglhof
	Kalterersee	Michael Graf Goëss-Enzenberg, Manincor
Schnalser Nudeln	Blauburgunder	Bernadette und Franz Pratzner, Falkenstein
Schwuaßnudeln	Eisacktaler Weiß	Alois Ochsenreiter, Haderburg – Obermairlhof
	»*Ysac*«, Sylvaner	Hayo und Franz Josef Loacker, Loacker Schwarhof
Fisch		
Forelle blau	Weißburgunder	Bernadette und Franz Pratzner, Falkenstein
	Sylvaner	Manni Nössing, Hoandlhof
	Sylvaner	Christian Kerschbaumer, Garlider
Forelle geräuchert	Merlot rosé	Klaus Lentsch, H. Lentsch
	»*Pinus*«, Gewürztraminer	Josef Perwanger, Zirmerhof
Forelle Müller Art	Sylvaner	Hannes Baumgartner, Strasserhof
Saibling, gebraten	»*Schwarzhaus*«, Chardonnay	Rosi und Andreas Nicolussi-Leck, Stroblhof
Stockfischgeröstel	Gewürztraminer	Josef Michael Unterfrauner, Zöhlhof
	Kerner	Peter Wachtler, Taschlerhof
Zander, gebraten	Riesling	Bernadette und Franz Pratzner, Falkenstein
	»*Praesulis*«, Weißburgunder	Markus Prackwieser, Gumphof

Fleisch

Bauernschöpsernes	Blauburgunder Riserva	Kurt und Johanna Rottensteiner, Brunnenhof
Gamsbraten	»*Mirell*«, Lagrein	Christian Plattner, Ansitz Waldgries
	»*Auhof*«, Cabernet – Merlot	Andreas Baron Widmann
	»*Zeder*«, Cuvée rot	Florian Brigl, Kornell
Hauswurst mit Polenta	Meraner Hügel	Franz Graf Pfeil, Ansitz Kränzel
	Vernatsch	Fritz Dellago, Schloss Hotel Korb
Hirschschulter, geschmort	»*Milla*«, Merlot	Gert Pomella, Milla
	»*Lamarein*«, rot	Barbara und Josephus Mayr, Erbhof Unterganzner
Kalbsbeuschel	St. Magdalener	Georg und Margareth Mumelter, Griesbauerhof
Kalbsbries, gebacken	Terlaner Weißburgunder	Ignaz Niedrist
Kalbsbrust, gefüllt	»*Fihl*«, Merlot	Peter Dipoli
Kalbskopf, gebacken	»*Kaiton*«, Riesling	Peter und Brigitte Pliger, Kuenhof
Kalbszunge	»*Pigeno*«, Blauburgunder	Rosi und Andreas Nicolussi-Leck, Stroblhof
Kitz aus dem Rohr	»*Caruess*«, Cuvée rot	Konrad Augschöll, Röckhof
Kitz, gebacken	»*Greif*«, Lagrein	Florian Brigl, Kornell
Kutteln	Kerner	Manni Nössing, Hoandlhof
Lammbraten	»*Filari di Mazzòn*«, Blauburgunder	Ferruccio und Michela Carlotto
Rehbraten	»*Cassiano*«, Merlot – Cabernet Franc – Cabernet Sauvignon u. a.	Michael Graf Goëss-Enzenberg, Manincor
	»*Iugum*«, Merlot – Cabernet Sauvignon	Peter Dipoli
	»*Sagittarius*«, Cabernet – Lagrein	Franz Graf Pfeil, Ansitz Kränzel
Schlachtplatte	St. Magdalener klassisch	Bernhard Pichler, Messnerhof
	St. Magdalener klassisch	Heinrich und Thomas Rottensteiner, Obermoser
Weinbergschnecken mit Kräuterbutter	Blauburgunder	Bruno Gottardi
	Blauburgunder	Ignaz Niedrist
	St. Magdalener klassisch	Johannes Pfeifer, Pfannenstielhof
	St. Magdalener klassisch	Bernhard Pichler, Messnerhof
Wildhase	»*Palestina*«, Cabernet – Merlot	Klaus Lentsch, H. Lentsch
	»*Staves*«, Cabernet Sauvignon	Florian Brigl, Kornell

Süßspeisen & Desserts

Apfelkiechl	Rosenmuskateller Passito	Christian Plattner, Ansitz Waldgries
Apfelstrudel	Gewürztraminer Spätlese	
Buchweizentorte	Rosenmuskateller Passito	
Grießknödel	Gewürztraminer Spätlese	Bernadette und Franz Pratzner, Falkenstein
Kastanienpudding	Gewürztraminer Trockenbeerenauslese (TBA)	
Kastanienreis mit Schlagrahm	Gewürztraminer TBA	
Kloazenkrapfen	Gewürztraminer TBA	
Krapfen	Gewürztraminer Spätlese	
Linzertorte	Rosenmuskateller Passito	
Marillenknödel	Gewürztraminer TBA	
Mohnstrudel	Rosenmuskateller Passito	
Sarner Striezl	Gewürztraminer Spätlese	
Schlosserbuben	Rosenmuskateller Passito	
Schwarzplentener Riebl	Rosenmuskateller Passito	
Topfenknödel	Gewürztraminer TBA	
Vinschger Schneemilch	Gewürztraminer Spätlese	Bernadette und Franz Pratzner, Falkenstein
Zwetschgenknödel	Rosenmuskateller Passito	

ADRESSEN

Die nachstehenden Adressen beziehen sich auf jene Mitglieder der Vereinigung »Freie Weinbauern Südtirol«, die nicht in diesem Buch porträtiert sind. Die laufend aktualisierten Informationen zu allen Mitgliedsbetrieben finden Sie unter: www.fws.it/mitglieder

GEORG ANDERGASSEN
STEFLHOF
Pflegangerweg 9
39052 Kaltern a.d.Weinstraße
Tel. und Fax +39 0471 964955
info@steflhof.it
www.steflhof.it
3 ha Rebfläche, 30 000, Detailverkauf,

FAM. AURICH
UNTERORTL
Juval 1b
39020 Kastelbell/Staben
Tel. +39 0473 667580
Fax +39 0473 672745
familie.aurich@dnet.it
www.unterortl.it
3,7 ha Rebfläche, 25 000, Detailverkauf

ANDREAS BERGER
THURNHOF
Kuepachweg 7
39100 Bozen
Tel. +39 0471 288460, mobil +39 335 6786155
Fax +39 0471 264856
info@thurnhof.com
www.thurnhof.com
3,5 ha Rebfläche, 25 000, Detailverkauf

NORBERT
BLASBICHLER
RADOAR
Pedratz 1
39040 Feldthurns
Tel. und Fax +39 0472 855645
info@radoar.it
www.radoar.it
2 ha Rebfläche, bio, 8000, Detailverkauf

WALTER CEOLAN
SALURNER KLAUSE
Kindergartenstraße 9
39040 Salurn
Tel. und Fax +39 0471 884370
info@salurnerklause.com
www.salurnerklause.com
2,4 ha Rebfläche, 20 000, Detailverkauf,

WILHELM GASSER
SANTERHOF
Pustertaler Straße 40
39037 Mühlbach
Tel. und Fax +39 0472 849491
sonterhof@dnet.it
www.santerhof.eu
0,7 ha Rebfläche, bio, 4000, Detailverkauf

RUDOLF GASSER
STEIDLERHOF
Obermagdalena 1
39100 Bozen
Tel. und Fax +39 0471 973196
steidlerhof@brennercom.net
www.steidlerhof.bz
1,8 ha Rebfläche, 5000, Detailverkauf,

FLORIAN HILPOLD
VILLSCHEIDERHOF
Untereben 13
39042 Brixen
Tel. und Fax +39 0472 832037
villscheiderhof@akfree.it
1,3 ha Rebfläche, 5000, Detailverkauf,

JOHANN INNERHOFER
BIEDERMANNHOF
Lebenberger Straße 1
39010 Tscherms
Tel. und Fax +39 0473 563097
biedermannhof@yahoo.it
www.biedermannhof.it
0,7 ha Rebfläche, 6000, Detailverkauf,

MARTIN TIECHER &
ANNEMARIE
JOB-TEUTSCH
Grafengasse 8
39040 Margreid a.d. Weinstraße
Tel. +39 0471 817051
0,23 ha Rebfläche, 4500, Detailverkauf

KARL KASSEROLLER
STRICKERHOF
Boznerstraße 62
39010 Frangart/Eppan
Tel. und Fax +39 0471 633402
karl.kasseroller-strickerhof@rolmail.net
2 ha Rebfläche, bio, 6000, Detailverkauf

FLORIAN KLOTZ
PERTOLL MOAR-HOF
Maiergasse 52
39014 Burgstall
Tel. und Fax +39 0473 291136
moar-hof@rolmail.net
www.moar-hof.com
1,35 ha Rebfläche, 8000, Detailverkauf,

ARMIN KOBLER
Weinstraße 36
39040 Margreid
Tel. und Fax +39 0471 809079
info@kobler-margreid.com
www.kobler-margreid.com
1,5 ha Rebfläche, 14 000, Detailverkauf

BARON SIGMUND KRIPP
STACHLBURG
Mitterhofer-Straße 2
39020 Partschins
Tel. +39 0473 968014
Fax +39 0473 966072
sigmund.kripp@stachlburg.com
www.stachlburg.com
7 ha Rebfläche, bio, 25 000, Detailverkauf

KLAUS LENTSCH
Reichstraße 71
39051 Branzoll
Tel. +39 348 5803072
info@klauslentsch.eu
www.klauslentsch.eu
2,7 ha Rebfläche, 10 000, Detailverkauf

HERMANN LUGGIN
LUGGIN STEFFELEHOF
Heppenheimer Straße 11
39052 Kaltern a. d.Weinstraße
Tel. und Fax +39 0471 963608
luggin.steffelehof@gmail.com
2 ha Rebfläche, bio, 8000, Detailverkauf

OTMAR MAIR
BESSERERHOF
Prösler Ried 10
39050 Völs am Schlern
Tel. und Fax +39 0471 601011, mobil +39 338 3230550
info@bessererhof.it
www.bessererhof.it
3,5 ha Rebfläche, 30 000, Detailverkauf

ANDREAS MENZ
POPPHOF
Mitterterzer Straße 5
39020 Marling
Tel. +39 0473 447180
Fax +39 0473 207861
info@popphof.com
www.popphof.com
4,5 ha Rebfläche, 25 000, Detailverkauf,

WERNER MORANDELL
LIESELEHOF
Kardatscher Weg 6
39052 Kaltern a.d. Weinstraße
Tel. und Fax +39 0471 965060
info@lieselehof.com
www.lieselehof.com
2,5 ha Rebfläche, bio, 15 000, Detailverkauf,

RUDOLF NIEDERMAYR
HOF GANDBERG
Schulthauser Weg 1
39057 Eppan a.d.Weinstraße
Tel. und Fax +39 0471 664152
1,3 ha Rebfläche, bio, 8000, Detailverkauf

ERWIN & WERNER OBERHAUSER
KUCKUCKSHOF
Bergstraße 1
39044 Mazon/Neumarkt
Tel. und Fax +39 0471 812405
kuckuckshof@virgilio.it
3,2 ha Rebfläche, 1800,
Detailverkauf,

ANTON OCHSENREITER
STEINHAUSERHOF
OXENREITER
Buchholz 37
39040 Salurn
Tel. und Fax +39 0471 889031
info@oxenreiter.it
www.oxenreiter.it
7 ha Rebfläche, 45 000,
Detailverkauf

FRANZ PFEIFHOFER
ZOLLWEGHOF
Braunsbergerweg 15
39011 Lana
Tel. und Fax +39 0473 564147,
mobil +39 335 5922200
franz.pfeifhofer@dnet.it
1,5 ha Rebfläche, bio, 11 000,
Detailverkauf

THOMAS PICHLER
Weinbergweg 4
39052 Kaltern a.d.Weinstraße
Tel. +39 0471 963094,
mobil +39 340 3540480
Fax +39 0461 662428
pichler.thomas@dnet.it
0,8 ha Rebfläche, 7000,
Detailverkauf

JOSEF PICHLER
BERGMANNHOF
Unterrain 46
39050 St. Pauls/Eppan
Tel. +39 0471 637082
info@bergmannhof.it
www.bergmannhof.it
2,2 ha Rebfläche, 12 000,
Detailverkauf

JOHANNES PLATTNER
EBNERHOF
Ritten/Unterplatten 21
39053 Post Kardaun
Tel. und Fax +39 0471 365120
info@ebnerhof.it
www.ebnerhof.it
3 ha Rebfläche, bio, 15 000,
Detailverkauf

VERENA PLATTNER &
ANTON MITTELBERGER
FÖRANERHOF
Eicheleweg 8, Unterinn
39054 Ritten
Tel. +39 0471 359219
Fax +39 0471 359921
mittelberger.a@akfree.it
0,9 ha Rebfläche, 8000,
Detailverkauf

MARTIN POHL
KÖFELGUT
Im Winkel 12
39020 Kastelbell/Tschars
Tel. +39 0473 624634
Fax +39 0473 624142
pohlmartinkoefelgut@dnet.it
www.tirolensisarsvini.it
4,3 ha Rebfläche, 28 000,
Detailverkauf

HEINRICH POHL
MARINUSHOF
Alte Straße 9/B
39020 Kastelbell
Tel. +39 0473 624717
Fax +39 0473 727396
info@marinushof.it
www.marinushof.it
1,2 ha Rebfläche, 8000,
Detailverkauf,

HELMUTH RAMOSER
ZUNDLHOF
Rentscher Straße 48/b
39100 Bozen
Tel. und Fax +39 0471 978702
www.zundlhof.it
3 ha Rebfläche, 25 000,
Detailverkauf,

JOHANN RANZI
ORTSHÄUSLERHOF
Andreas-Hofer-Straße 34
39010 Nals
Tel. und Fax +39 0471 818117
johann.ranzi@alice.it
1,6 ha Rebfläche, 4000,
kein Detailverkauf

ROLAND ROHREGGER
PRÄLATENHOF
Unterplanitzing 15a
39052 Kaltern a.d.Weinstraße
Tel. und Fax +39 0471 962541
info@praelatenhof.it
www.praelatenhof.it
2,5 ha Rebfläche, 15 000,
Detailverkauf,

OSWALD SCHUSTER
BEFEHLHOF
Vetzan 14
39028 Schlanders
Tel. +39 0473 742197
befehlhof@akfree.it
1,2 ha Rebfläche, 8000,
Detailverkauf

MARKUS SEPPI
OBERPREYHOF
Garnellenweg 2
39052 Kaltern a.d.Weinstraße
Tel. und Fax +39 0471 962216
info@oberpreyhof.it
www.oberpreyhof.it
5,9 ha Rebfläche, 65 000,
Detailverkauf

JOSEF & DIETER SÖLVA
NIKLASERHOF
Brunnenweg 31
39052 Kaltern a.d.Weinstraße
Tel. und Fax +39 0471 963432
info@niklaserhof.it
www.niklaserhof.it
5 ha Rebfläche, 50 000,
Detailverkauf,

FAM. SPÖGLER
LARCHERHOF
Rentscher Straße 82
39100 Bozen
Tel. und Fax +39 0471 365034
larcherhof@yahoo.de
5 ha Rebfläche, Detailverkauf,

MARTIN SPORNBERGER
KANDLERHOF
Untermagdalena 30
39100 Bozen
Tel. und Fax +39 0471 973033
info@kandlerhof.it
www.kandlerhof.it
2 ha Rebfläche, 21 000,
Detailverkauf,

MARTIN TEUTSCH
TURMHOF
Verdistraße 1
39040 Kurtinig a.d. Weinstraße
Tel. +39 0471 817566
turmhof@virgilio.it
www.martin-teutsch.com
3,5 ha Rebfläche, 15 000,
Detailverkauf

THOMAS UNTERHOFER
Oberplanitzing 5
39052 Kaltern a.d. Weinstraße
Tel. und Fax +39 0471 669133,
mobil +39 338 7861111
info@weingut-unterhofer.com
www.weingut-unterhofer.com
2,3 ha Rebfläche, 9000,
Detailverkauf

STEFAN VAJA
GLASSIERHOF
Villner Straße 13
39044 Neumarkt
Tel. +39 0471 812459,
mobil +39 335 1031673
glassierhof@tin.it
2,5 ha Rebfläche, bio, 9000,
Detailverkauf

LEGENDE

 Durchschnittlich abgefüllte Flaschen pro Jahr
 Einkehrmöglichkeit
 Übernachtungsmöglichkeit